财经类专业"十四五"规划教材·智能化新形态教材

RPA财务机器人应用与开发

RPA CAIWU JIQIREN YINGYONG YU KAIFA

主　编／张兴福　刘小海　单　松
副主编／周　颉　张　斌　余　畅
组　编／厦门网中网软件有限公司

立信会计出版社
LIXIN ACCOUNTING PUBLISHING HOUSE

图书在版编目(CIP)数据

RPA财务机器人应用与开发/张兴福,刘小海,单松主编. --上海:立信会计出版社,2024.8. -- ISBN 978-7-5429-7649-9

Ⅰ. F275;TP242.3

中国国家版本馆CIP数据核字第2024YG9075号

策划编辑　王斯龙
责任编辑　王斯龙
助理编辑　汤　晏
美术编辑　吴博闻

RPA财务机器人应用与开发

RPA CAIWU JIQIREN YINGYONG YU KAIFA

出版发行	立信会计出版社		
地　　址	上海市中山西路2230号	邮政编码	200235
电　　话	(021)64411389	传　　真	(021)64411325
网　　址	www.lixinaph.com	电子邮箱	lixinaph2019@126.com
网上书店	http://lixin.jd.com		http://lxkjcbs.tmall.com
经　　销	各地新华书店		
印　　刷	上海华业装潢印刷有限公司		
开　　本	787毫米×1092毫米　　1/16		
印　　张	12		
字　　数	262千字		
版　　次	2024年8月第1版		
印　　次	2024年8月第1次		
书　　号	ISBN 978-7-5429-7649-9/F		
定　　价	43.00元		

如有印订差错,请与本社联系调换

前 言

在数字经济席卷全球的浪潮中，财务转型已经成为企业提升竞争力的关键因素，数字化时代的财务工作正面临着前所未有的机遇和挑战，财务部门需要不断更新技术和工作方式，以适应快速变化的商业环境。大数据、云计算、区块链、人工智能等技术，推动着企业财务的变革与创新。机器人流程自动化（robotic process automation，RPA）作为一种自动化工具，可以帮助财务团队提高工作效率，减少人为错误，实现财务流程的自动化。为了满足数字化时代对 RPA 财务技术人才的迫切需求，编者依托厦门网中网软件有限公司开发的 RPA 财务机器人应用与开发（UiPath 版）教学平台编写了本书。

UiPath 公司是机器人流程自动化领域的领导者，本书依托 UiPath Studio 免费社区版开发平台，详细介绍了 RPA 技术原理和典型的财务应用场景，内容分理论和实务知识，其中实务知识设置了任务实施，帮助读者快速上手财务机器人开发与应用。本书有以下几个特点：

1. 配套资源丰富。本书配套厦门网中网软件有限公司开发的 RPA 财务机器人应用与开发（UiPath 版）教学平台，平台提供了丰富的教学资源，包括教学 PPT、教案、课程标准、习题答案、UiPath 安装程序、案例源程序、案例数据等，有效推进了信息技术与教学的深度融合，满足读者学习多样化、个性化的需求。

2. 课证融通。本书紧紧跟随二十大提出的"加快发展数字经济，促进数字经济和实体经济深度融合，打造具有国际竞争力的数字产业集群"战略，以 1＋X 政府财务与会计机器人应用职业技能等级证书为依据，确定教材结构和内容，展示了 RPA 财务机器人在财务中的基本应用，以销售到收款、采购到付款、总账到报表等具体应用场景为例，深入解析了财务机器人的开发流程，包括流程设计、逻辑编写、数据处理等关键步骤，帮助读者掌握 RPA 开发的实际操作技巧，致力于促进数字经济和实体经济深度融合，激发企业创新动力和融合发展活力。

3. "应用型"特色鲜明，突出技能训练，注重项目实践，强化读者实际动手能力的培养。本书采用系统化工作过程的设计,通过任务引入相应的知识点,强化技能训练,在引导读者学习专业知识的同时,也融入诚信守法、工匠精神和廉洁奉公等职业精神,旨在培养新时代财经人才。

4. 校企合作、"双元"开发。本书由安徽工业经济职业技术学院与厦门网中网软件有限公司共同编写,面向高等职业学院学生,以及对RPA财务机器人感兴趣的企事业单位人员。

本书由安徽工业经济职业技术学院张兴福教授、郴州职业技术学院刘小海教授、浙江职业技术学院单松教授担任主编,由湖北科技职业学院周颉讲师、安徽工业经济职业技术学院张斌副教授和余畅副教授担任副主编。张兴福负责编写模块一和全书架构的统编工作,刘小海负责编写模块二和模块三,单松负责编写模块四和模块五,周颉负责编写模块六,张斌负责编写模块七,余畅负责编写模块八。在本书的编写过程中,厦门网中网软件有限公司提供了大量支持,主持了组编工作,在此表示感谢!

由于编者水平有限,书中可能存在疏漏之处,敬请广大读者批评指正(联系邮箱:14029098@qq.com)。

编者
2024年8月

目　录

模块一　认知 RPA 机器人 ····· 1
　任务一　RPA 基础认知 ····· 2
　任务二　初识 UiPath ····· 7
　课后练习 ····· 11

模块二　RPA 开发基础知识应用 ····· 15
　任务一　我的第一个 RPA 程序 ····· 16
　任务二　猜数字机器人 ····· 21
　课后练习 ····· 29

模块三　RPA 在财务中的应用——Excel 自动化 ····· 34
　任务一　RPA 汇总单个明细表 ····· 35
　任务二　RPA 汇总多个明细表 ····· 44
　课后练习 ····· 52

模块四　RPA 在财务中的应用——E-mail 自动化 ····· 59
　任务一　认识 E-mail 操作环境 ····· 61
　任务二　批量发送邮件机器人 ····· 64
　任务三　批量下载附件机器人 ····· 70
　课后练习 ····· 75

模块五　RPA 在财务中的应用——Web 自动化 ····· 78
　任务一　设置 Web 操作环境 ····· 79
　任务二　招聘信息抓取机器人 ····· 83
　任务三　更新股票交易数据机器人 ····· 93
　课后练习 ····· 100

模块六　RPA 财务机器人综合实战 ····· 103
　任务一　网银付款机器人开发实战 ····· 104

任务二　账龄分析底稿机器人开发实战 ··· 115
　　任务三　汇率维护机器人开发实战 ·· 128
　　课后练习 ·· 138

模块七　业务流程自动化实现 ·· 142
　　任务一　业务理解和范围选择 ··· 144
　　任务二　事务分解和效果分析 ··· 152
　　任务三　RPA 流程实现和应用框架 ·· 156
　　课后练习 ·· 161

模块八　RPA 财务机器人的部署与运维 ··· 164
　　任务一　RPA 财务机器人部署 ·· 166
　　任务二　RPA 财务机器人运营和维护 ··· 174
　　课后练习 ·· 181

模块一 认知 RPA 机器人

◇知识目标

1. 了解 RPA 的基本概念和特点
2. 熟悉 RPA 的技术优势
3. 熟悉 RPA 的应用场景

◇能力目标

1. 能区分 RPA 的应用场景
2. 能辨别 RPA 的适用业务规则

◇素养目标

1. 具备自动化思维和财务转型思维
2. 具备良好的学习能力和实操能力
3. 培养良好的职业道德与专业素养

思维导图

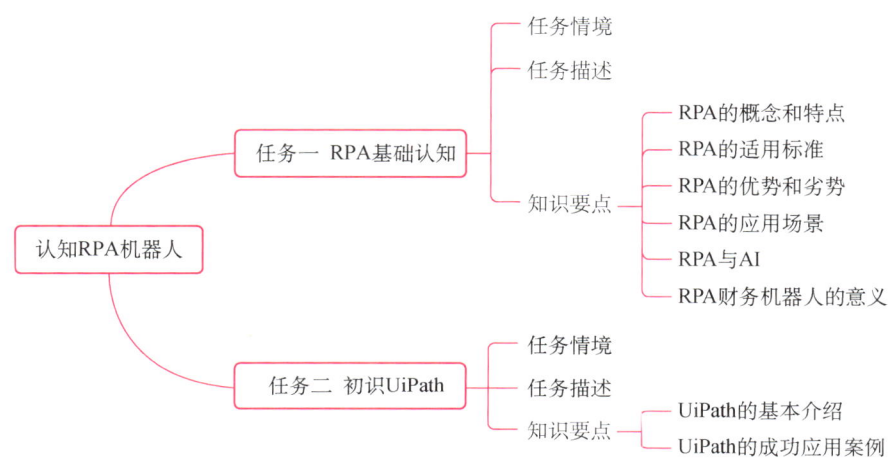

项目导读:前沿资讯

资料来源:节选自国务院印发《关于加强数字政府建设的指导意见》(新华网,2022年6月23日)。

日前,国务院印发《关于加强数字政府建设的指导意见》(以下简称《指导意见》),就主动顺应经济社会数字化转型趋势,充分释放数字化发展红利,全面开创数字政府建设新局面作出部署。

《指导意见》要求,要高举中国特色社会主义伟大旗帜,坚持以习近平新时代中国特色社会主义思想为指导,全面贯彻党的十九大和十九届历次全会精神,深入贯彻习近平总书记关于网络强国的重要思想,认真落实党中央、国务院决策部署,立足新发展阶段,完整、准确、全面贯彻新发展理念,构建新发展格局,将数字技术广泛应用于政府管理服务,推进政府治理流程优化、模式创新和履职能力提升,构建数字化、智能化的政府运行新形态,充分发挥数字政府建设对数字经济、数字社会、数字生态的引领作用,促进经济社会高质量发展,不断增强人民群众获得感、幸福感、安全感,为推进国家治理体系和治理能力现代化提供有力支撑。

《指导意见》提出两阶段工作目标,到2025年,与政府治理能力现代化相适应的数字政府顶层设计更加完善、统筹协调机制更加健全,政府履职数字化、智能化水平显著提升,政府决策科学化、社会治理精准化、公共服务高效化取得重要进展,数字政府建设在服务党和国家重大战略、促进经济社会高质量发展、建设人民满意的服务型政府等方面发挥重要作用。到2035年,与国家治理体系和治理能力现代化相适应的数字政府体系框架更加成熟完备,整体协同、敏捷高效、智能精准、开放透明、公平普惠的数字政府基本建成,为基本实现社会主义现代化提供有力支撑。

《指导意见》提出,成立由国务院领导同志任组长的数字政府建设工作领导小组,统筹指导协调数字政府建设,办公室设在国务院办公厅,具体负责组织推进落实。各地区各部门也要建立健全本地区本部门数字政府建设领导协调机制,保障数字政府建设有序推进。

讨论题:在生活和学习中,你感受到数字技术带来哪些便利?

任务一　　RPA 基础认知

任务情境

数字政府通过数字化技术的应用,实现政府机构的信息化、智能化和服务化,提高政府决策的科学性和高效性,增强政府与公民、企业之间的互动和沟通。在数字政府建设中,RPA技术作为一种自动化解决方案,可以帮助政府部门提高工作效率、降低成本,并优化公共服务。例如,RPA财务机器人可以自动收集各部门的预算执行情况数据,进行对比分析,生成预算执行监控报告,帮助政府部门及时发现预算执行偏差和问题;可以自动整理支出明细数据,生成支出清单报告,包括支出项目、金额、支付对象等信息,提高支出管理的透明度和效率;通过数据分析和建模,帮助政府部门制定财政预算方案,预测未来的财政收支情况,为政府决策提供科学依据等。

小明作为一名大数据与会计专业的学生,新学期接触到一门新课程"RPA 财务机器人应用与开发"。在了解了数字政府后,他对 RPA 技术在数字政府财务管理领域的应用产生了很大兴趣。那么,RPA 财务机器人是什么?在财务领域内有哪些典型应用场景呢?

任务描述

在这项任务中,小明要学习 RPA 的概念、特点及适用标准,RPA 技术的优势和劣势等知识,重点探讨企业财务转型的趋势及 RPA 机器人在财务领域中的深度应用。

知识要点

RPA 的概念和特点

一、RPA 的概念和特点

1. RPA 的概念

数字技术是典型的通用目的技术,可以在国民经济各行业广泛应用。随着数字基础设施不断完善,物联网、人工智能等新一代数字技术不断成熟,数字技术加速与国民经济各行业深度融合,产业赋能作用进一步增强,深刻改变企业的要素组合、组织结构、生产方式、业务流程、商业模式、客户关系、产品形态等,加快各行业质量变革、效率变革、动力变革进程。我国"十四五"规划和 2035 年远景目标纲要中提出"加快数字化发展,建设数字中国",充分发挥数据和应用场景优势,促进数字技术与实体经济深度融合,赋能传统产业转型升级,催生新产业、新业态、新模式,壮大经济发展新引擎。数字化将是"十四五"时期国家和地方实现创新驱动发展的重要抓手。同时,伴随经济下行压力、地缘政治博弈加剧,数字经济焕发出前所未有的生机,不仅成为撬动经济增长的主要动能之一,更成为我国实现经济转型、改变全球竞争格局的核心驱动力。

作为企业天然的数据中心,财务是企业数字化的重要变革领域之一。在众多新兴技术中,机器人流程自动化(robotic process automation,RPA)是通过模拟并增强人类与计算机的交互过程实现工作流程的自动化,赋能财务数字化转型。

RPA 是一种流程自动化软件工具,它通过模拟人类与计算机的交互过程,来完成大批量、重复性、有明确规则的操作,从而帮助人们提高工作的效率和正确率。RPA 并非机械型实物机器人,而是各种技术组合的虚拟概念,是在计算机上运行的软件机器人。

2. RPA 的特点

（1）RPA 能模拟人类操作行为，能通过界面或者脚本语言在应用软件层面帮助人类完成重复工作的自动化处理，如录入新入职的员工信息、抓取网站上的数据、自动发送邮件等。

（2）RPA 能够高效完成高度重复性的任务，如数据录入、报告生成、表格填充等。这些任务通常需要遵循固定的步骤和规则，而且需要大量的人力。通过使用 RPA，企业可以自动化这些任务，从而节省人力，提高效率。

（3）RPA 是基于既定的业务规则来执行的，这个业务规则是不能带有人的主观意识进行决策的，是已经存在的，并且是成熟稳定的，如订单处理、发票处理、客户服务等。通过使用 RPA，企业可以自动化这些流程，从而提高准确性，降低错误率。

（4）RPA 能够应用于大量的数据处理工作，如数据清洗、数据转换、数据分析等。通过使用 RPA，企业可以自动化这些任务，从而提高数据处理的速度和质量。

（5）RPA 提供非侵入式的系统表层集成方式。RPA 模拟人类操作，比如，登录到银行系统的企业账户中，按照时间段来筛选并查询交易记录，然后下载相应的账单。RPA 机器人通过遵循现有的安全性和数据完整性标准，采取与人类完全相同的方式访问当前系统。

二、RPA 的适用标准

在使用 RPA 自动化拆解业务场景之前，有许多因素需要考虑。虽然 RPA 已经能够被应用到许多业务场景，但并不是所有业务流程都适用 RPA 自动化。国内外的权威资料指出，RPA 在选择业务流程实现自动化时，主要基于以下几个标准。

1. 业务流程必须基于明确的规则

业务流程必须有明确的、可被数字化的触发指令和输入命令，不得出现无法提前定义的例外情况。RPA 快速且高效，但是这种高效是建立在规则明确、流程确定的基础之上的，如果存在错误的规则，或是规则一直处于不断变化之中，那么使用 RPA 可能会发生错误。如果一个业务流程需要复杂且模糊的判断逻辑，RPA 是无法完全取代人工进行判断的，这种情况下就需要人工干预。

2. 业务流程的重复性

RPA 适合的流程必须是高重复性的，因为开发一个流程本身就需要相当长的时间和较高的成本，如果一个流程只是一次性的或者使用频率极低，开发则会带来资源浪费。

3. 数据输入或中间数据的可识别性

业务流程中的输入数据应该是可复制的数字化类型。如果在自动化流程中遇到处理图片信息的情况，可以使用 RPA 相关的技术（OCR 视觉识别）来处理，但这些技术目前是有边界的，不一定能处理特定的复杂场景，如图片字体模糊、提取复杂的逻辑表格等。

4. 业务系统的稳定性

RPA 是通过与用户界面交互的方式来整合不同的系统，RPA 最常操作的就是各种软件、客户端或者浏览器(某个网站),我们需要页面的元素去定位要操作的组件。如果用户界面经常发生改变,那我们的流程也就要跟着改变,这样就会加大流程的维护成本。所以,一般情况下,我们建议在稳定的系统上开发RPA流程。

三、RPA的优势和劣势

RPA的出现,为企业提高效率、降低成本、优化流程提供了强有力的支持。同时,RPA也存在一些劣势。

RPA的优势和劣势

1. RPA的优势

RPA相对于人工进行大量重复操作,具有以下几大优势:

(1) 效率高。RPA可以不间断处理大量重复工作,且能够做到准确、高效。

(2) 成本低。RPA实施成本低,维护成本依赖于运行环境,整体成本比人工成本要低得多。

(3) 态度优。RPA可以不间断工作,而且不闹"情绪","态度"始终如一。

(4) 准确性。RPA能够提供最大程度的准确性,可毫无错误地执行任务,每次皆可达到100%的准确性。

(5) 安全性。RPA可通过职责分离、存取控制,以及强大的加密技术与铜墙铁壁般的架构,实现前所未有的安全性。

(6) 合规性。RPA的一项特长是遵守规则。RPA让软件机器人自动处理大量重复的、基于规则的工作流程任务。例如,在企业的业务流程中,通常有纸质文件录入、证件票据验证、从电子邮件和文档中提取数据、跨系统数据迁移、企业IT应用自动操作等,这类有明确规则和步骤的工作非常适合RPA应用。

2. RPA的劣势

(1) 技术难度大。RPA技术的应用需要一定的技术和业务知识,实施难度相对较大。其日常运营维护需要企业财务人员对计算机知识有一定了解,对人员素质提出了更高的要求。

(2) 运营保障成本高。虽然RPA不会改变企业原有信息系统,但是其有效运营对系统平台的稳定性有一定要求。当企业软件升级或切换系统平台时,财务机器人可能无法正常运作或迅速恢复运作,需要投入一定的时间成本和开发成本对其进行重新部署和优化。

(3) 必须有明确的流程规则。RPA要求企业的业务流程固定,如果企业的业务流程经常发生变化,则需要不断地调整和优化RPA系统,否则会影响业务处理的效率和质量。

(4) 无法独立处理异常事件。由于财务机器人是基于固定规则进行操作的,当业务场景发生较大变化时,财务机器人无法判断与规则不符的情况,无法处理异常事件,这就需要配备专门的人员监督财务机器人运行的过程,避免出现财务机器人无法处理的异常事件。一旦出现异常事件,就需要人工操作进行干预,这在一定程度上限制了财务机器人的应用。

(5) 人员抵触心理。从某种意义上来说,RPA是一把双刃剑。低附加值的任务可以自动化,减少了人工介入的需要。但是,这种优势可能导致一些员工失业。与其他自动化技术一样，RPA 对劳动力市场也构成了重大威胁。RPA 技术的应用可能会导致部分员工的失业或工作内容的变化，从而引发员工的抵触心理。

四、RPA 的应用场景

RPA 应用场景

RPA 在企业中的主要应用场景有财务管理、人力资源管理、采购管理、客户服务和支持、销售和营销等。

（1）财务管理场景：RPA 可以用于自动化账单处理、发票处理、支付处理、税务处理等财务业务流程。RPA 可以自动化处理重复性、烦琐的工作，提高财务处理的效率和准确性。

（2）人力资源管理场景：RPA 涵盖招聘配置、人事管理、薪酬福利、绩效管理、考勤管理和培训开发等多场景应用，帮助企业实现人力资源系统业务流程优化，使其变得更准确、高效、全面，大大提高了企业的效能和经营效益，加速企业数字化转型。

（3）采购管理场景：RPA 可以在采购管理流程中进行自动化，涵盖合同管理、供应商关系管理、库存管理等方面，替代人工完成烦琐、重复的工作，提高工作效率。

（4）客户服务和支持场景：RPA 可以通过自动处理相关任务，提高客户支持服务和技术支持服务的质量和效率。例如，RPA 可以处理客户反馈、申诉等，实现自助服务功能，并进行业务办理和变更管理，提高企业的效率和客户满意度。

（5）销售和营销场景：RPA 可以在销售流程中自动处理销售数据、分析和管理客户、执行各个销售任务的流程等。它可以通过自动发送邮件、跟进客户等方式帮助销售团队提高工作效率；同时，在市场营销方面，RPA 也可以帮助分析市场数据、制定营销策略等。

五、RPA 与 AI

RPA 与 AI

RPA 和人工智能（artificial intelligence，AI）是两个在当今数字化时代被广泛讨论的技术。RPA 是一种自动化技术，它可以通过编程方式自动执行既定的任务和流程，这些任务通常是大量重复性的、低价值的。与 RPA 不同，AI 是一种更加先进的技术，它可以模拟人类的智能和认知能力。AI 可以自主地学习、推理、解决问题和作出决策。AI 技术可以应用于自然语言处理、图像识别、机器翻译、语音识别和预测分析等领域。在医疗行业中，AI 可以用于自动化医学影像分析、辅助诊断和药物研发等任务。在金融行业中，AI 可以用于自动化风险管理、投资决策和市场预测等任务。在制造业中，AI 可以用于自动化质量控制、预测性维护和智能制造等任务。

虽然 RPA 和 AI 都可以自动化任务和流程，但是它们之间存在显著的区别。RPA 侧重于重复的操作，而 AI 则侧重于智能的分析。RPA 是一种相对简单的自动化技术，它不需要大量的数据和复杂的算法。相比之下，AI 需要大量的数据和算法，以便进行深度学习和智能决策。RPA 主要适用于重复性和低价值的任务，而 AI 则适用于需要分析和决策的任务。

六、RPA 财务机器人的意义

财务机器人作为一种新兴的技术应用，正逐渐成为企业财务管理的利器。RPA 财务机器人通过自动执行重复性、规律性的财务任务，大大提升了财务工作的效率。传统的财务处理流程往往需要人工干预，存在着工作效率低下、容易出错等问题。而 RPA 财务机器人可以快速、准确地完成财务报表的生成、账务核对、发票处理等工作，极大地提高了财务工作的效率。通过自动化财务流程，减少了人力资源的需求，降低了人工成本和培训成本，同时也减少了错误和重复工作带来的额外成本，为企业节省了大量开支。

RPA 财务机器人的高效运作不仅可以提升企业内部财务管理效率，还可以为企业创造更多的商业机会。通过财务数据的快速分析和准确报告，企业管理层可以更及时地了解企业的财务状况，作出更明智的经济决策，促进企业的经济发展。同时，节约下来的成本也可以用于企业的创新和发展，为企业未来的发展奠定坚实的基础。

作为国家的经济发展基础，企业的高效运营不仅关乎企业自身的发展，也关系到整个国家的繁荣。RPA 财务机器人的应用可以提高企业的竞争力，促进企业的成长和发展，从而推动国家整体经济的繁荣和富强。RPA 财务机器人的普及和应用，可以加速国家经济现代化的步伐，实现经济的可持续发展和国家富强的目标。

RPA 财务机器人的应用在提升财务工作效率、降低成本、促进企业发展和实现国家富强目标等方面发挥着重要作用。随着技术的不断进步和应用的不断完善，RPA 财务机器人将成为企业财务管理领域的重要助力，助力企业实现更加高效、智能的财务管理，为国家经济的发展作出积极贡献。

任务二　初识 UiPath

任务情境

在使用软件之前，小明知道 UiPath 是一家领先的 RPA 供应商，能够帮助企业实现业务流程的自动化和数字化转型。那么 UiPath 公司是一个什么样的公司，它的产品有什么特点呢？

任务描述

UiPath 提供了一整套功能强大的平台和工具，帮助用户简化业务流程、提高工作效率，并降低人为错误的风险。通过本任务的学习，小明能够了解 UiPath 公司的发展历程及行业地位，UiPath 的组件构成，及 UiPath 成功应用的几个著名案例。

知识要点

一、UiPath 的基本介绍

UiPath 公司由罗马尼亚企业家丹尼斯·迪恩斯和其伙伴于 2005 年成立。该公司总部位于罗马尼亚布加勒斯特，后来在伦敦、纽约、班加罗尔、巴黎、新加坡、华盛顿特区和东京开设了办事处，2021 年 4 月 21 日在美国纽约证券交易所上市。高德纳公司（Gartner）连续 5 年将 UiPath 公司评为 RPA 领域的"领导者"。一问世就专注于 RPA 领域的 UiPath 公司，堪称行业的领军者，其 RPA 系列产品（即 UiPath）一直广受欢迎并得到诸多重量级厂商的采用。在 2023 年高德纳公司发布的机器人流程自动化魔力象限报告中显示，UiPath 公司处于 RPA 领域领导者地位，如图 1-1 所示。

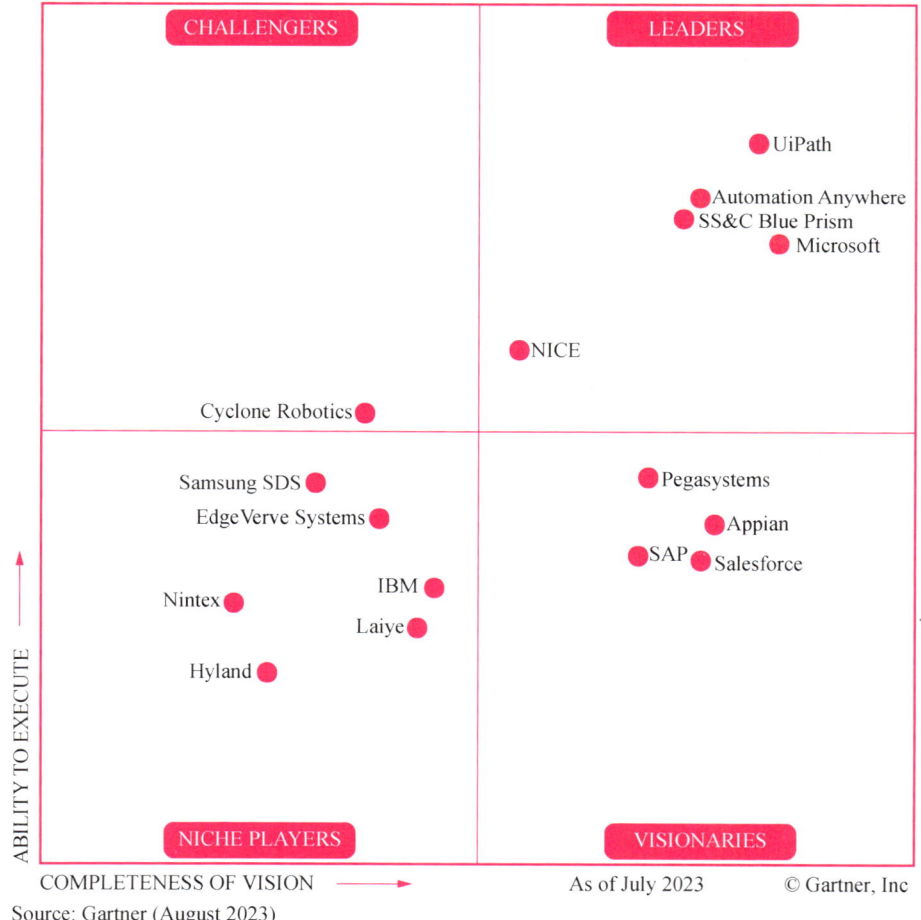

图 1-1　2023 年高德纳公司（Gartner®）机器人流程自动化魔力象限报告

UiPath 的组件由设计器(Studio)、执行器(Robot)、管理器(Orchestrator)组成,如图 1-2 所示。

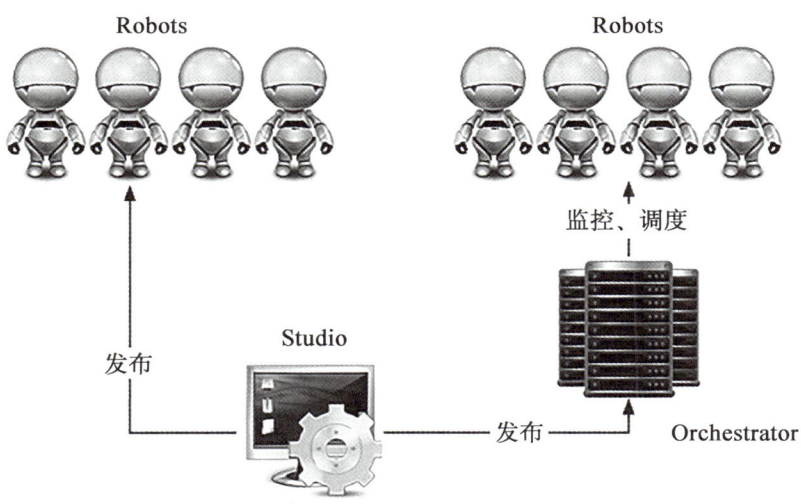

图 1-2　UiPath 的构成

1. 设计器

设计器,即 UiPath 的设计工具,利用图形化界面为用户设计机器人业务流程。用户只需要掌握基本的编程知识,即可快速设计和编写自动化工作流程。在设计器中,用户可以使用内置录制器,或通过拖放操作,以可视化的方式构建自动化流程。设计器自带执行器功能,可以方便地通过图形化界面触发业务流程的执行。

2. 执行器

执行器,即 RPA 执行机器人,用于业务流程的自动化执行。执行器可以执行本地计算机的自动化流程包,也可以接收管理中心的命令执行相应的自动化流程包。自动化流程包由设计器设计和发布,执行器就是一个计算机助手,随时待命,执行编排好的流程。

3. 管理器

管理器是一个集中调度、管理和监控所有执行器的平台。管理器也是存储可重用组件、资产,以及进行任务管理和配置执行器的地方,可以便捷地设计人机交互的场景。

传统的流程开发需要用户具备编程能力,相对而言难度较高。而 RPA 可以让每一位普通业务人员自主开发业务流程,摆脱对 IT 部门或外部供应商的依赖,像使用 office 软件一样使用 RPA,实现"平民化开发"。

二、UiPath 的成功应用案例

2020 年 3 月,美国克利夫兰诊所被批准为某类特殊患者的检测场所。来接受测试的患者需要由工作人员在电子医疗保健系统(EHR)Epic 中验证为新患者或现有患者,然后打印测试套件的标签。这种用于注册和验证患者身份的手动过程需要花费 8~9 分钟,每个患者的平均候诊时间为 6 小时。克利夫兰诊所在 48 小时内利用 UiPath 创建一个机器人,该机器人用于获取患者数据,检查患者是否已经在 Epic 中,然后选择离测试套件最近的打印机来打印标签,将注册和验证患者的时间缩短至 14~16 秒。工作人员也不必手动输入数据,可以专注于让患者进行测试,并消除潜在的人为操作错误空间。

可口可乐公司是一家拥有 5 500 名员工的独立家族企业,主要负责生产、销售可口可乐、雪碧、芬达、powerade、dasani 等饮料。可口可乐公司每天会收到 100 多封来自商店做样品需求的电子邮件。处理邮件的流程包括打开和处理电子邮件、创建样品订单、将样品请求输入财务系统,该流程对公司财务团队来说非常耗时、容易出错且成本高昂。Greenlight Consulting 是一家咨询公司,在与可口可乐公司合作中,提供 RPA 专业知识和开发人员资源,以 UiPath 开发出自动化产品采样请求,将过去每个任务需要 8 分钟的时间缩短到 30 秒,节省近 1 600 小时或 1.5 名工人的工作时间。该咨询公司在不到 12 个月的时间里,启动并运行了 11 个 RPA 项目,为可口可乐公司节省了 7 500 小时,让公司员工可以专注于与客户进行核心业务交流,而不是手动执行耗时的任务。

课后练习

一、单选题

1. RPA 擅长处理大量重复性高、规则明确的基础业务,下列业务中不适合使用 RPA 来处理的工作是(   )。
   A. 大量邮件附件读取与下载
   B. 网银付款申请单的录入
   C. 增值税发票查验真伪
   D. 投资决策

2. 下列关于 RPA 的描述错误的是(   )。
   A. RPA 是一款软件机器人
   B. RPA 可以模拟人在计算机上的操作
   C. 非侵入式灵活部署在各系统节点
   D. RPA 可以自主决策判断某项突发事件

3. RPA 技术的出现对人们现有的工作产生了巨大影响,重复、有规律、规则明确的工作都可以交给机器人来做,下列关于 RPA 的优势表述错误的是(   )。
   A. 极大提高了生产效率,为企业创造更大的价值
   B. 提高输入的准确度,大大降低人为失误
   C. 降低企业的执行成本
   D. 替代人为决策

4. RPA 是企业数字化转型的助力之一,企业成功部署 RPA 可能带来的好处不包括(   )。
   A. 效率提升   B. 成本节约
   C. 质量保障   D. 营业范围变更

5. 东方科技有限公司发生的下列业务中,不适合部署 RPA 的是(   )。
   A. 根据项目可行性研究报告进行项目投资决策
   B. 编制 500 家客户的往来询证函工作
   C. 在国家税务总局网站查验 10 000 张发票的真伪
   D. 每月进行银企对账并编制银行余额调节表

6. RPA 可以模拟人类的工作,帮助提高个人劳动生产率,下列选项中,不属于 RPA 适用的工作任务是(   )。
   A. 大量银企对账工作   B. 票据信息频繁录入工作
   C. 重大事项决策判断   D. 获取大量商品信息

7. 下列选项中，关于 RPA 与 AI 的关系表述错误的是（　　）。
   A. RPA 是计算机模拟人类操作的能力，实质上是按照提前制定好的口令去执行工作
   B. RPA 并不会从一次次重复操作中学习及优化自己的行为
   C. AI 拥有自主学习能力，不断矫正自己的行为
   D. RPA 和 AI 是相互分裂、相互矛盾的关系

二、多选题

1. RPA 财务机器人受到众多企业的关注，相对于人工操作来说其优势有（　　）。
   A. 可以减少人工操作时出现的失误，降低企业运营风险
   B. 能够实现不间断工作
   C. 业务处理速度快，可以不停地高速工作
   D. 可以高效地执行重复性的业务，提高效率

2. RPA 的出现对人们现有的工作产生了巨大影响，日常工作中的重复、有规律、规则明确的工作都可以交给机器人来做，下列关于 RPA 的优势表述正确的有（　　）。
   A. 极大提高了生产效率，为企业创造更大的价值
   B. 提高输入的准确度，大大降低了人为失误
   C. 降低企业的执行成本
   D. 替代人为决策

3. RPA 的出现可以帮助人们完成部分工作，下列工作不适合 RPA 来完成的有（　　）。
   A. 设计创意品   B. 与客户洽谈
   C. 大批量的邮件收取   D. 电商网站产品上架

4. 下列选项中，关于 RPA 与 AI 的关系表述正确的有（　　）。
   A. RPA 是计算机模拟人类操作的能力，实质上是按照提前制定好的口令去执行工作
   B. RPA 并不会从一次次重复操作中学习及优化自己的行为
   C. AI 拥有自主学习能力，不断矫正自己的行为
   D. RPA 和 AI 是相互分裂、相互矛盾的关系

三、判断题

1. RPA 拥有自主学习能力，可以通过大数据不断矫正自己的行为。　　　　　　　（　　）
2. RPA 结合 AI 的自主学习能力，可以通过大数据不断矫正自己的行为，这是未来机器人的发展方向。　　　　　　　　　　　　　　　　　　　　　　　　　　　　　（　　）

四、简述题

1. 简述 RPA 技术的特点。
2. RPA 技术有哪些优势和局限？

思政园地

资料来源： 节选自靳呈伟 2023 年发表于《新湘评论》第 16 期的文章《以科技创新催生新发展动能，支撑强国建设、民族复兴》。

我国科技发展的方向就是创新、创新、再创新。我们要推动以科技创新为核心的全面创新，坚持需求导向和产业化方向，坚持企业在创新中的主体地位，发挥市场在资源配置中的决定性作用和社会主义制度优势，增强科技进步对经济增长的贡献度，形成新的增长动力源泉，推动经济持续健康发展。在推动科技发展的道路上，我们应该：

第一，着力打通科技与经济社会发展之间的通道，推动科技创新与经济社会发展紧密结合，推进核心技术成果转化和产业化。企业是科技和经济紧密结合的重要力量，应该成为技术创新决策、研发投入、科研组织、成果转化的主体。坚持和强化企业在技术创新中的主体地位，要促进创新要素向企业集聚，以企业牵头，整合集聚创新资源，形成跨领域、大协作、高强度的创新基地，开展产业共性关键技术研发、科技成果转化及产业化、科技资源共享服务，推动重点领域项目、基地、人才、资金一体化配置，推进创新链产业链资金链人才链深度融合，提升我国产业基础能力和产业链现代化水平。其中，科技领军企业要发挥市场需求、集成创新、组织平台的优势，打通从科技强到企业强、产业强、经济强的通道，发挥"出题人""答题人""阅卷人"作用。中小微企业则要发挥好应对技术路线和商业模式变化的独特优势。

第二，全面深化科技体制改革，形成支持全面创新的基础制度，提升创新体系效能，激发创新活力。科技领域是最需要不断改革创新的领域。科技创新要取得突破，不仅需要基础设施等"硬件"支撑，更需要制度等"软件"保障。推进自主创新，最紧迫的是破除一切制约科技创新的思想障碍和制度藩篱，最大限度解放和激发科技作为第一生产力所蕴藏的巨大潜能。当前，世界已进入大科学时代，科学研究特别是基础研究的组织化程度越来越高，制度保障和政策引导对研究产出的影响越来越大，迫切要求深化研究体制机制改革，发挥好制度、政策的价值驱动和战略牵引作用。因此，需要在体制和管理上采取切实举措。深化科技体制改革，要打通科技和经济转移转化的通道、优化科技政策供给、完善科技评价体系、营造良好创新环境。科技体制改革还必须与其他方面改革协同推进，加强和完善科技创新管理，促进创新链、产业链、市场需求有机衔接，建立健全各主体、各方面、各环节有机互动、协同高效的国家创新体系，提升整体效能。科技管理改革不能只做"加法"，要善于做"减法"，推动科技管理职能转变。按照抓战略、抓改革、抓规划、抓服务的定位，转变作风、提升能力，减少分钱、分物、定项目等直接干预，强化规划政策引导，给予科研单位更多自主权，赋予科学家更大技术路线决定权和经费使用权，让科研单位和科研人员从烦琐、不必要的体制机制束缚中解放出来！

第三，着力增强自主创新能力，努力实现高水平科技自立自强。重大科技创新成果是国之重器、国之利器。真正的大国重器，一定要掌握在自己手里。只有把关键核心技术掌握在自己手中，才能从根本上保障国家经济安全、国防安全和其他安全。核心技术、关键技术是要不来、买不来、讨不来的，总是跟踪模仿是没有出路的，要靠自己拼搏，必须自力更生、自主创新。自力更生是中华民族自立于世界民族之林的奋斗基点，自主创新是我们攀登世界科技高峰的必由之路。掌握关键核心技术要靠大幅提高自主创新能力，增强原始创新、集成创新和引进消化吸收再创新能力。全面提高自主创新能力，要特别重视原始性专业基础理论突破，加强科学基础设施建设，保证基础性、系统性、前沿性技术研究和技术研发持续推进，强化自主创新成果的源头供给。矢志不移自主创新，保持坚定的创新信心尤为重要。我们自己推出的新技术新产品，在应用中出现一些问题是自然的，可以在用的过程中继续改进，不断提高质量。

第四，着力以全球视野谋划和推动科技创新，深度参与全球科技治理。科学技术是世界性的、时代性的，发展科学技术必须具有全球视野。当前，新一轮科技革命和产业变革深入发展，人类要破解共同发展难题，比以往任何时候都更需要国际合作和开放共享。我们要前瞻谋划和深度参与全球科技治理，积极主动融入全球科技创新网络，参加或发起设立国际科技组织，全方位加强国际科技创新合作，最大限度用好全球创新资源，全面提升我国在全球创新格局中的地位，提高我国在全球科技治理中的影响力和规则制定能力，以更多重大原始创新和关键核心技术突破为人类文明进步作出新的更大贡献。

模块二　RPA 开发基础知识应用

◇ 知识目标

1. 熟悉 UiPath 界面的常用功能
2. 掌握创建新项目、新建工作流程、添加活动等基本操作
3. 掌握变量、数据类型、运算符的基本用法
4. 掌握分支和循环的基本用法

◇ 能力目标

1. 能正确使用变量
2. 能运用 RPA 处理基本的业务流程

◇ 素养目标

1. 具备良好的逻辑思维能力
2. 具备自主学习能力和实操能力
3. 具备良好的职业道德与敬业精神

 思维导图

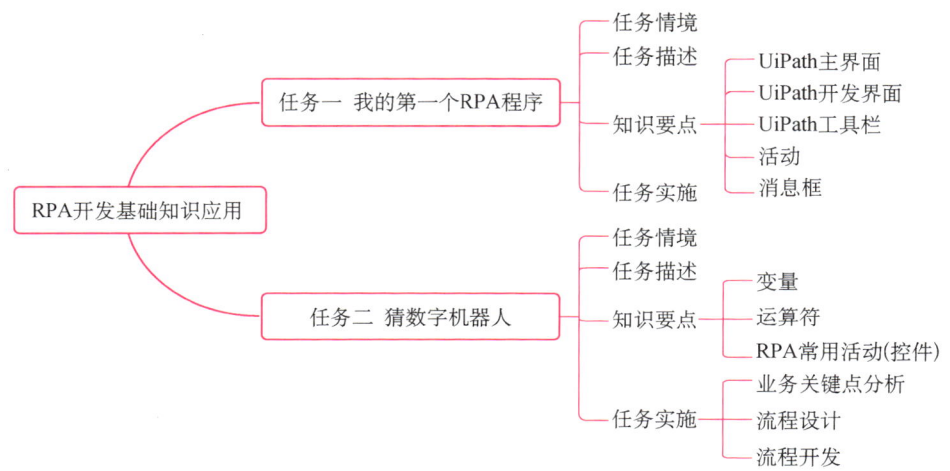

项目导读：前沿资讯

资料来源：节选自王高林发表于新华网 2023 年 10 月 20 日的文章《国网西和县供电公司：加快 RPA 机器人部署助力基层减负增效》。

10 月 19 日，国网西和县供电公司运维人员利用"用电异常自动监测"RPA 流程机器人，通过数据运营管理平台异常数据抽取网址、用户名、密码自动登录数据运营管理平台，完成了一系列异常问题抽取工作并将异常数据快速、精准导出。

RPA 技术能模拟人的各种操作，能在某些应用程序上进行鼠标点击、键盘输入、读取信息等自动化操作，同时利用系统自动存档并发生异常提示功能，方便工作人员在第一时间确认问题、排查故障进行处理，提升了用电异常的发现与处置效率，减少潜在安全风险，释放人力资源的功效。运用 RPA 技术收集电网的大量数据进行实时分析，可自动标记出可能存在问题的用电点，如功率过大、电流异常波动、疑似窃电行为等。

国网西和供电公司积极推进数字化转型工作，不断深化 RPA 流程机器人应用，安排专业技术人员对基层供电所 RPA 设备逐一进行调试部署，对所内相关业务负责人进行一对一的培训，对应用中出现的问题进行答疑解惑，确保业务人员能熟练应用，部署的场景流程能成功运行，解决了各类数据繁多，且服务器相互独立，人工执行效率低，数据挖掘深度不够的问题。

据悉，RPA 机器人成功部署后，基层供电所相关业务人员能够一键运行日常较为烦琐的工作，自动导出用电异常数据，并自动存档，节省了大量的人力成本，极大地减轻了基层一线人员的工作负担，RPA 机器人受到了基层一线人员的欢迎。

讨论题：通过阅读项目导读的资讯，对于国网西和县供电公司 RPA 部署，你有什么感想？

任务一　　我的第一个 RPA 程序

小明对 UiPath 软件产生浓厚的兴趣，迫不及待地打开 UiPath Studio，熟悉设计器编程界面。UiPath Studio 是 UiPath RPA 平台的编辑工具，利用它的图形化界面，可以方便地设计出各种自动化的流程。所有的自动化项目都是在 Studio 平台创建的。

在此任务中，小明通过实际操作，熟悉 UiPath Studio 界面常用功能，创建一个新项目，开发自己的第一个 RPA 程序。

 知识要点

一、UiPath 主界面

本书使用的 UiPath 版本是免费的 UiPath 社区版，双击桌面"UiPath Studio 图标"，打开 UiPath 编辑器，可以在开始页面新建项目，也可以打开本地已有的项目。点击"新建项目"—"流程"，新建空白流程，在名称处输入新建项目的名称；项目存放在计算机默认位置中，用户可以根据需要自行修改；在"说明"栏内输入对工作流程的说明文字，如图 2-1 所示。

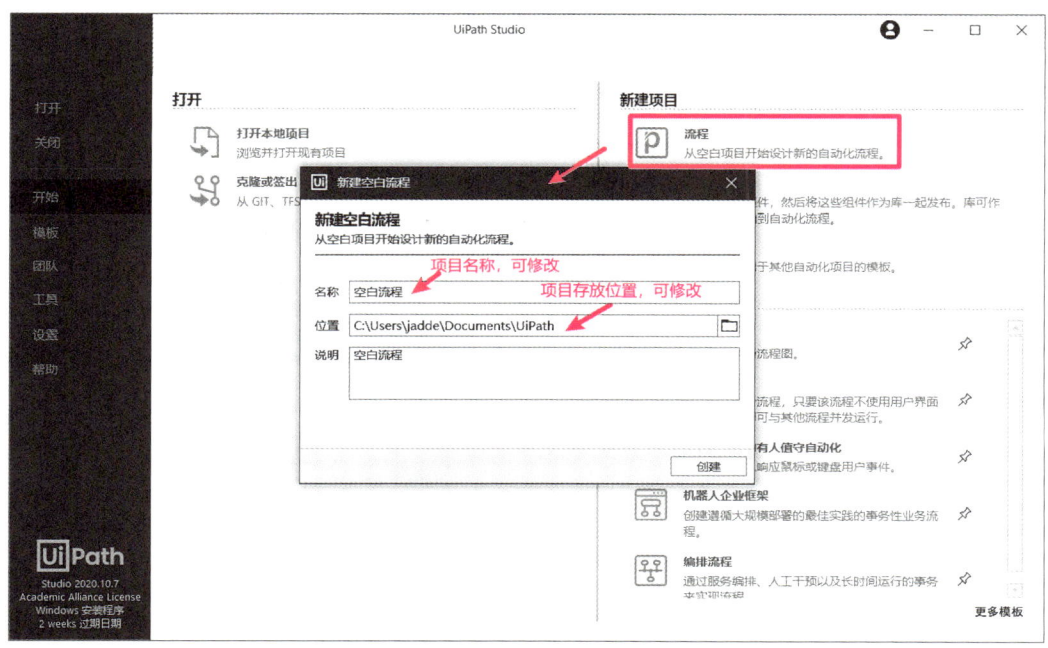

图 2-1　UiPath 开始界面

二、UiPath 开发界面

打开项目主工作流，其开发主页面分为活动面板、设计面板、属性面板与变量面板，如图 2-2 和图 2-3 所示。

UiPath 活动面板是 UiPath Studio 中的一个重要组件，它提供了许多活动和功能，用于创建自动化流程。它是一种可视化工具，让用户可以通过拖拽和连接活动来设计和构建机器人流程。活动面板下以树状形式罗列出所有可供使用的活动，也可以称为控件；设计面板显示当前的自动化项目，将不同的活动拖曳至设计面板可以进行流程的设计与开发；设计面板的下方是变量面板，在变量面板中可以设置流程变量的名称、使用范围、变量类型等；设计面板的右边，即属性面板，可以在此设置各个活动的属性。

18　RPA 财务机器人应用与开发

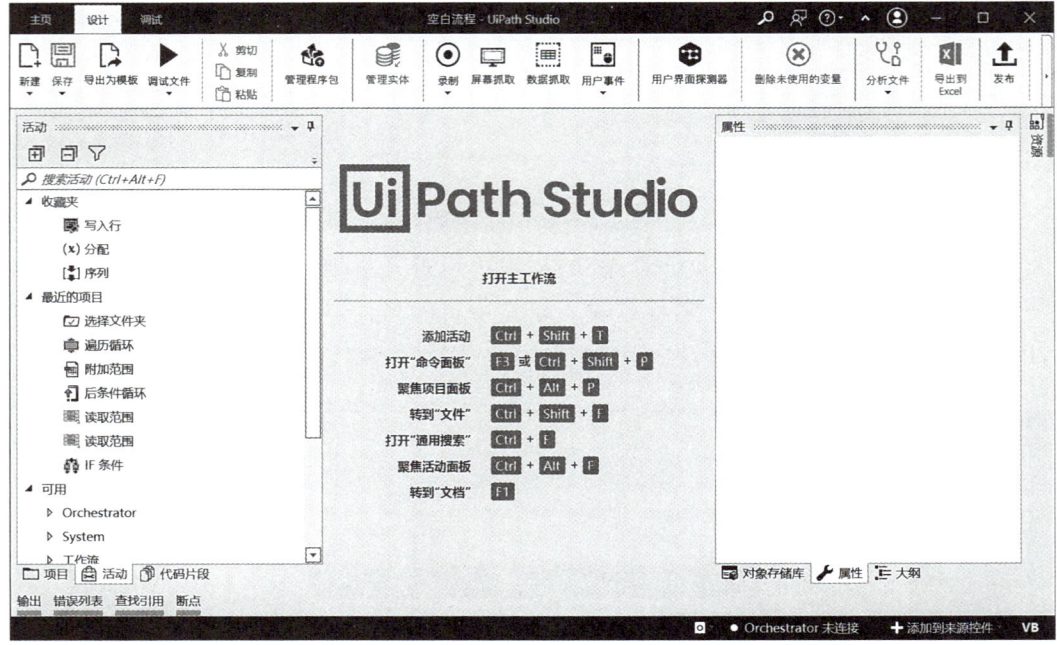

图 2-2　主工作流界面

图 2-3　UiPath 开发界面

UiPath 工具栏

三、UiPath 工具栏

在设计界面,点击"新建",出现序列、流程图、状态机等流程类型,如图 2-4 所示。其中,序列适用于线性过程,开发者能够顺利地从一个活动转到另一个活动,而不会使项目混乱。流程图适用于更复杂的业务逻辑,开发者能够通过多个分支逻辑运算符以更多样化的方式集成决策和连接活动。状态机适用于大型项目,它们在执行中使用有限数量的状态,这些状态由条件(转换)或活动触发;全局处理程序用于各种自动化项目,用于识别执行错误。

图 2-4　设计界面

调试工具栏提供了丰富的调试工具,调试文件:调试当前的流程文件;运行文件:运行当前的流程文件;调试:调试当前项目,针对当前项目的中所涉及的流程文件生效;运行:运行当前项目,针对当前项目中所涉及的流程文件生效;断点:执行程序断点功能;慢步骤:会减慢执行速度,以便了解正在发生的事情;执行历史记录:查看执行的历史记录;高亮显示元素:高亮显示,被选中的元素在流程执行过程中会有红色标识;日志活动:日志记录,当其被开启时,会详细记录每一个活动的执行记录;继续处理意外:发生异常时仍继续执行;画中画:使用画中画模式;打开日志:查看日志文件。调试界面如图 2-5 所示。

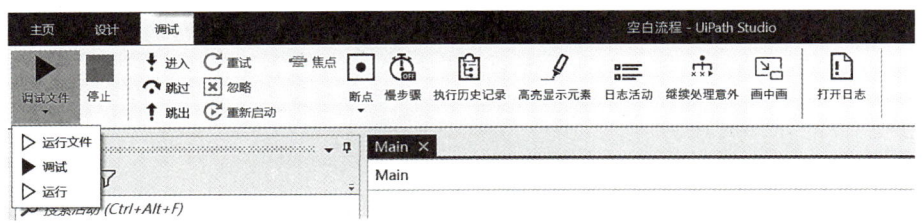

图 2-5　调试界面

消息框

四、活动

活动又称为控件(activities)，是 UiPath 的基础与核心，是完成项目开发的主要组成部分。

五、消息框

[消息框](MessageBox)活动是 Windows 中的消息弹窗，用于提示消息或引导用户操作。"文本"处显示的是桌面弹出的消息框内容信息，可以是文本、数字等类型。如果信息属于文本类型，必须将文本放入英文界面下的引号中。若选中"杂项"栏中的"排名最前"，则消息将始终置于前台。"输入"栏中的"按钮"显示的是桌面弹出的消息框内显示的按钮，按钮中提供了几种可以选择的类型。"标题"处显示的是桌面弹出的消息框标题。"输出"栏中的"所选按钮"表示已按下按钮的结果，可以在此处设置变量，将结果放入变量中。[消息框]活动的有关界面如图 2-6 所示。

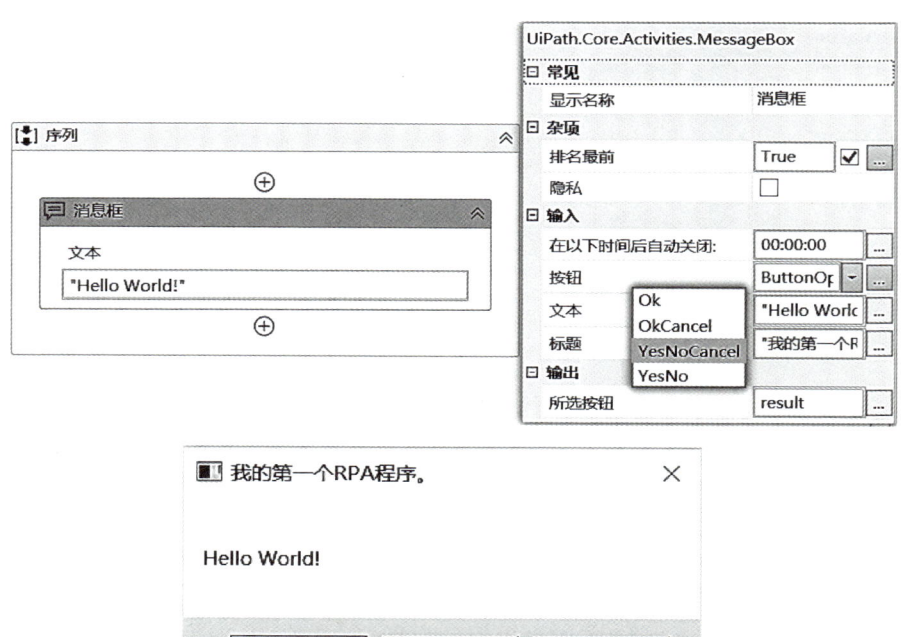

图 2-6 [消息框]活动的有关界面

任务实施

开发第一个程序：在活动面板中找到[消息框]，并拖拽至设计面板中，设计面板内自动生成一个新的序列，在"输入"—"文本"中输入"Hello World!"。点击"运行文件"或"运行"，如图 2-7 所示。

模块二 RPA 开发基础知识应用 21

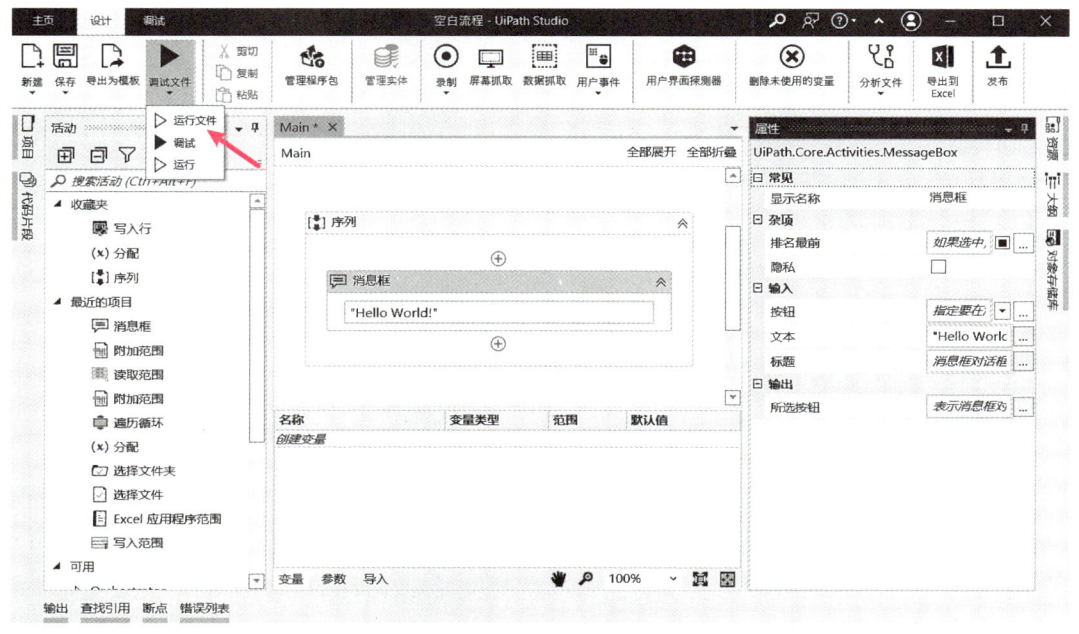

图 2-7 开发第一个程序

任务二　猜数字机器人

任务情境

猜数字游戏是一个古老的益智小游戏：一个人设置数字，另一个人猜数字，若猜测的数字大于设置的数字，设置数字的人提示"很遗憾，你猜大了"；若猜测的数字小于设置的数字时，设置数字的人则提示"很遗憾，你猜小了"，直至猜中设置的数字，设置数字的人提示"恭喜，猜数成功"。

小明使用 UiPath 设置计算机生成一个 1~10 的随机数，提示用户输入猜测数，如果用户输入的数大于生成数，机器人提示猜大了；如果用户输入的数小于生成数，机器人提示猜小了，直至猜测准确。

变量

一、变量

1. 变量的含义与创建

变量是对某个活动运行结果进行存储，并扮演着数据传递"盒子"的角色。在 UiPath 中通常是在活动的属性界面（通常为"属性—输出"的位置）或活动的当前界面创建变量，"鼠标右键—创建变量"或使用快捷键"Ctrl+k"，出现"设置变量"的提示后，输入变量名称。在变量面板中也可以创建变量，并根据需求设置变量的其他属性。

2. 变量的命名

变量名可以由字母、数字、下划线（_）构成，但是数字不能作为变量名的开头。除了下划线（_），其他符号都不能在变量名中使用。在 UiPath 中，变量名不区分大小写。变量命名应该遵循公认的标识原则，以方便阅读。例如，文件命名为"file"，姓名命名为"name"等。在一个流程文件中，变量名称不能重复，否则会出现错误。

3. 变量的数据类型

变量的数据类型用于确定数据的存放方式和占用内容的大小。在对变量进行赋值时，系统会自动识别变量的数据类型。常见数据类型如表 2-1 所示。

表 2-1　常见数据类型

数据类型	含义	示例
String/str（字符串）	表示一串文本	"正保—网中网"
Int32（整数）	用于存储整数	1、2、3
Double（小数）	用于存储精度更高的数，可以是整数，也可以是小数	3.141 59、54.67、125
Array of[T]（集合）	一系列元素的集合，元素可以是字符串、整数等各种类型	String[]
Data Table（数据表）	用于存储二维结构的数据，具有行和列的属性	表格数据
Boolean（布尔）	布尔型，可以用 True 或 False 表示，也可以用 1 或 0 表示	True、False
Generic（通用型）	通用型，可以指任何对象	如邮件、数据库等

二、运算符

1. 常见算术运算符号

常见的算术运算符号如表 2-2 所示。

表 2-2 算术运算符号

运算符号	含义
＋	两个数相加，或是字符串连接
－	两个数相减
＊	两个数相乘，或是返回一个重复若干次的字符串
／	两个数相除，结果为浮点数（小数）
／／	两个数相除，结果为向下取整的整数
％	取模，返回两个数相除的余数
＊＊	幂运算，返回乘方结果

2. 常见字符串运算符号

字符串运算符号是用于两个字符串类型数据之间的运算符号，若 a 表示字符串"Hello"，b 表示字符串"RPA"，a、b 之间的运算关系可以如表 2-3 所示。

表 2-3 字符串运算符号

运算符号	含义	实例
＋	字符串连接	a+b 输出结果：HelloRPA
＊	重复输出字符串	a*2 输出结果：HelloHello
[ ]	通过索引获取字符串中字符	a[1] 输出结果 e
[:]	截取字符串中的一部分	a[1:4] 输出结果 ell
in	成员运算符。如果字符串中包含给定的字符返回 True	H in a 输出结果 True
not in	成员运算符。如果字符串中不包含给定的字符返回 True	M not in a 输出结果 True

3. 常见数据类型的转换

在 UiPath 中，不同的数据类型之间是不能进行运算的，所以我们需要对数据类型进行转换。我们需要根据不同的开发需求，强制地将一个数据类型转换成另一个数据类型。数据类型的强制转换如表 2-4 所示。

表 2-4　数据类型的强制转换

目标数据类型	转换方法 1	转换方法 2
String	CStr(变量)	变量.tostring
Int32	CInt(变量)	Integer.Parse(变量)
Double	CDbl(变量)	Double.Parse(变量)
DateTime		DateTime.Parse(变量)

RPA 常用活动(控件)

三、RPA 常用活动(控件)

1. [分配]活动

[分配](Assign)活动的作用是将右边"输入 VB 表达式"的内容,赋值给左边"To"处的变量。中间的"="并不代表等于,而代表赋值。在"To"处点击鼠标右键(或者按"Ctrl+K"键)创建变量,在"输入 VB 表达式"处输入表达式、数值、字符串等,如图 2-8 所示。

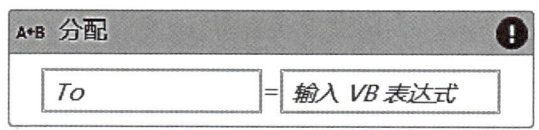

图 2-8　[分配]活动

2. 表达式 new Random().Next(x,y)

new Random().Next(x,y)用于生成一个指定范围内的整数。其中,参数 x 是下限,参数 y 是上限,生成的随机数 n:x≤n≤y。

表达式 new Random().Next(1,10),表示产生 1～10 的随机整数。

3. [输入对话框]活动

[输入对话框](InputDialog)活动的作用是在用户桌面上弹出一个对话框,通过标签消息提示用户输入内容,创建一个变量,将用户输入的信息存储起来,以便流程中其他活动使用,如图 2-9 所示。

4. [流程决策]活动

[流程决策](FlowDecision)活动的作用是根据设置的条件输出 Boolean 型的结果,即"真"或"假",用来确定接下来的流程走向,如图 2-10 所示。注意:流程决策只能在流程图(FlowChart)中使用。

5. [IF 条件]活动

[IF 条件]活动的作用是根据设置的条件输出 Boolean 型的结果,即"真"或"假",用来确定接下来的流程走向,"真"执行"Then"中的动作,"假"执行"Else"中的动作,如图 2-11 所示。注意:"Then"和"Else"中不能同时为空。

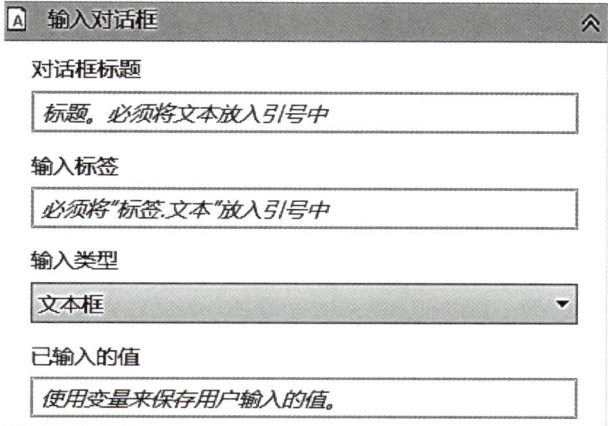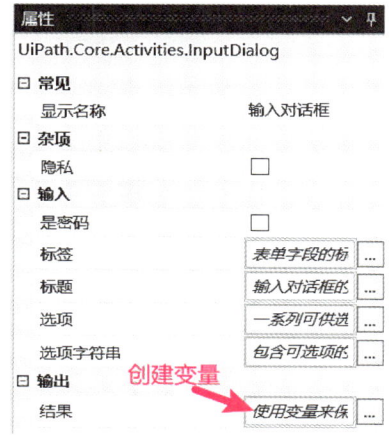

图 2-9 ［输入对话框］活动

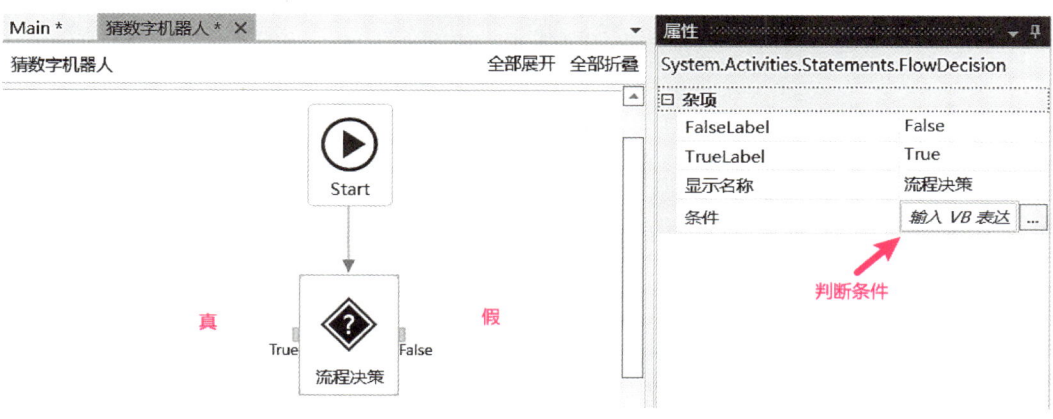

图 2-10 ［流程决策］活动

图 2-11 ［IF 条件］活动

 任务实施

一、业务关键点分析

设计一个机器人,让计算机自动生成一个1～10的随机数,再提示用户输入猜测数,让计算机判断猜测数与随机数大小是否相等,直至猜测数等于随机数,提示用户结束游戏。

二、流程设计

根据任务情境和任务描述,设计RPA流程如图2-12所示。

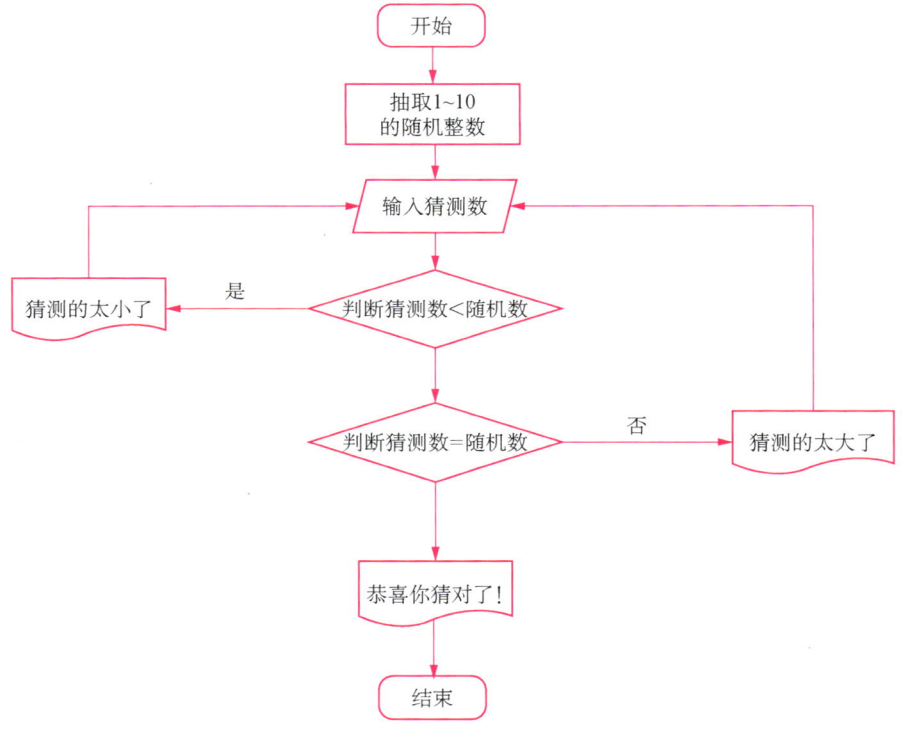

图2-12 猜数字机器人流程图

三、流程开发

新建流程图,命名为"猜数字机器人",在活动面板中搜索[分配]活动,将其拖拽至设计面板开始节点"▶"下方;在[分配]活动左边输入框创建变量"随机数";在变量面板里修改随机数的类型为"Int32";在[分配]活动右边输入框内输入表达式"new Random().next(1,10)",表示生成一个1～10的随机数,赋值给变量"随机数",如图2-13所示。

模块二 RPA开发基础知识应用 | 27

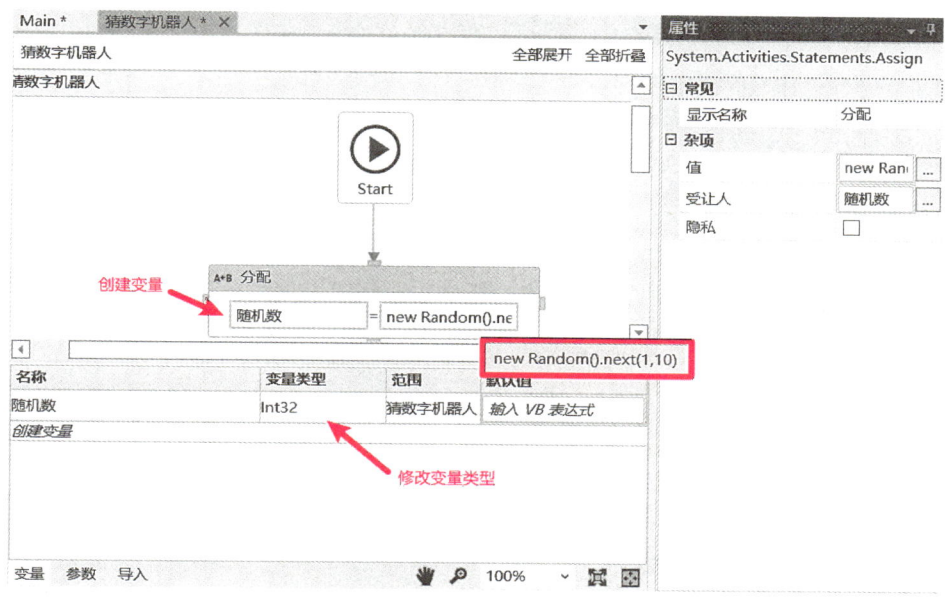

图 2-13 生成随机数

在[分配]活动下方添加[输入对话框]活动，点击[输入对话框]控件，在其属性面板中设置参数内容。具体设置如下：在"输出"—"结果"处创建变量"猜测数"，并在变量面板中修改变量类型为"Int32"，如图 2-14 所示。

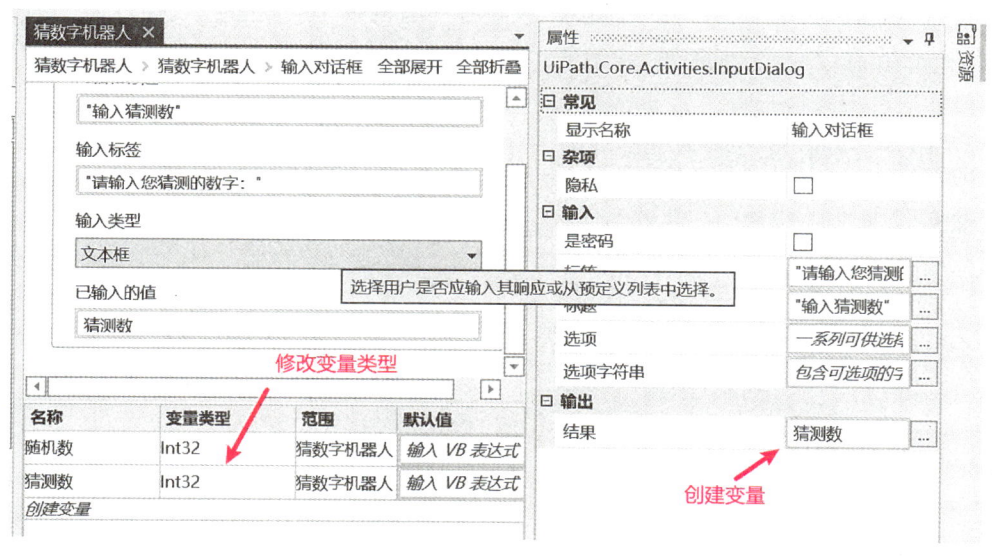

图 2-14 输入猜测数

在[输入对话框]活动下方添加[流程决策]活动，点击[流程决策]控件，在其属性面板中设置参数内容。具体设置如下："条件"处输入"猜测数＜随机数"，如果满足条件，在 True 方向添加[消息框]，输出"您猜的数太小了，请重新猜。"，并从[消息框]中添加一条流程线返回

［输入对话框］，提示用户重新猜测，如图 2-15 所示。

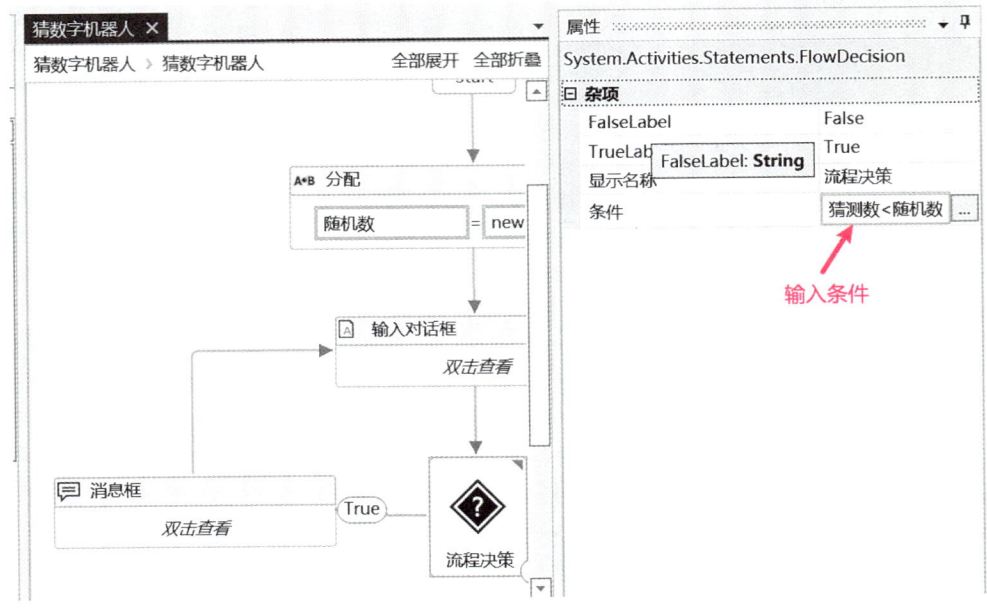

图 2-15　输入猜测数＜随机数

在上一个［流程决策］活动 False 方向再添加一个［流程决策］活动，在其属性面板中设置参数内容。具体设置如下："条件"处输入"猜测数＝随机数"，判断猜测数是否等于随机数，如果条件成立，在 True 方向添加［消息框］，提示恭喜猜对了；如果条件不成立，则在 False 方向添加［消息框］，提示猜大了重新猜，并从此［消息框］中添加一条流程线返回［输入对话框］，提示用户重新猜测，完成机器人开发，如图 2-16 所示。

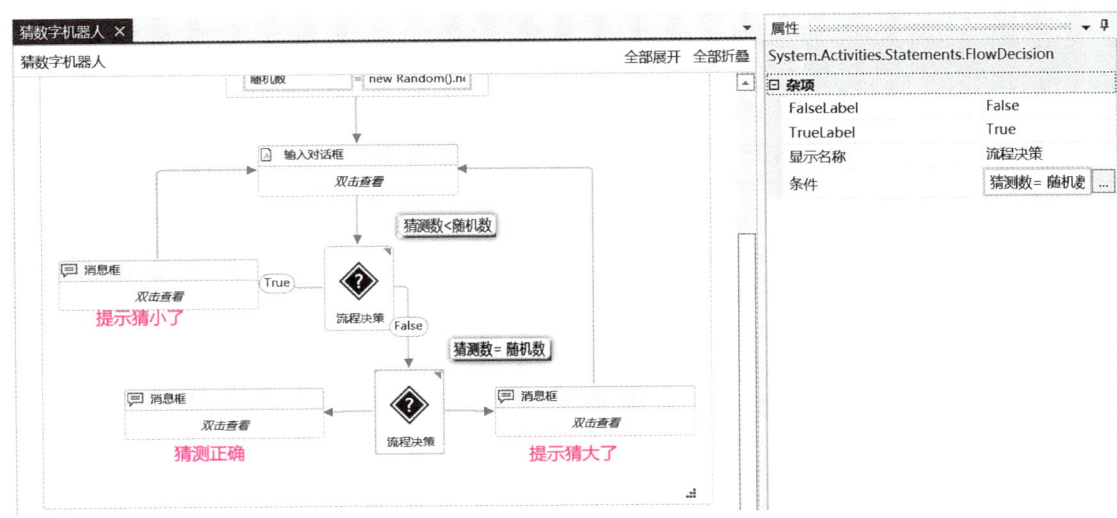

图 2-16　猜数字机器人

课 后 练 习

一、单选题

1. 在 UiPath 软件中开发机器人,用来添加、修改和展示工作流程的代码的面板是(　　)。
   A. Activities(活动)面板　　　　　　　B. Designer(设计)面板
   C. Variables(变量)面板　　　　　　　D. 以上都可以

2. 以下关于是否可以运行同一个流程的多个项目的说法中,正确的是(　　)。
   A. 不可以　　　　　　　　　　　　　B. 可以,在同一个机器人上
   C. 可以,在不同的机器人上　　　　　　D. 有时可以

3. 下列选项中,可以在消息框窗口中显示整数值 myNumber 的是(　　)。
   A. "我的号码是 myNumber"　　　　　B. "我的号码是"+myNumber.Value
   C. "我的号码是"+myNumber　　　　　D. "我的号码是"+myNumber.ToString

4. 下列有关变量的说法中,正确的是(　　)。
   A. 在 UiPath Studio 中,变量命名必须使用英文,但可以不区分大小写
   B. 变量命名时不能包含空格和特殊字符,但可以使用数字开头
   C. 变量类型可以根据变量存储数据的类型来选择
   D. 在同一流程中可以出现相同名称的变量,只要能够区分各自的使用范围即可

5. 在 UiPath Studio 中创建一个变量后,(　　)为非必须设置项。
   A. 变量的名称　　B. 变量的默认值　　C. 变量的类型　　D. 变量的范围

6. 下列常用的变量数量类型中,用于存储二维数据的类型是(　　)。
   A. Int32　　　　　B. DataTable　　　C. String　　　　　D. Boolean

7. 下列运算符中,对 Int32 或者 Double 的运算结果不是布尔型(Boolean)的是(　　)。
   A. mod　　　　　B. =　　　　　　　C. >　　　　　　　D. ≤

8. 下列选项中,可以改变变量的作用范围的是(　　)。
   A. 通过使用大纲面板　　　　　　　　B. 通过使用变量面板
   C. 通过使用属性面板　　　　　　　　D. 通过使用输出面板

二、多选题

1. 下列选项中,关于 Activity(活动)说法正确的有(　　)。
   A. Activity 是一些动作
   B. Activity 有先后顺序
   C. Activity 可以直接用鼠标拖拽到 Designer 面板
   D. Activity 太多,可以搜索查找

2. 在 UiPath Studio 中,关于变量命名规则的说法中正确的有( )。
   A. 变量命名必须使用英文,但可以不区分大小写
   B. 变量命名时不能包含空格和特殊字符,也不可以使用数字开头
   C. 变量类型可以根据变量存储数据的类型来选择
   D. 在同一流程中不能使用相同名称的变量
3. 在变量面板中可以执行的操作有( )。
   A. 设置变量默认值　　　　　　　　B. 添加新变量
   C. 改变变量类型　　　　　　　　　D. 改变变量作用范围
4. 在 UiPath Studio 中可用的工作流类型有( )。
   A. 序列　　　　B. 活动　　　　C. 流程图　　　　D. 调用方法
5. 创建一个 Double 类型的变量(number=3.14),要想将其转换为字符串类型,下列方法中错误的有( )。
   A. number.ToString　　　　　　　B. String.Parse(number)
   C. CStr(number)　　　　　　　　 D. "number"

三、判断题

1. 在文本的运算中,可以用"+"号将文本合并。　　　　　　　　　　　　　( )
2. 如果想把表达式的运算结果临时存储起来,并运用到其他地方,可以使用[分配]Assign 活动。　　　　　　　　　　　　　　　　　　　　　　　　　　　　　　　　( )
3. [IF 条件]活动有两个结果,一个是"真(True)",一个是"假(False)"。　　( )
4. 在流程图中进行条件判断时,可以使用[IF 条件]活动。　　　　　　　　( )
5. 根据图 2-17,变量 variable3 的范围选择"序列 3",则表示该变量只能在序列 3 中被使用。
　　　　　　　　　　　　　　　　　　　　　　　　　　　　　　　　　　( )

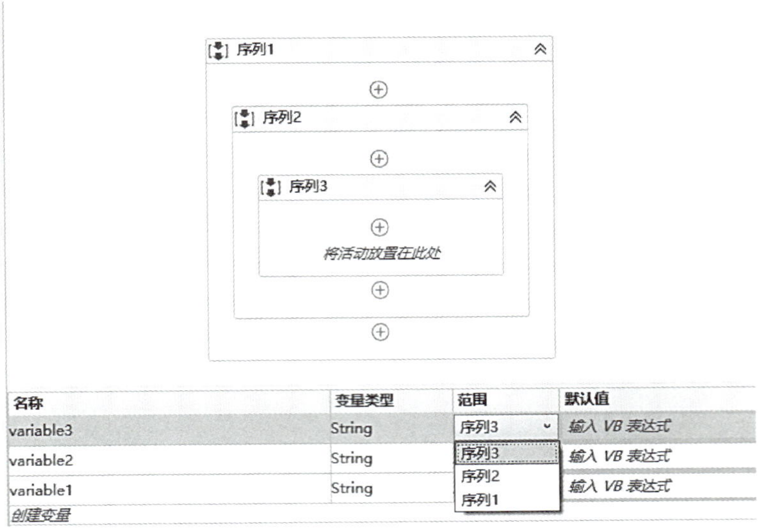

图 2-17　变量范围

四、操作题

1. 输入第一个字符串"我爱你,",再输入第二个字符串"中国!",将 2 个字符串拼接到一起,并在消息窗口中输出。
2. 输入一个 1~10 的整数,机器人自动判断是奇数还是偶数,并将判断结果显示在消息窗口中。

思政园地

坚持自主创新　建设科技强国

资料来源：节选自科学技术部战略规划司司长梁颖达发表于《光明日报》2022年09月06日的文章《坚持自主创新，建设科技强国》

党的十八大以来，以习近平同志为核心的党中央把创新作为引领发展的第一动力，坚持创新在我国现代化建设全局中的核心地位，深入实施创新驱动发展战略，建设科技强国。十年来，在党中央的坚强领导下，在全国科技界和广大科技工作者的共同努力下，我国科技事业发生历史性、整体性、格局性变化，成功进入创新型国家行列，走出了一条从人才强、科技强到产业强、经济强、国家强的创新发展新路径。全社会研发投入从2012年的1.03万亿元增长到2021年的2.79万亿元，研发投入强度从1.91％增长到2.44％。截至2022年，世界知识产权组织发布全球创新指数排名，我国从2012年的34位上升至第12位，是唯一持续快速上升的国家。

坚持党对科技工作的全面领导，科技事业发展形成新格局。在习近平总书记亲自谋划、亲自部署、亲自推动下，在习近平新时代中国特色社会主义思想和习近平总书记关于科技创新重要论述的指引下，形成了我国科技发展从理念到战略到行动的完整体系，进一步丰富发展了我们党关于国家发展和科技发展的理论创新和实践创新。强化科技创新战略布局，制定中长期和"十四五"科技创新规划，部署实施国家实验室、科技创新2030－重大项目、国际科技创新中心、国家科技决策咨询制度等重大任务，进一步拓展完善了科技发展的格局。

坚持"四个面向"战略方向，科技实力跃上大台阶。面向世界科技前沿，支持探索基础科学和前沿技术，在量子信息、铁基超导、干细胞、深空探测等方向取得一批原创性重大成果。面向经济主战场，围绕产业链部署创新链，围绕创新链布局产业链，不断壮大发展新动能。超级计算、高速铁路、特高压输电等技术进入世界先进行列，数字经济、新兴产业蓬勃发展。面向国家重大需求，坚持目标导向，以科技为逻辑起点和核心要素，提供关键解决方案。移动通信实现"3G突破、4G同步、5G引领"的历史性跨越并大规模应用，高温气冷堆示范工程实现并网发电，农业科技进步贡献率达到60％，有力保障粮食安全，助力打赢脱贫攻坚战。面向人民生命健康，坚持人民至上、生命至上，把增强人民群众的健康福祉作为科技研发的重要导向。科技抗疫成效显著，疫苗、药物、检测等一批科技创新成果有力支撑新冠肺炎疫情防控。我国获批Ⅰ类新药从2008年之前的5个达到现在的75个，以正电子磁共振扫描系统（PET/MR）为代表的一批国产高端医疗器械投入使用。

坚持强化国家战略科技力量，创新体系整体效能实现新提升。国家实验室建设迈出实质性步伐，全国重点实验室重组稳步推进，中国特色的国家实验室体系加快构建。高水平研究型大学的科技创新组织化程度进一步提高，在基础研究、人才培养和重大科技突破中的作用更加凸显。科研院所改革不断深化，科研攻坚能力进一步提升，研究路线选择、人员绩效评价等自主权不断扩大。企业创新主体地位更加凸显，企业研发经费占全社会研发经费超过3/4，涌现出一批具有国际影响力的领军企业。

坚持科技创新与体制机制创新"双轮驱动"，科技治理迈出新步伐。《深化科技体制改革实施方案》部署的143项任务全面完成。修订《科技进步法》《促进科技成果转化法》，科技创新的法治环境更加优化。组建国家科技咨询委员会、国家科技伦理委员会，科技创新治理水平显著提升。改革重塑国家科技计划管理体系，深化科研经费管理改革，为科研人员"减负松绑"，推动科技成果使用权、处置权和收益权"三权下放"，创新主体的活力进一步激发。

坚持创新驱动的实质是人才驱动，人才队伍建设呈现新气象。把调动人的创造性、积极性作为改革的出发点和落脚点，对不同职业生涯阶段的科研人员实施针对性的支持政策，加大对青年科技人才的支持力度，改革优化科技人才发现、培养、使用、引进、激励等机制。对各类科技人才实行分类评价，加快建立以创新价值、能力、贡献为导向的评价体系。加强作风学风建设，大力弘扬科学家精神。聚天下英才而用之，构建具有全球吸引力和竞争力的人才制度环境，开展外国高端人才服务"一卡通"试点。

坚持以全球视野谋划和推动创新，国际科技合作开辟新图景。开放合作是中国特色自主创新道路的应有之义，我国持续加强政府间科技合作，与各国开展创新对话，推进科技伙伴计划。建设"一带一路"创新之路，实施人文交流、共建联合实验室、技术转移、科技园区合作四项行动。积极参与并牵头组织国际大科学计划和大科学工程，有序开放国家科技计划，鼓励支持各国科学家共同开展研究，为解决全球科技难题与挑战贡献了更多中国力量。

当前，世界百年未有之大变局加速演进，我们既要抓住重要发展机遇，也要应对一系列风险挑战。在全面建设社会主义现代化国家、向第二个百年奋斗目标进军的新征程上，在以习近平同志为核心的党中央坚强领导下，全国科技界将进一步坚定创新自信，奋力攻坚克难，勇攀科技高峰，加快推进高水平科技自立自强，展现新作为、取得新成就，以实际行动迎接党的二十大胜利召开。

模块三

RPA 在财务中的应用——Excel 自动化

◇ 知识目标

1. 掌握 Excel 相关活动的操作方法
2. 掌握获取文件夹内文件路径的方法
3. 掌握表达式的应用方法

◇ 能力目标

1. 能应用 RPA 复制粘贴 Excel 表格数据
2. 能应用 RPA 自动处理 Excel 表格,如筛选、增加行、删除行等
3. 能根据特定的业务场景,设计人工流程图,根据人工流程设计 RPA 流程

◇ 素养目标

1. 培养良好的流程设计思维
2. 遵循诚实守信的职业道德
3. 具备正确的数据思维,良好的逻辑能力

思维导图

```
RPA在财务中的应用        ┌─ 任务情境
——Excel自动化           │
    │                  ├─ 任务描述
    │                  │            ┌─ [Excel应用程序范围]活动
    │  ┌─ 任务一 RPA汇总单个明细表 ──┤            ├─ [读取范围]活动
    ├──┤                  ├─ 知识要点 ┼─ [写入范围]活动
    │  │                  │            ├─ [选择文件]([浏览文件])活动
    │  │                  │            └─ [选择文件夹]([浏览文件夹])活动
    │  │                  │            ┌─ 流程设计
    │  │                  └─ 任务实施 ─┤
    │  │                               └─ 流程开发
    │  │                  ┌─ 任务情境
    │  │                  │
    │  │                  ├─ 任务描述
    │  │                  │            ┌─ [遍历循环]活动
    └──┤ 任务二 RPA汇总多个明细表 ─────┤            ├─ [附加范围]活动
       │                  ├─ 知识要点 ┼─ 表达式Directory.GetFiles( )
       │                  │            └─ 数组集合
       │                  │            ┌─ 业务关键点分析
       │                  └─ 任务实施 ─┼─ 流程设计
       │                               └─ 流程开发
```

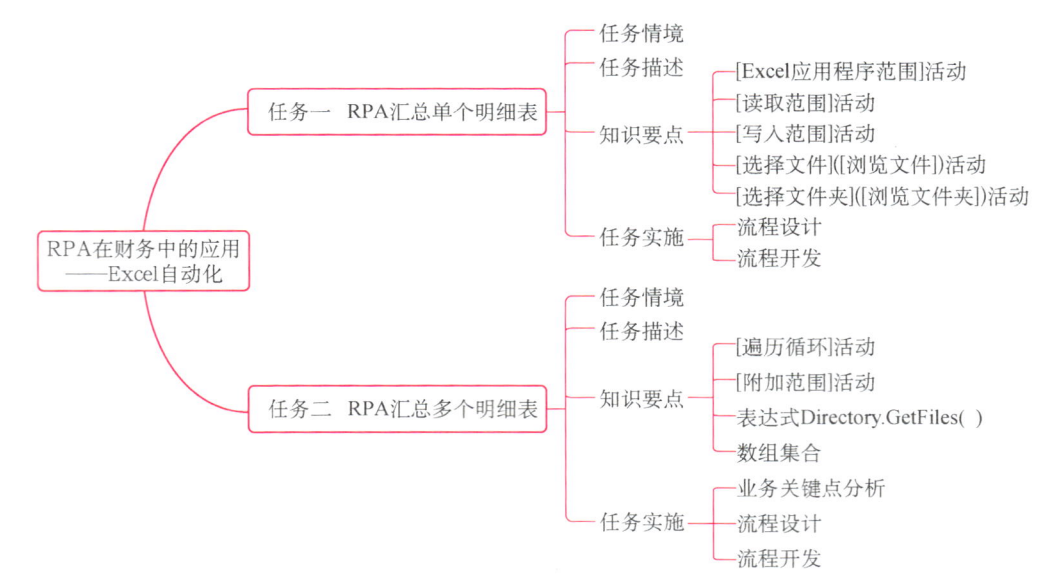

项目导读：前沿资讯

资料来源：节选自 UiPath 官网

西部证券股份有限公司（以下简称西部证券）作为中国证券监督管理委员会2021年证券公司分类结果中的A类A级券商公司，在以人工智能、区块链、云计算、大数据与资产管理、风险管理等业务相结合，持续驱动金融业务实现线上化、数据化、智能化的券商数字化转型浪潮中，秉承着探索与创新的态度，借助UiPath产品积极开启证券行业的转型探索。

西部证券首先总结各个部门的特点，从而发现企业内部烦琐的业务流程和对自动化的迫切需求。例如，在财富管理部的集中运营业务场景中，有一些流程大量依赖人工操作；又如，计划财务部虽已通过财务共享中心实现财务系统内的各项流程自动化，但其自动化的程度仍有待挖掘。此外，投行业务条线、托管业务部以及其他部门也都需要一步一步实现自动化。西部证券正在通过前后台软件机器人的建设和协同配合，完成数字员工的试点落地，预计将取得显著效果。

在券商传统的经纪业务中，每日的后台运营工作涉及大量的数据操作配置过程，这些流程虽然不涉及核心数据操作，但是流程中的数据配置、处理、核对过程均由人工完成，且操作涉及多个系统，参数众多，流程烦琐，十分耗费人力，而且非常容易出错。若能将此场景作为数字员工试点切入，就能降低操作风险，同时较原人工处理流程精准度大大提高；同时还可以大幅缩短处理时间，甚至提前完成操作，预计流程处理平均耗时能够减少80%之多。

在券商总部的财务业务处理过程中，需要合并所有分支机构定期报送的表单，并进行跨系统核对。此流程数据量大，操作过程烦琐，人工操作往往很难及时跟进，而且也容易出错。若此场景用数字员工替代，预计流程处理平均耗时能够减少60%。

任务一　　RPA 汇总单个明细表

任务情境

企业日常对账、报表编制、工资单处理等都需要用到 Excel。例如，财务人员每个月要取得银行流水、银行财务数据，进行银行账和财务账的核对，并编制银行余额调节表；进行各项关账工作，如现金盘点、银行对账、销售收入确认、应收账款对账、关联方对账、应付款项对账；在不同系统、不同表格中采集数据，大量复制粘贴的动作，然后分类处理，生成报表……重复性的人工操作不仅耗费了大量的时间与人力成本，而且工作质量也得不到保障，效率较低。RPA 可以学习人的操作规则，复制、回放人工操作的轨迹，实现自动化。

小明在正保集团实习期间，每个月都要将集团各分公司的管理费用明细表汇总到集团管理费用主表上，便于后期管理费用的分析与预测。数据的复制粘贴是财务工作中常见的重复性任务，需要财务人员将各部门的费用数据从不同来源复制到 Excel 表格中进行汇总。管理费用明细数据，包括差旅费、办公费、宣传费等。小明以分公司北京网中网科技有限公司为例，将北京网中网科技有限公司管理费用表当月数据复制，并粘贴到集团汇总表中。

任务描述

小明将使用 UiPath 设计一个 RPA 机器人，将"北京网中网科技有限公司（管理费用）明细表"中 2021 年 2 月管理费用明细数据复制到"正保集团（管理费用）明细汇总主表"的第 3 行，如图 3-1 所示，然后保存并关闭工作簿。

图 3-1　（管理费用）明细表汇总处理

知识要点

一、[Excel 应用程序范围]活动

[Excel 应用程序范围]（ExcelApplicationScope）活动的作用是打开一个 Excel 文件，为其他 Excel 活动提供应用程序基础。当该活动结束时，系统会关闭已经打开的 Excel 文件。如果不存在指定文件，会在项目所在文件夹内自动新建一个指定名称的 Excel 文件。属性设置如下："密码"是指工作簿的密码，如果工作簿在访问的时候有密码保护，在此处输入相应的密码；"工作簿路径"是指工作簿的完整路径，如果工作簿路径没有文件扩展名，会引起错误；"编辑密码"是指要编辑工作簿的密码，如果有需要在此处配置，如图 3-2 所示。

图 3-2 ［Excel 应用程序范围］活动

二、［读取范围］活动

［读取范围］（ReadRange）活动的作用是在指定的 Excel 工作簿中，选择目标工作表，选取该工作表指定的范围，复制该范围内的数据，并将其存储在变量中，以便流程中其他环节的使用。［读取范围］活动有两种类型，一种是"应用程序集成"—"Excel"下的［读取范围］，在使用此活动前，必须添加一个［Excel 应用程序范围］；另一种是"文件"—"工作簿"下的［读取范围］，在使用此活动前必须指明工作簿的位置，如图 3-3 所示。

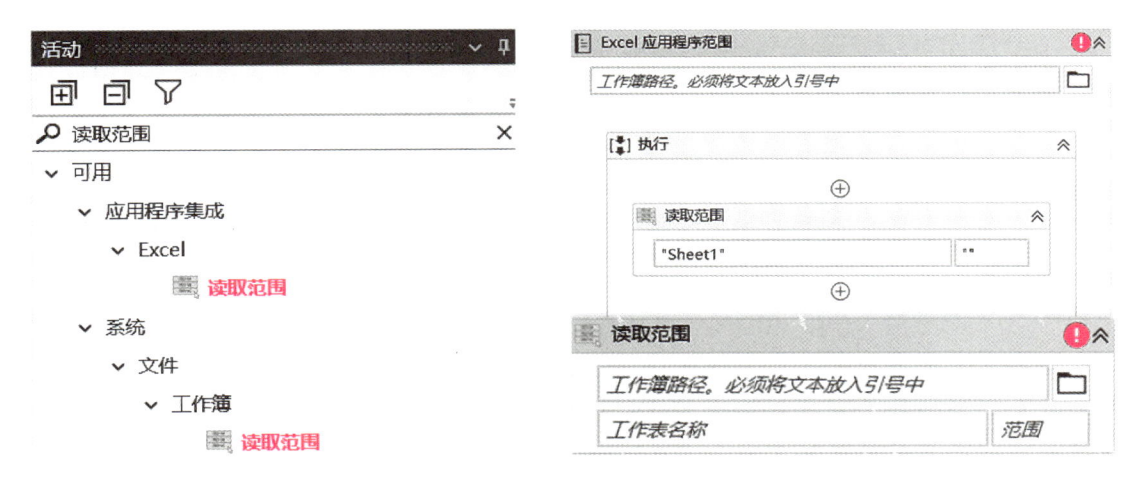

图 3-3 ［读取范围］活动

以"文件"—"工作簿"下的[读取范围]为例,属性设置如下:"工作簿路径"是指工作簿的完整路径,如果工作簿路径没有文件扩展名,会引起错误;"工作表名称"是指工作簿中工作表的名称,该字段仅支持字符串或者字符串变量;"范围"是指读取的单元格范围,如果没有指定范围,则读取整张 Excel 数据表;如果将范围指定为某个单元格,则读取从该单元格开始右下的整张数据表;"保留格式"是指保留单元格(货币、日期等)中显示的格式,将逐单元格读取该范围,且其性能不如批量读取;"密码"是指工作簿的密码,如果有需要时在此设置。"数据表"处创建变量,用来存储已读取的数据表对象;"添加标头"默认是选中状态,指定是否应将该范围中的首行作为标题行,如果勾选,读取的数据表的第一行为标题行,如图 3-4 所示。

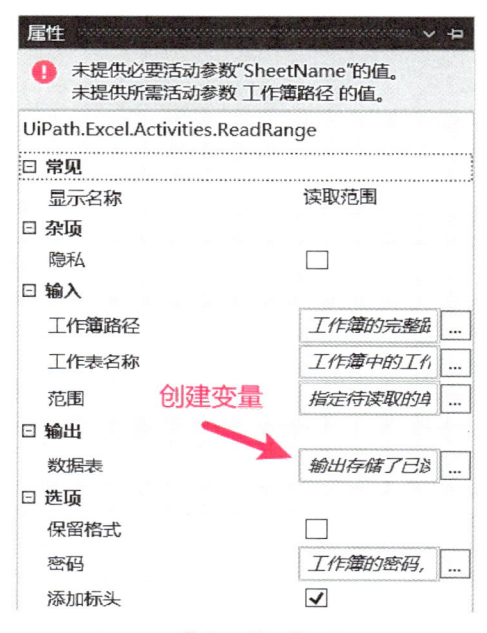

图 3-4 [读取范围]属性设置

三、[写入范围]活动

[写入范围](WriteRange)活动的作用是按照指定的 Excel 工作簿、指定的工作表、指定的起始单元格,写入(粘贴)已有的数据表(数据表变量)。与[读取范围]活动类似,[写入范围]活动也有两种类型,一种是"应用程序集成"—"Excel"下的[写入范围],在使用此活动前,必须添加一个[Excel 应用程序范围];另一种是"文件"—"工作簿"下的[写入范围],在使用此活动前必须指明工作簿的位置,如图 3-5 所示。

以"文件"—"工作簿"下的[写入范围]为例,属性设置如下:"工作簿路径"是指工作簿的完整路径,如果工作簿路径没有文件扩展名,会引起错误;"工作表名称"是指工作簿中工作表的名称,该字段仅支持字符串或者字符串变量;"起始单元格"是指写入的起始单元格,字符串格式;"密码"是指工作簿的密码,如果有需要时在此设置;"数据表"处写入数据表对象;"添加标头"指定是否应将原数据表的标题行写入,默认是不勾选,如图 3-6 所示。

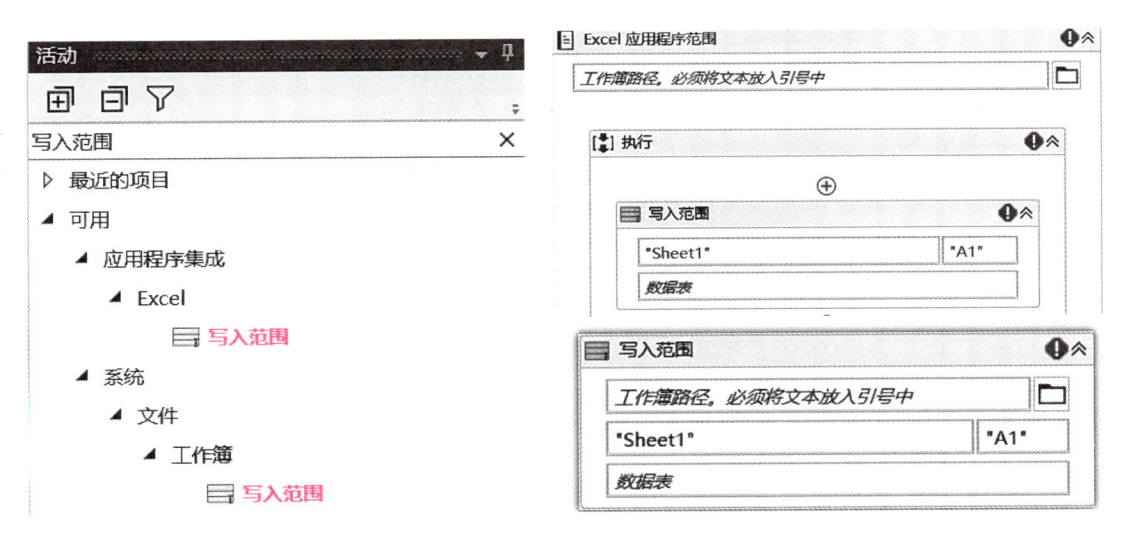

图 3-5 [写入范围]活动

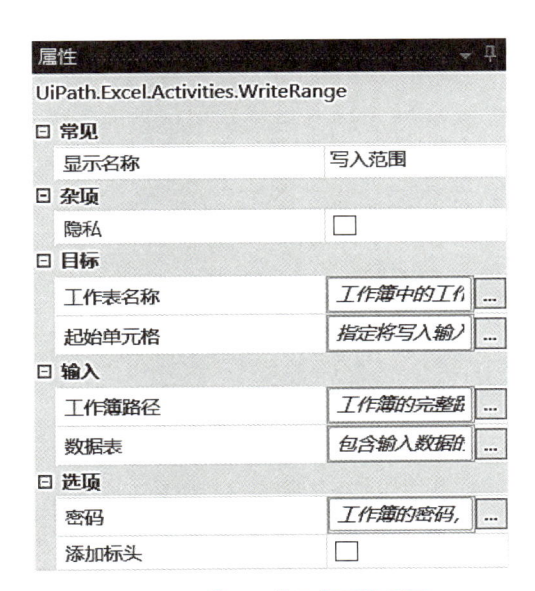

图 3-6 [写入范围]属性设置

四、[选择文件]([浏览文件])活动

[选择文件](SelectFile)活动的作用是在用户桌面上弹出一个窗口,供用户选择文件,并将用户的选择输出为一个文件路径,保存在变量中,以便流程中其他环节使用。由于 UiPath 的版本不同,该活动名称也可称为[浏览文件],如图 3-7 所示。

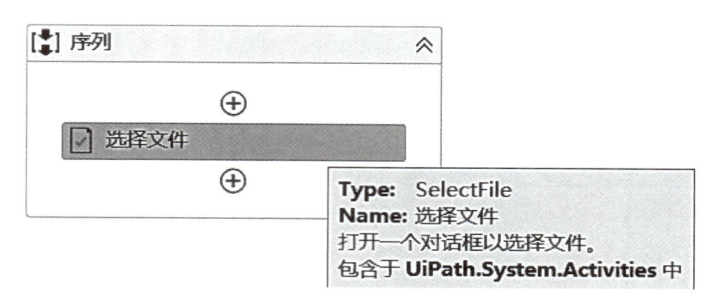

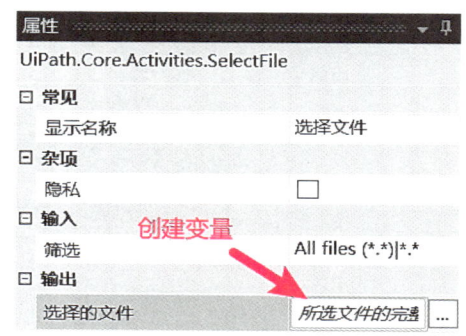

图 3-7 ［选择文件］活动

五、［选择文件夹］（［浏览文件夹］）活动

［选择文件夹］（SelectFolder）活动的作用是在用户桌面上弹出窗口，供用户选择，并将用户选择的文件夹输出为一个文件夹路径，保存在变量中，便于流程中其他环节使用。由于 UiPath 的版本不同，该活动名称也可称为［浏览文件夹］，如图 3-8 所示。

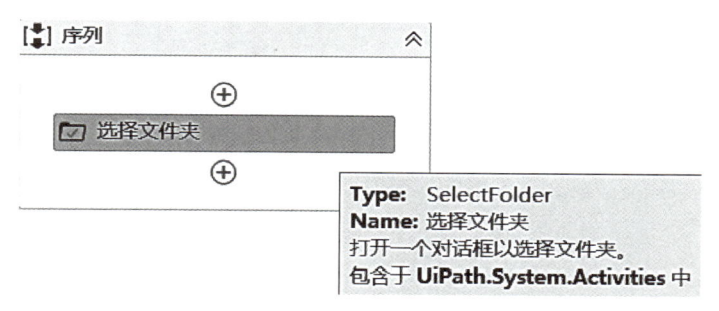

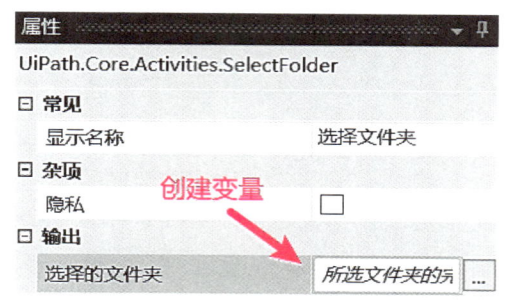

图 3-8 ［选择文件夹］活动

模块三　RPA 在财务中的应用——Excel 自动化

任务实施

一、流程设计

根据任务情境和任务描述，使用 RPA 财务机器人将北京网中网科技有限公司 2021 年 2 月的管理费用明细数据写入年度汇总表中。RPA 流程如图 3-9 所示。

二、流程开发

新建一个空白流程并命名为"RPA 在财务中的应用_Excel 篇"，新建序列名为"管理费用汇总_单表汇总"。在活动面板中搜索[消息框]，拖拽至此序列内，在[消息框]的"文本"中输入"请您选择北京网中网科技有限公司（管理费用）明细表。"，一定要放在英文状态下的双引号中。在[消息框]下方添加[选择文件]控件，在其属性面板"输出"—"选择的文件"框内创建变量"明细表"；在下方的变量面板中查看属性：变量类型是字符串 String 类型，作用范围是整个"管理费用汇总_单表汇总"序列，如图 3-10 所示。

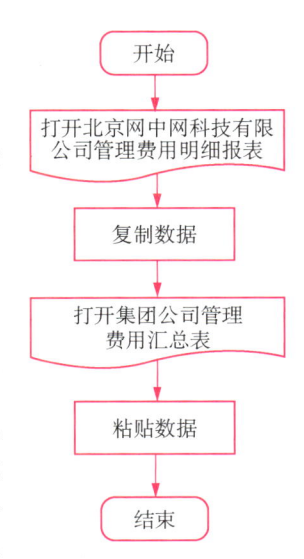

图 3-9　汇总单个明细表的 RPA 流程图

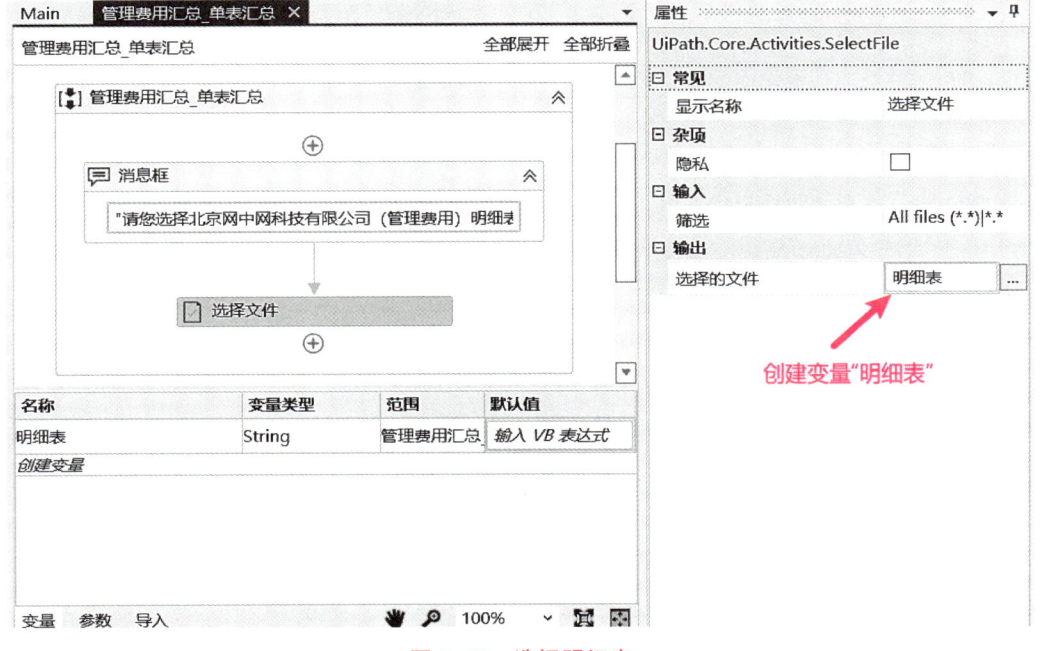

图 3-10　选择明细表

在［选择文件］控件下添加［消息框］活动，在［消息框］的"文本"中输入"请您'选择1.正保集团（管理费用）明细汇总主表'。"，一定要放在英文状态下的双引号中，提示用户选择集团公司汇总表文件。在［消息框］下添加［选择文件］控件，在其属性面板"输出"—"选择的文件"处创建变量"汇总表"；在下方的变量面板中查看属性：变量类型是字符串String类型，变量的作用范围是整个"管理费用汇总_单表汇总"序列，如图3-11所示。

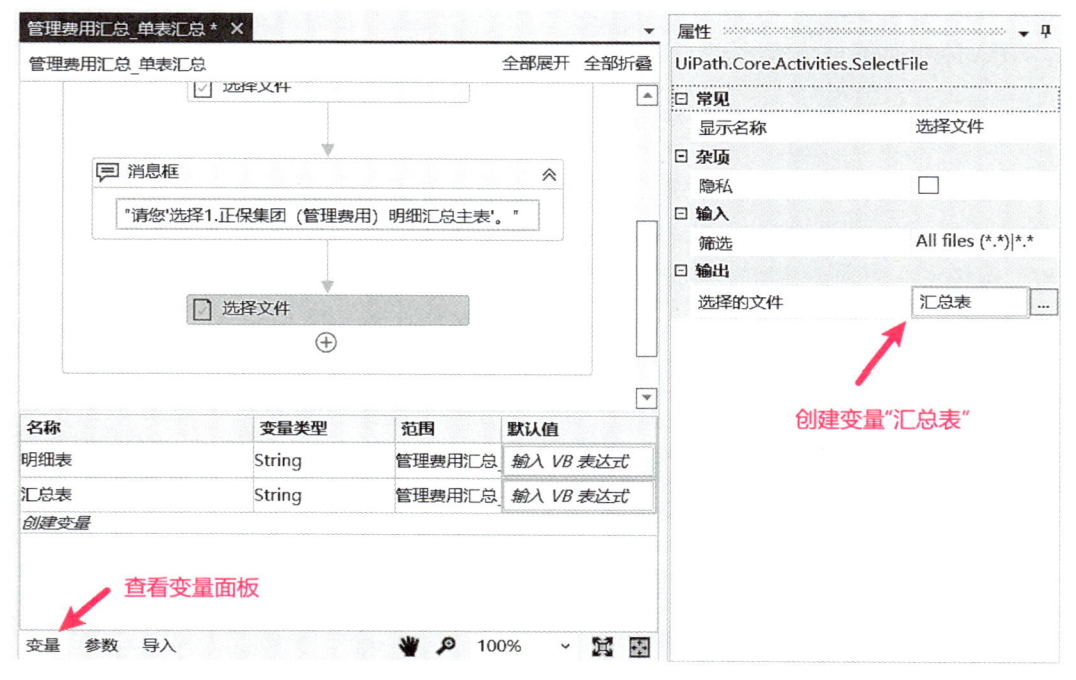

图3-11　选择汇总表

在第二个［选择文件］活动下添加［读取范围］活动，注意是"文件"—"工作簿"下的［读取范围］，在其右边的属性面板里设置控件属性，"输入"—"工作簿路径"处输入变量"明细表"，设置工作表名称和范围，"输出"—"数据表"内创建变量"data"，表示将明细表指定范围内的数据存储到变量data中，以便流程后续环节使用，勾选"添加标头"；在下方的变量面板中查看属性：变量类型是字符串DataTable类型，如图3-12所示。

在［读取范围］活动下方添加［写入范围］活动，注意是"文件"—"工作簿"下的［写入范围］，在其属性面板"输入"—"工作簿路径"处输入变量"汇总表"，"数据表"处输入变量"data"；设置工作表名称和起始单元格"A3"，将变量data中的数据写入汇总表对应的单元格范围内，完成单表汇总机器人的设计，如图3-13所示。

点击"运行"，机器人自动将北京网中网科技有限公司管理费用数据自动填写到正保集团管理费用汇总表中。

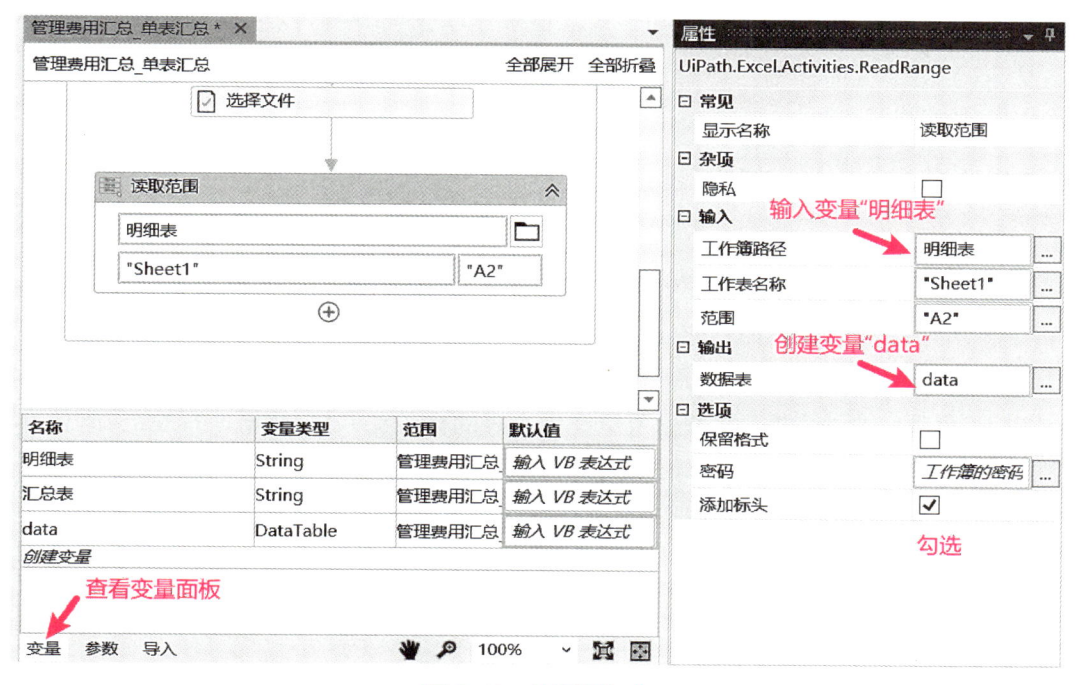

图 3-12 读取明细表

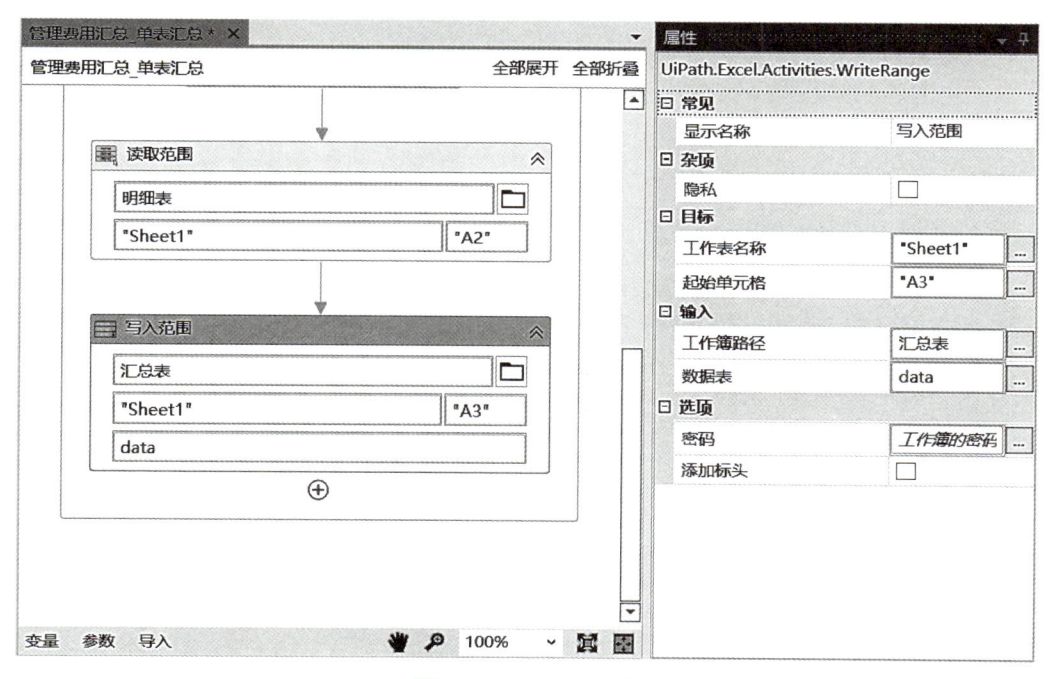

图 3-13 写入汇总表

任务二　RPA 汇总多个明细表

任务情境

小明在正保集团实习期间,看到同事们每到年末就陷入对各式各样报表的汇总、整理、分析、报告中。公司每个月都有管理费用明细表、销售费用明细表、员工业绩明细表等一系列月度报表,财务人员要把每个分公司不同明细表月度数据逐一复制粘贴到集团公司不同汇总表上,再进行数据分析和汇报。每个类别报表的格式都一样,数据填写规范,汇总工作规则明确,但报表非常多,一项一项地复制粘贴很容易出错。汇总数据工作的时效性要求非常高,财务人员常常忙到深夜,才把数据整理好,但此时已来不及做数据分析了。

任务描述

为了帮助同事们准确无误地完成各类报表的汇总工作,以管理费用汇总为例,小明使用 UiPath 开发管理费用汇总机器人,让机器人自动将每个月的管理费用明细数据填写到集团公司汇总表中,要求每个月费用明细表的费用项目、顺序、格式完全相同,与汇总表的费用项目、顺序、格式也完全一致。财务人员已将各分公司的管理费用明细表、汇总表全部存入同一文件夹中,如图 3-14 所示。

名称	修改日期	类型	大小
1.正保集团（管理费用）明细汇总主表	2021/8/2 19:01	Microsoft Excel ...	12 KB
北京网中网科技有限公司（管理费用）明细表	2021/8/2 16:30	Microsoft Excel ...	12 KB
厦门网中网软件有限公司（管理费用）明细表	2021/8/30 10:01	Microsoft Excel ...	12 KB
正保会计教育科技有限公司（管理费用）明细表	2021/7/30 11:28	Microsoft Excel ...	12 KB
正保远见有限公司（管理费用）明细表	2021/7/30 11:28	Microsoft Excel ...	12 KB
中华会计网校（管理费用）明细表	2021/7/30 11:28	Microsoft Excel ...	12 KB

图 3-14　业务数据文件夹

知识要点

一、[遍历循环]活动

[遍历循环](ForEach)活动的作用是遍历集合(或 List)中的每一个元素(一次只遍历一个元素),并将其赋值给变量 item,然后执行循环体中的活动(每遍历一次,循环体便执

行一次），直至遍历完所有元素。变量 item 是自动生成的，可以修改名字，属性面板中的"TypeArgument"是指整个集合的数据类型，可以在下拉框中选择；"值"处是循环成立的条件，只要条件为 True，正文就会被执行；"索引"处是集合中当前元素从零开始的索引，如图 3-15 所示。

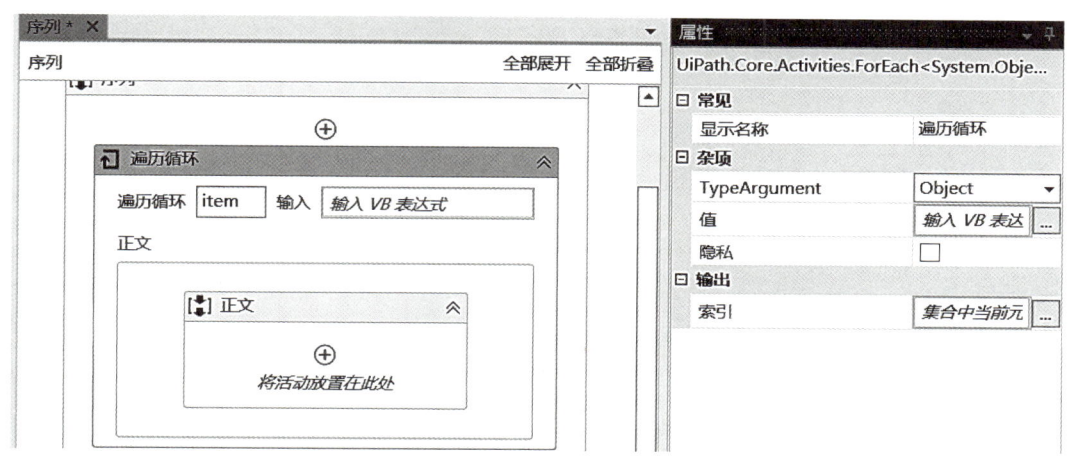

图 3-15 ［遍历循环］活动

二、［附加范围］活动

［附加范围］(AppendRange)活动的作用是按照指定的 Excel 工作簿和工作表(Sheet)，从最末尾处写入（粘贴）已有的数据表（数据表变量）。［附加范围］活动有两种类型，一种是"应用程序集成"—"Excel"下的［附加范围］，在使用此活动前，必须添加一个［Excel 应用程序范围］；另一种是"文件"—"工作簿"下的［附加范围］，在使用此活动前必须指明工作簿的位置，如图 3-16 所示。

以"文件"—"工作簿"下的［附加范围］为例，属性设置如下："工作簿路径"是指工作簿的完整路径，如果工作簿路径没有文件扩展名，会引起错误；"工作表名称"是指工作簿中工作表的名称，该字段仅支持字符串或者字符串变量；"数据表"处填写变量，将变量中的数据从指定工作表最末尾一行写入工作表中；"密码"是指工作簿的密码，如果有需要在此处设置，如图 3-17 所示。

三、表达式 Directory.GetFiles( )

表达式 Directory.GetFiles( )的作用是匹配所有符合条件的文件，并将文件路径以字符串集合(String[])形式存储起来。在 Directory.GetFiles(value1, value2)，小圆点"."前的 Directory 是模块名称，有关文件路径的所有方法都存放在这一模块中；小圆点"."后的 GetFiles 是方法名称，表示查找文件目录或者文件。此表达式参数有 2 个，value1 表示文件

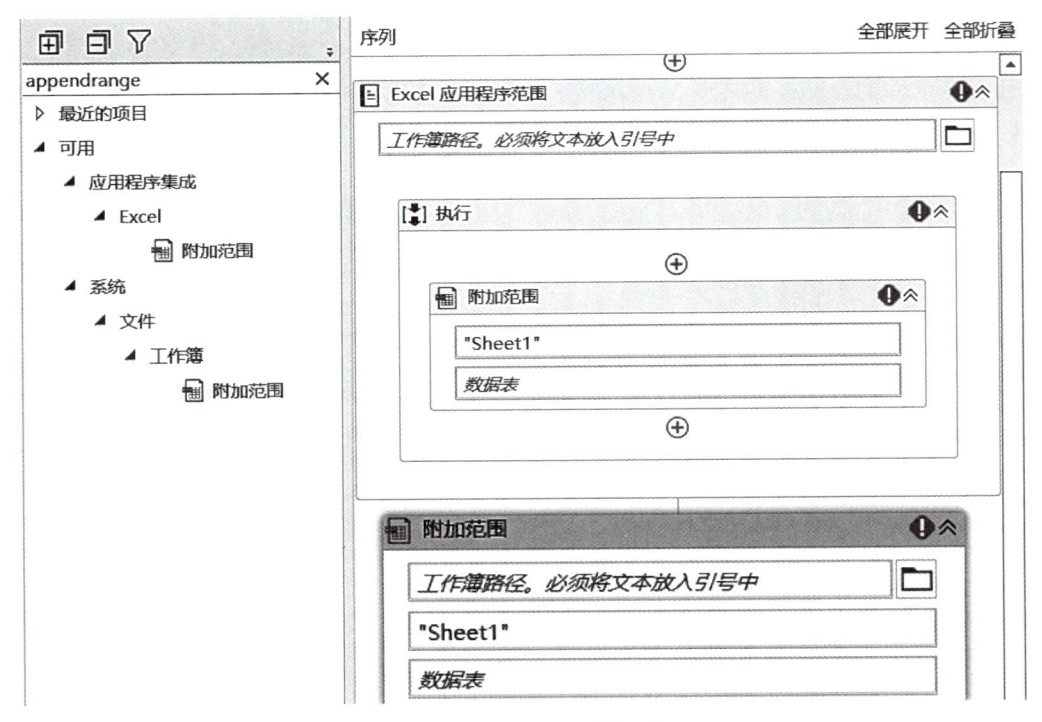

图 3-16 ［附加范围］活动

图 3-17 ［附加范围］属性设置

夹的路径（String 类型），直接输入文件夹路径或输入变量，用以指定文件路径；value2 特征串，用于筛选特定文件的规则。

四、数组集合

数组集合（Array）是指同一种数据类型的有序集合。表达式：Directory.GetFiles()的输出结果为字符串集合（String[]），即字符串的一维数组。设置数组变量类型（Arrayof[]），以设置一个一维字符串数组为例：在变量面板中创建一个变量 variable1，点击"变量类型"下拉菜单，选择 Arrayof[T]类型，弹出"选择类型"窗口，选择元素对应的数组类型，比如 String，变量类型显示为 String[]，如图 3-18 所示。

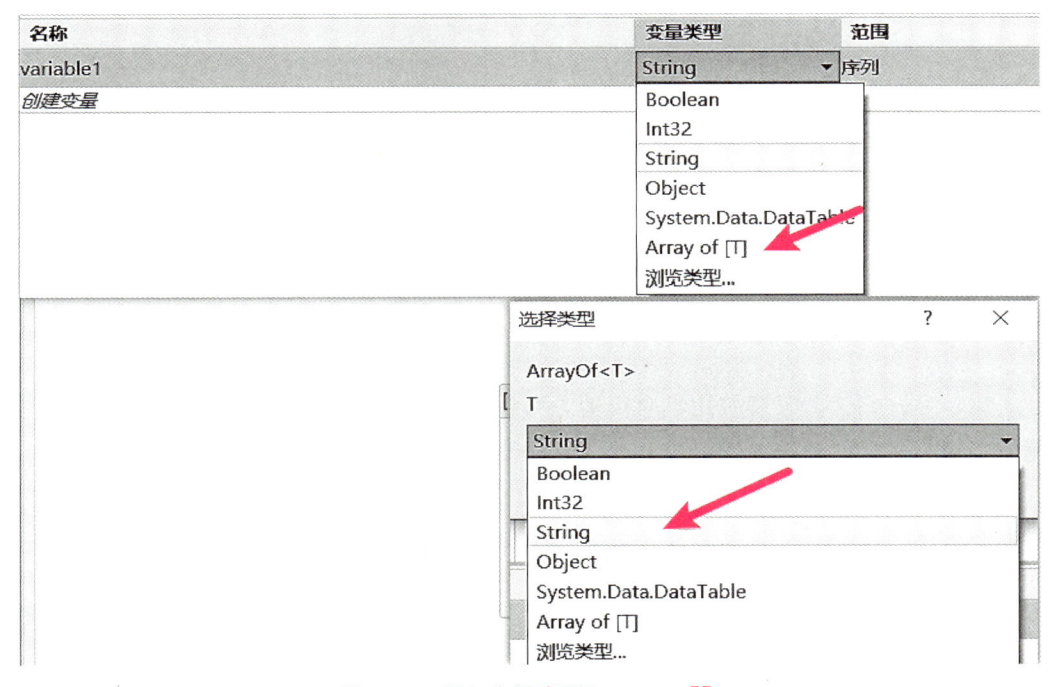

图 3-18　数组变量类型（Array of []）

🖋 任务实施

一、业务关键点分析

通过对管理费用汇总机器人流程进行梳理，整理出该业务的关键点：当录入的明细表数量较多时，复制粘贴数据将耗费大量的人力；汇总数据任务时效性要求较高，待处理数据庞杂且精确度要求高，容易出错；工作附加值低，造成员工职业成长缓慢。

二、流程设计

根据任务情境和任务描述，解决业务中的关键点问题。RPA 流程如图 3-19 所示。

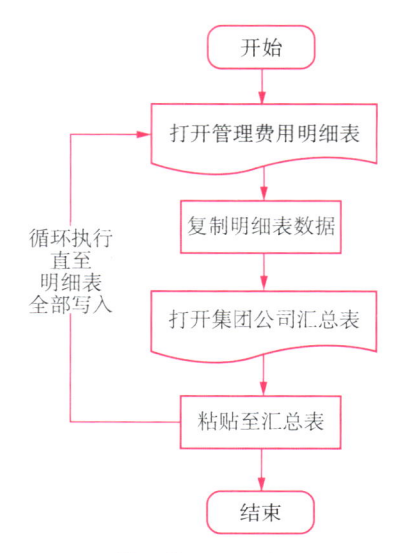

图 3-19　汇总管理费用明细表的 RPA 流程图

三、流程开发

新建序列,命名为"管理费用汇总机器人",在活动面板中搜索[消息框]活动并拖拽至设计面板中,输入信息"请选择管理费用汇总表。",提示用户选择汇总表文件。在[消息框]活动下方添加[选择文件]活动,在其属性面板"输出"—"选择的文件"处创建变量"files_汇总表",表示将用户选择的文件路径放入此变量中,如图 3-20 所示。

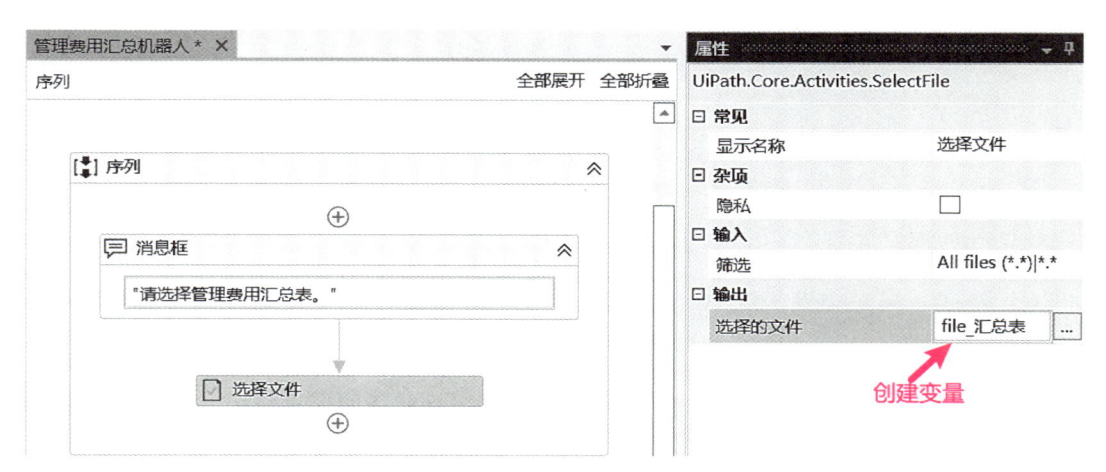

图 3-20　用户选择费用汇总表文件

在[选择文件]活动下方添加[消息框]活动,输入信息"请选择管理费用明细表所在的文件夹。",提示用户选择费用明细表所在的文件夹。在[消息框]活动下方添加[选择文件夹]活动,在其属性面板"输出"—"选择的文件夹"处创建变量"folder",表示将用户选择的文件夹路径的集合放入此变量中,如图 3-21 所示。

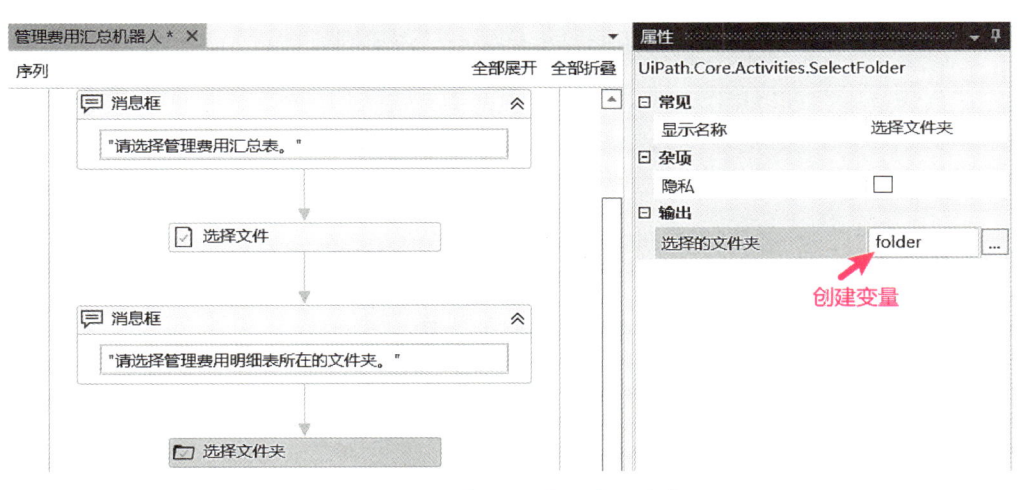

图 3-21　选择明细表所在文件夹

在[选择文件夹]活动下方添加[分配]活动,获取所有明细表文件路径,在左侧输入框内创建变量"files_明细表",在右边的输入框中输入表达式"Directory.GetFiles(folder,"＊明细表＊")",表示获取 folder 文件夹下所有包含"明细表"3 个字的所有文件,并将所有文件的路径存放到变量"files_明细表"中;变量"files_明细表"是一个数组类型的变量,在下方的变量面板中设置"files_明细表"的属性:点击"变量类型"下拉菜单,选择 Array of[T],在弹出的选择类型中选择 String 类型,表明它是一个字符串数组,单击"确定"按钮,如图 3-22 所示。

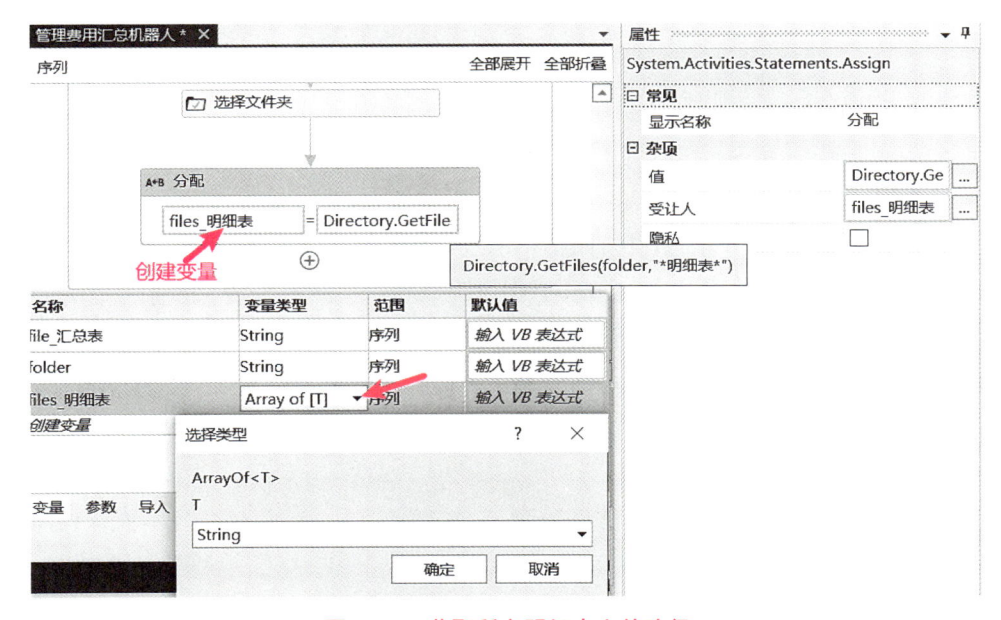

图 3-22　获取所有明细表文件路径

在[分配]活动下方添加[遍历循环]活动,在输入框中输入变量 files_明细表,表示遍历明细表中的每一个元素,并将获取到的元素路径存放到变量 item 中;修改属性"TypeArgument",将"Object"修改为"String";在"正文"处添加[读取范围]活动,注意是"文件"—"工作簿"下的[读取范围];在文件路径中输入 item,工作表为"Sheet1",范围为"A2",勾选"添加标头";在"数据表"处创建变量"data",表示将读取到的明细数据存储到变量"data"中,如图 3-23 所示。

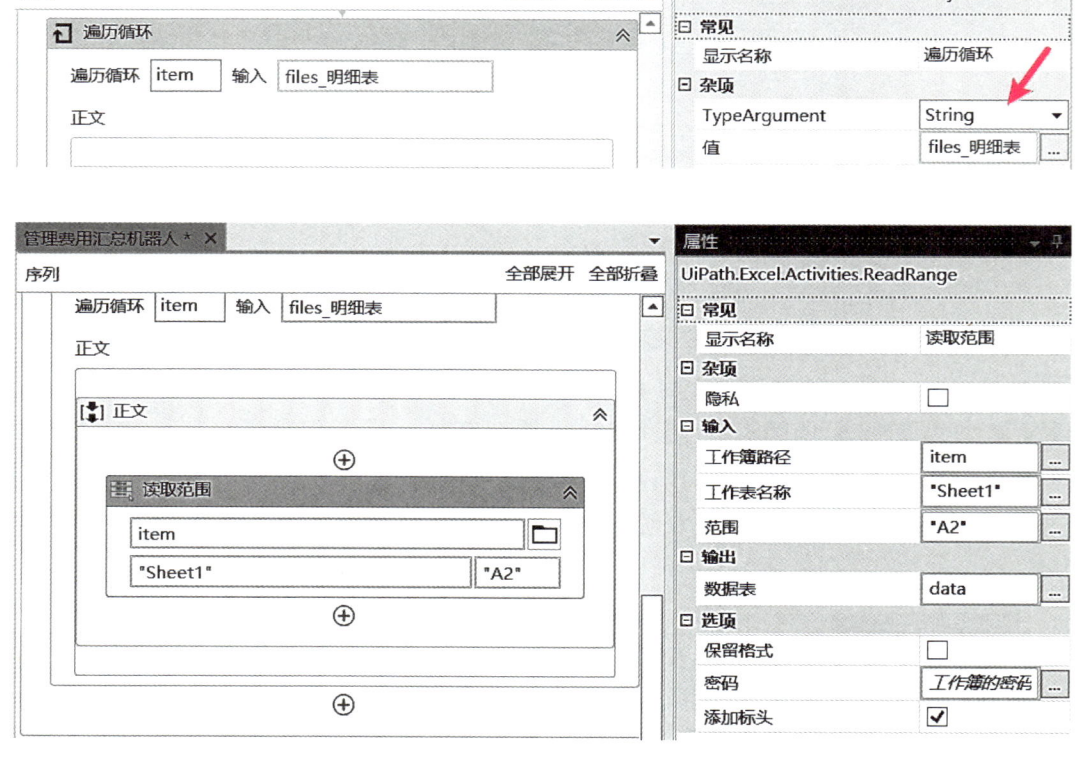

图 3-23 读取明细表数据

在[读取范围]活动下方添加[附加范围]活动,注意是"文件"—"工作簿"下的[附加范围]活动;在文件路径中输入 file_汇总表,工作表为"Sheet1","数据表"处输入变量 data,表示将每一条信息逐一附加到汇总表下一行中,如图 3-24 所示。

在[遍历循环]活动的下方添加[消息框]活动,消息框内设置文本"恭喜您,全部完成!"。如果不方便拖拽,可以点击[遍历循环]活动上的"折叠"按钮,将活动折叠,如图 3-25 所示。

运行管理费用汇总机器人,运行结果如图 3-26 所示。

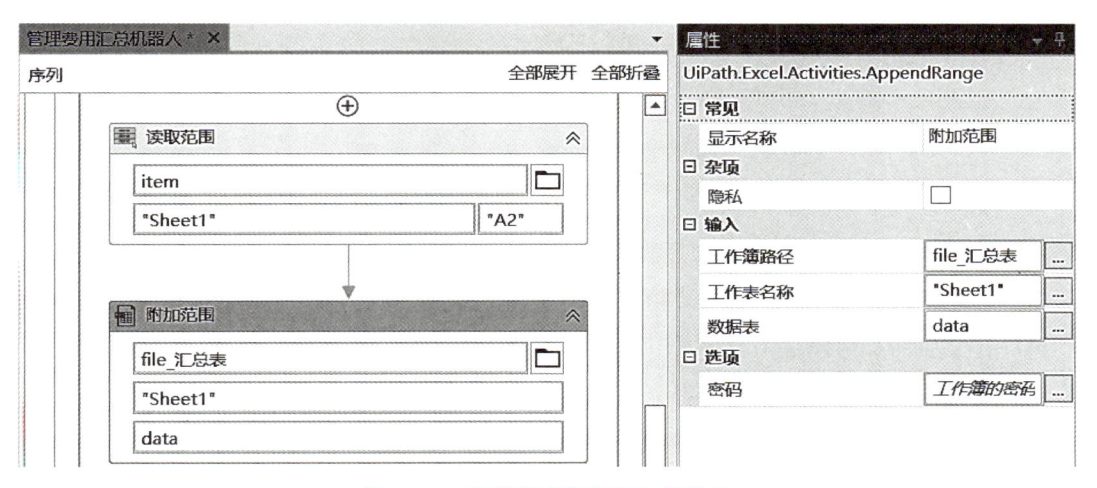

图 3-24 将明细表数据写入汇总表

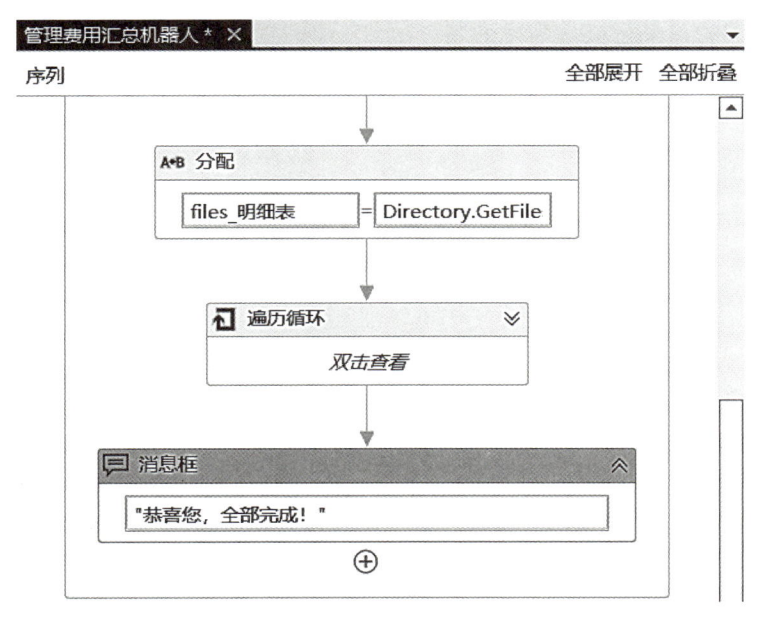

图 3-25 ［消息框］活动

图 3-26 运行结果

课 后 练 习

一、单选题

1. 下列关于"系统"—"文件"—"工作簿"条目下的[读取范围]活动与"应用程序集成"—"Excel"条目下的[读取范围]活动的表述正确的是(　　)。
   A. 两个活动都可以读取到整个工作表或者工作表的一部分
   B. 两个活动都可以在流程中独立使用
   C. 两个活动都只能放到[Excel 应用程序范围]活动中使用
   D. 后者可以独立使用,前者只能在[Excel 应用程序范围]活动中使用

2. 如果"添加标头"选项为勾选状态,则[读取范围]活动会发生(　　)。
   A. 指定范围的第一行被认为是列名　　B. 抛出异常
   C. 在 Excel 工作表中添加了新行　　　D. 在 Excel 工作表中添加了新列

3. 如果需要从 Excel 表格中读取数据,但不知道具体的范围,则需要在[读取范围]活动的"范围"属性中设置(　　)。
   A. 最后一个单元格　　　　　　　　B. 一个空字符串
   C. 无法设置,须指定范围　　　　　　D. 随机的一个范围

4. 如果试图使用[写入范围]活动将数据写到一个不存在的.xlsx 文件,会出现的情况是(　　)。
   A. 它会创建对应名称的文件,并把数据写进去
   B. 不写入数据,但可以继续执行
   C. 它会抛出一个错误
   D. 机器人无法运行

5. 通过[选择文件夹]活动 SelectFolder 创建变量 Folder,运行时选择了图 3-27 所示的业务数据文件夹,则下列说法中错误的是(　　)。

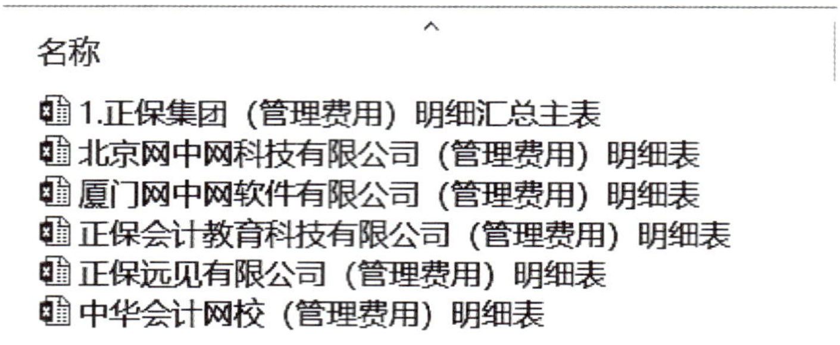

图 3-27　业务数据文件夹

A. 表达式 Directory.GetFiles(Folder)运行结果错误

B. 表达式 Directory.GetFiles(Value1,Value2)的结果是字符串集合类型

C. 表达式 Directory.GetFiles(Folder,"*.xls*")可以获取该文件夹下所有 Excel 工作簿的文件

D. 表达式 Directory.GetFiles(Folder,"*明细表*")可以获取该文件夹下所有文件名称包含"明细表"的文件

6. RPA 处理大量重复性业务时,需要重复执行某一段流程,会用到循环相关的活动,下列关于循环活动的表述正确的是( )。

A. UiPath 中的循环活动只有"先条件循环""后条件循环"两个

B. 每个循环都需要设置"条件表达式"才能使用

C. [遍历循环]ForEach 活动的被访问对象是 DataTable,遍历数据表的每一行数据

D. [遍历循环]ForEach 活动的被访问对象是集合(Array)或列表(List)

7. 为了循环遍历数据表的所有行,应该使用( )活动。

A. [对于每一个行]

B. [后条件循环]

C. [先条件循环]

D. [遍历循环]

8. 下列选项中,对[对于每一个行]活动的作用表述正确的是( )。

A. 读取工作表中单元格数据

B. 向工作表中写入单元格数据

C. 依次读取数据表中的每一行数据

D. 向数据表中每一行写入数据

9. 为了能够依次对数据表中每一行数据执行操作,应该使用( )活动。

A. [对于每一个行]

B. [后条件循环]

C. [先条件循环]

D. [遍历循环]

二、多选题

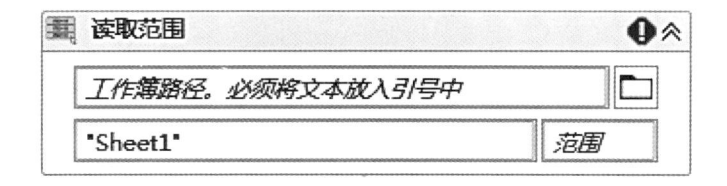

1. 下列关于图 3-28[读取范围]活动的表述正确的有( )。

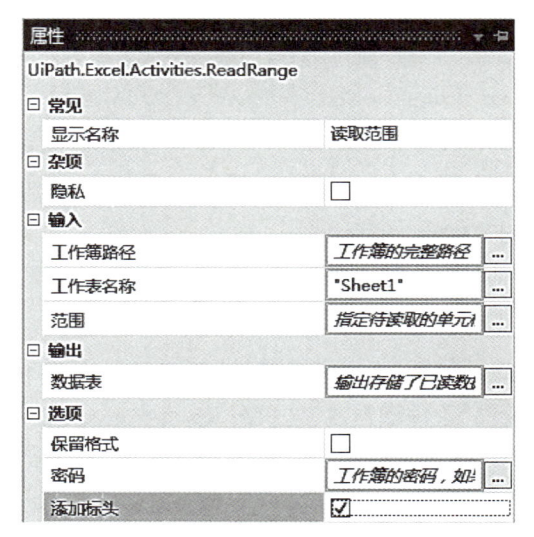

图 3-28 读取范围

A. 当属性"范围"设置为空时,表示读取整个工作表
B. 当读取的工作表中有标题行,在属性中必须勾选"添加标头"
C. 把工作表的内容读取到数据表之后,访问该数据表时行索引默认从 1 开始
D. 把工作表的内容读取到数据表之后,访问该数据表时列索引默认从 0 开始

2. 下列关于"系统"—"文件"—"工作簿"条目下的[读取范围]活动与"应用程序集成"—"Excel"条目下的[读取范围]活动的表述正确的有(　　)。

A. 两个活动都可以读取到整个工作表或者工作表的一部分
B. 两个活动都可以在流程中独立使用
C. 两个活动都只能放到[Excel 应用程序范围]活动中使用
D. 后者可以独立使用,前者只能在[Excel 应用程序范围]活动中使用

3. 向 Excel 工作簿中写入数据是经常用到的操作,下列关于[写入范围]与[写入单元格]的说法中,正确的有(　　)。

A. 两个活动中被写入的内容都是数据表
B. 在写入 Excel 时都需要确定写入单元格的位置或起始位置
C. 在写入内容时,当目标工作表不存在,系统会自动创建一个工作表
D. 两个活动的使用方法都相同,可以替代使用

4. 下列关于[选择文件]活动与[选择文件夹]活动的说法中,正确的有(　　)。

A. 在运行程序时,两个活动都可以弹出一个窗口供用户来选择文件或文件夹
B. 两个活动的输出结果都是 String 类型
C. 使用这两个活动可以增加机器人程序的灵活性
D. 通常将这两个活动放置在流程前面,以提高效率

5. 下列选项中,对[对于每一个行]活动的作用表述错误的有(　　)。
   A. 读取工作表中单元格数据
   B. 向工作表中写入单元格数据
   C. 依次读取数据表中的每一行数据
   D. 向数据表中每一行写入数据

6. 向 Excel 工作簿中写入数据是经常用到的操作,下列关于[写入范围]与[附加范围]的说法中正确的有(　　)。
   A. 两个活动中被写入的内容都是数据表
   B. 在写入 Excel 时都需要确定写入的位置
   C. 两个活动都可以自行选择是否添加标头
   D. 两个活动都可以向 Excel 工作簿中写入数据

7. 根据图 3-29,对[对于每一个行]活动的使用方法,下列说法中正确的有(　　)。
   A. 该活动的输入的 data 应当是数据表类型的变量
   B. row 是系统自动生成的变量,无需用户创建,但是名字可以修改
   C. 该活动的作用是依次访问数据表的每一行数据,并赋值给变量 row
   D. 正文中用于存放需要循环执行的一个或一系列活动

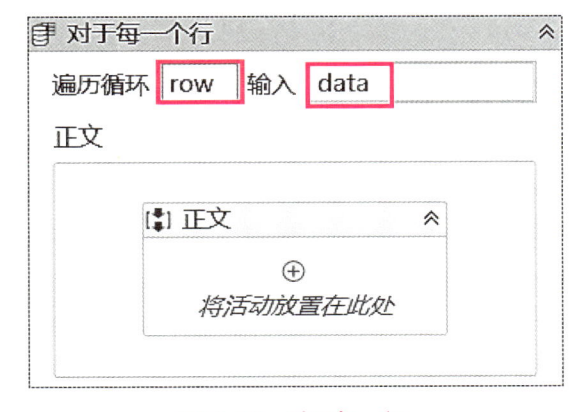

图 3-29　对于每一行

8. 为了能够依次对数据表中每一行数据执行操作,不应该使用(　　)活动。
   A. [对于每一个行]　　　　　　　　B. [后条件循环]
   C. [先条件循环]　　　　　　　　　D. [遍历循环]

三、判断题

1. 不管是读取 Excel 工作簿形成的数据表,还是构建的数据表,数据表在被访问时行索引和列索引都是从"0"开始。　　　　　　　　　　　　　　　　　　　　(　　)
2. 在使用表达式 DataTable.Rows(x)(y)访问数据表时,y 既可以是列索引,也可以是列标题的名称。　　　　　　　　　　　　　　　　　　　　　　　　　　　(　　)
3. 不管是读取 Excel 工作簿形成的数据表,还是构建的数据表,数据表在被访问时行索引和列索引都是从"1"开始。　　　　　　　　　　　　　　　　　　　　(　　)
4. 在使用表达式 DataTable.Rows(x)(y)访问数据表时,y 既可以是行索引,也可以是行标题的名称。　　　　　　　　　　　　　　　　　　　　　　　　　　　(　　)
5. 在使用[附加范围]将内容写入 Excel 工作簿时,应当指定写入的起始位置。(　　)

四、操作题

1. 提取“正保集团(管理费用)明细汇总主表.xlsx”中厦门网中网软件有限公司 2021 年 1 月的管理费用明细数据,复制到一张新工作表上并保存,如图 3-30 所示。

正保集团（管理费用）明细汇总主表										
公司名称	期间	管理费用	职工薪酬	折旧摊销	办公费	审计咨询	修理费	差旅费	保险费	其他
中华会计网校	2021.01	225.00	94.00	25.00	21.00	36.00	18.00	11.00	5.00	15.00
北京网中网科技有限公司	2021.02	74.00	40.00	-	20.00	5.00	-	6.00	-	3.00
厦门网中网软件有限公司	2021.01	151.00	80.00	-	33.00	-	13.00	12.00	-	13.00
正保会计教育科技有限公司	2021.02	181.00	120.00	-	25.00	-	13.00	12.00	-	11.00
正保远见有限公司	2021.02	74.00	40.00	-	20.00	5.00	-	6.00	-	3.00

图 3-30 正保集团(管理费用)明细汇总主表

2. 获取 C 盘根目录下所有文件的文件名,并用消息窗口输出信息。
3. 请在活动面板中选择合适的活动控件,删除图 3-31 所示的表格中重复的行。

正保集团（管理费用）明细汇总主表										
公司名称	期间	管理费用	职工薪酬	折旧摊销	办公费	审计咨询	修理费	差旅费	保险费	其他
中华会计网校	2021.01	225.00	94.00	25.00	21.00	36.00	18.00	11.00	5.00	15.00
北京网中网科技有限公司	2021.02	74.00	40.00	-	20.00	5.00	-	6.00	-	3.00
厦门网中网软件有限公司	2021.01	151.00	80.00	-	33.00	-	13.00	12.00	-	13.00
正保会计教育科技有限公司	2021.02	181.00	120.00	-	25.00	-	13.00	12.00	-	11.00
正保远见有限公司	2021.02	74.00	40.00	-	20.00	5.00	-	6.00	-	3.00
北京网中网科技有限公司	2021.02	74.00	40.00	-	20.00	5.00	-	6.00	-	3.00
北京网中网科技有限公司	2021.02	74.00	40.00	-	20.00	5.00	-	6.00	-	3.00
正保远见有限公司	2021.02	74.00	40.00	-	20.00	5.00	-	6.00	-	3.00
正保会计教育科技有限公司	2021.02	181.00	120.00	-	25.00	-	13.00	12.00	-	11.00

图 3-31 删除表格中的重复行

思政园地

合规智能化：企业合规管理体系的重要一环

资料来源：节选自蔡磊、邓斌发表于法治网 2022 年 12 月 27 日的文章《合规智能化：企业合规管理体系的重要一环》。

财政部、国资委等多部委相继印发《企业境外经营合规管理指引》《中央企业合规管理办法》等规章制度，旨在推动我国企业加强企业合规管理体系建设，提升依法治企水平。我国合规管理实践已经取得明显进展和诸多成果，展现出良好企业治理效果，企业合规已经成为我国企业治理体系变革的重要创新方向。

一、为什么要实现合规管理智能化

合规管理智能化同时拥有以下几个优点：一是具备主动感知能力，能够主动获取外部有效合规信息，对数据信息进行有目的的清洗；二是具备数据信息主动储存能力，能够主动存储获取的外部有效信息和思维决策过程产生的思维决策结果；三是具备主动学习能力，通过主动学习，优化算法模型，纠偏错误思维过程；四是具备主动决策思维能力，在综合、比较、判断基础上提出解决问题的方案，在给定的阈值和场景范围内，可以独立作出合规决策。合规管理智能化建设对于深化企业合规制度变革，强化合规风险预判力，细化企业合规管理标准，进一步提高企业合规管理效率起到关键性作用。

二、如何提高企业合规管理智能化水平

要着眼于提高企业合规风险实时智能监测和即时预警处置能力。企业合规管理活动的核心是识别、防范和化解合规风险。梳理生产经营活动合规风险，排查企业重大合规风险源，构建更加全面的企业合规数据信息库。不断结合合规制度建设进展和合规实践需要，创新企业合规风险智能监测模型，优化合规风险监测阈值。提高即时快速处置违规事件能力，阻止合规风险蔓延，尽可能减少合规风险事件对企业的不利影响。

要着眼于提升企业合规管理智能化系统集成能力。提高企业合规管理智能化系统下属各子系统集成水平，以数据信息整合分析为基础，对法律法规规章查询系统、合规履职记录系统、合规风险监测系统、合规风险应对系统、违规案例回溯系统等子系统进行集成，实现合规管理智能化系统人机交互便利化。提高企业合规管理智能化系统与企业内部其他智能化系统互联互通水平，进行刺破式集成，实现合规管理智能化系统共建，合规数据信息共享，合规风险共治。提高企业合规管理智能化系统与企业外部数字化智能化系统衔接互联水平，推动企业合规管理智能化系统与税务机关金税系统、国资委国资监管信息系统等信息系统建立连接通道，实现合规风险早发现、早应对、早处置。此外，企业合规管理智能化系统可向社会开放一定数据信息，以提高企业合规守法透明度。

要着眼于提高企业合规管理智能化技术应用水平。提高区块链技术合规应用能力，有效运用区块链技术去中心化的点对点通信技术和共识算法，使合规数据信息从生成之日起就安全、高效、透明地流转到每一个合规管理环节。提高机器流程自动化技术（RPA）合规应用能力，录制、编辑、运行合规管理操作脚本，实现绝大部分重复性合规管理工作的智能化处理。提高光学字符识别技术（OCR）合规信息识别水平，对合规管理涉及的图片影像材料进行智能化识别，主动提取有价值信息。提高自然语言处理技术（NLP）识别合规风险关键性特征水平，确保合规管理智能化系统具备判断重大经营行为和规章制度合规性，提供初步合规风险缓释方案能力。推动大数据技术与FineBI、Tableau等数据可视化工具相融合，提高合规数据阈值敏感性，利用全量合规风险地图、合规风险热力图、合规管理进度表格等工具辅助企业合规管理部门聚焦合规管理重点领域，提高合规风险应对能力。

要着眼于扩展企业合规管理智能化应用场景。将合规组织体系纳入合规管理智能化应用场景，推动企业各部门通过智能化系统履行合规管理职责。将合规制度体系纳入合规管理智能化应用场景，依托企业基本合规数据信息库，丰富专项合规数据信息库，引入外部合规数据信息库，提高合规制度创建科学性，有效契合企业业务运营实际。将合规运行体系纳入合规管理智能化应用场景，合规审查、合规调查、合规风险报告与应对、违规问题整改、合规管理协同、合规有效性评价等合规管理运行机制应嵌入企业合规管理智能化系统。将合规文化体系纳入合规管理智能化应用场景，建立企业合规文化培训引导、记录、评价智能化系统，将合规学习资源置入合规管理智能化系统，构建合规宣贯便捷化平台。将境外合规体系纳入合规管理智能化应用场景，运用智能化工具，动态更新制裁、禁运名单库和黑名单库，及时跟踪境外法律变更情况，实现对企业境外合规风险的及时预警。

要着眼于加大企业合规管理智能化保障力度。提高企业合规管理制度变革力度，企业合规管理智能化体系的建立将不可避免对企业原有合规管理制度造成冲击，必须与时俱进变革企业合规管理制度，深入创新企业合规管理智能化前向指引，更好规范企业合规管理智能化进程。加强企业合规管理智能化人才队伍建设，企业合规面向智能化的转型对企业人力资源系统提出更高要求，为了保障企业合规管理智能化的高效实施，必须建立一支符合智能化要求的复合型企业合规人才队伍。提高企业合规管理智能化软硬件支撑能力，强化企业合规管理智能化软硬件采购端管理，确保采购到高质量且符合知识产权规定的软硬件。企业设备管理部门、计算机软件管理部门要高效做好企业合规管理智能化软硬件巡检和更新工作，加强软硬件安全防护，实现软件更新及时，硬件维护到位。

讨论题：费用合规化管理中，有哪些可以智能化的场景？

模块四

RPA 在财务中的应用——E-mail 自动化

知识目标

1. 掌握邮箱服务器设置
2. 掌握开启关闭 SMTP、POP3 传输协议方法
3. 掌握应用 RPA 操作 E-mail 原理和方法

能力目标

1. 能正确设置 QQ 邮箱服务器
2. 能根据工作场景需求,梳理人工流程,设计 RPA 流程
3. 能应用 RPA 个性化设置并批量发送邮件
4. 能应用 RPA 批量下载邮件附件

素养目标

1. 培养良好的流程设计思维
2. 具备爱岗敬业、廉洁自律的职业道德
3. 具备良好的自主学习能力和流程优化能力

思维导图

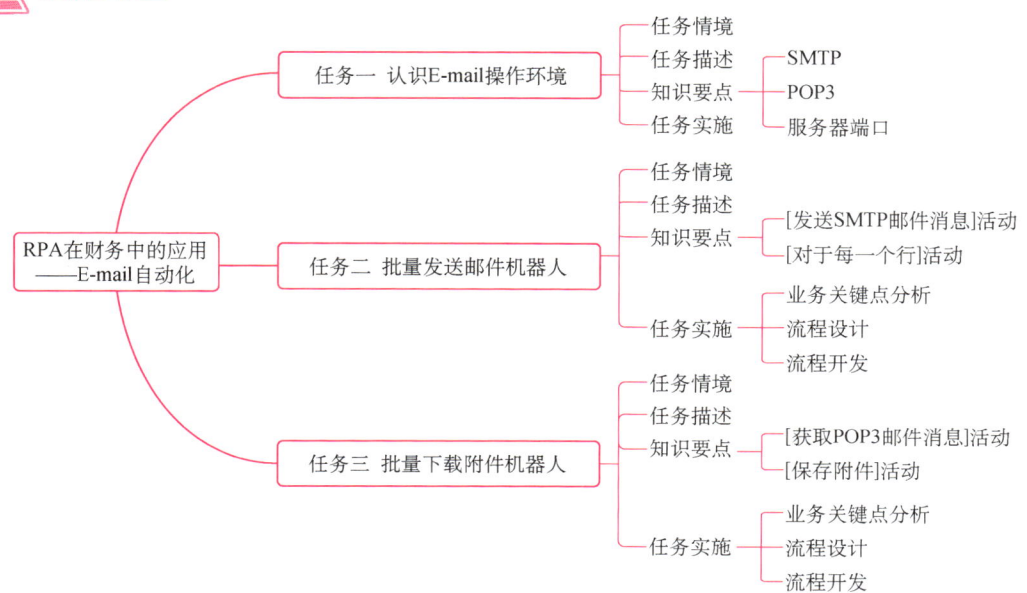

```
                        ┌── 任务情境
                        ├── 任务描述 ── SMTP
         任务一 认识E-mail操作环境 ──┤── 知识要点 ── POP3
                        └── 任务实施 ── 服务器端口

                        ┌── 任务情境
                        ├── 任务描述
                        ├── 知识要点 ──[发送SMTP邮件消息]活动
RPA在财务中的应用 ──任务二 批量发送邮件机器人 ──┤            [对于每一个行]活动
   ——E-mail自动化         │            ┌── 业务关键点分析
                        └── 任务实施 ──┤── 流程设计
                                     └── 流程开发

                        ┌── 任务情境
                        ├── 任务描述
                        ├── 知识要点 ──[获取POP3邮件消息]活动
         任务三 批量下载附件机器人 ──┤            [保存附件]活动
                        │            ┌── 业务关键点分析
                        └── 任务实施 ──┤── 流程设计
                                     └── 流程开发
```

项目导读：前沿资讯

资料来源：节选自 UiPath 官网《以小为美、以民唯美，苏州银行借助 RPA 实现数字化转型之美》。

苏州银行是苏州地区唯一一家总部设在苏州的城市商业银行，秉承着"以小为美、以民唯美"与"立足苏州、面向江苏、辐射长三角"的战略理念，苏州银行持续专注于"服务中小、服务市民、服务区域经济社会发展"的市场定位，随着创新探索的深入，苏州银行离"持续实现客户、股东、员工的价值增长，做有社会责任的企业，做苏州地方金融发展的排头兵"这样的目标越来越近。在苏州银行的数字化转型之路上，UiPath 的 RPA 流程机器人也应用其中——在解放员工的同时，加快数字化转型进程。

此前，苏州银行的日常业务流程，比如人民银行账户信息备案、贷款业务进件量及通过率统计报送、监管事项督办、开销户影像数据导入等，每天占用员工大量的时间和精力。同时，苏州银行的部分业务需要跨系统操作，如从不同网页上分别下载最新企业名单等，员工手工操作不仅效率低下，而且容易出现差错。更重要的是，苏州银行迫切找到全面数字化转型的最佳方式。在 RPA 部署之前，苏州银行也尝试通过其他方式提升处理效率，如爬虫技术，但其效率较低，在与原有系统融合、跨系统操作、合规性等方面也都存在挑战。

为了进一步解放生产力、降低操作风险、提升工作效率，苏州银行于 2019 年 4 月通过代理商采购了 UiPath 的 RPA 流程机器人，并于同年 6 月 27 日完成首批机器人的上线运行。苏州银行先后部署了后台机器人、前台机器人以及 UiPath Orchestrator 管理平台，应用场景覆盖了办公室、金融市场部和运营管理部。那么，实施后的效果如何？

（1）办公室：监管事项督办，免去每日 6 次登录，每天节约 30 分钟。使用 RPA 机器人每日登录监管邮箱查收监管事项通知，并自动转发给办公室对口邮箱。优化后，办公室人员免去每日 6 次登录监管邮箱查收最新监管事项通知邮件，减少重复性手工操作。全部通知邮件可以直接在指定业务员行内邮箱里查看和转发，让办公室人员能够更好地专注于其他高价值工作。

（2）运营管理部：人民银行账户信息自动备案，每户资料录入耗时从 10 分钟降至 2 分钟。使用 RPA 机器人实现将对公开户资料录入人民银行账户管理系统中进行报备，并将打印成 PDF 的对公开户资料和查询密码回复给申请柜员。优化后，柜员省却了在行内对公开户系统中完成开户后又在人民银行账户管理系统中手工重新录入一遍数据的重复性操作，每户资料人行录入耗时从 10 分钟降至 2 分钟。同时，RPA 机器人能更快速准确地完成人行账户报备工作。

讨论题：RPA 如何助力中小微企业财务数字化转型？

任务一　认识 E-mail 操作环境

任务情境

电子邮件通过网络实现传统邮局的信件收发功能。与传统的信件传递相比，电子邮件传递信息更加快捷、高效、廉价，可以在几分钟之内将信件传递到世界任何网络用户的邮箱中，而且由于邮箱密码、邮件加密等技术的应用，电子邮件比传统邮件更安全可靠。因此经过短短几十年的发展，电子邮件已成为不可缺少的现代通信工具。邮件客户端是一种电子邮件程序，也称电子邮件客户端、邮件软件、邮件工具等。它的主要功能是通过互联网接收和发送电子邮件，可以管理多个电子邮件账户、存储电子邮件、发送电子邮件，也可以进行创建、编辑、转发、回复、删除等各种邮件操作。

电子邮件在发送和接收的过程中，要遵循一些基本协议和标准，这些协议主要有 SMTP、POP3、IMAP 等。出于安全等因素的考虑，绝大多数 E-mail 服务商会在用户开通账户时，默认关闭这些协议。RPA 相当于一种邮件客户端，为了使用 RPA 来发送和接收 Email，就必须先开启这些协议。QQ 邮箱是腾讯公司 2002 年推出，向用户提供安全、稳定、快速、便捷电子邮件服务的邮箱产品，已为超过 1 亿名邮箱用户提供免费和增值邮箱服务。QQ 邮件服务以高速电信骨干网为强大后盾，独有独立的境外邮件出口链路，免受境内外网络瓶颈影响，全球传信。采用高容错性的内部服务器架构，确保任何故障都不影响用户的使用，随时随地稳定登录邮箱，收发邮件通畅无阻。小明经常使用 QQ 邮箱，需要对 QQ 邮箱设置 SMTP/POP3 服务，通过 SMTP 协议发送邮件，通过 POP3 协议接收邮件。

小明在正保集团实习期间，需要设置自己的邮件服务器，以便发送和接收电子邮件。

任务描述

通过合理设置邮件模板、收件人管理和邮件发送设定，小明可以借助批量发送邮件机器人实现高效、个性化的批量邮件发送活动。但在发送邮件之前，要先设置 SMTP/POP3 服务。

（1）SMTP 服务设置：需要配置 QQ 邮箱以支持 SMTP 服务，包括设置服务器的 SMTP 地址、端口号、安全连接方式等。

（2）POP3 服务设置：需要配置 QQ 邮箱以支持 POP3 服务，包括设置服务器的 POP3 地址、端口号、安全连接方式等。在设置 SMTP/POP3 服务时，也需要考虑邮件传输的安全性，采取加密传输、身份验证等措施保护邮件内容的安全。

知识要点

一、SMTP

简单邮件传输协议(simple mail transfer protocol，SMTP)，目标是向用户提供高效、可靠的邮件传输。SMTP 的一个重要特点是它能够在传送中接力传送邮件，即邮件可以通过不同网络上的主机接力式传送。

二、POP3

邮局协议(post office protocol，POP)，用于电子邮件的接收，它使用 TCP 的 110 端口，如今常用的是第三版，所以简称为 POP3。POP3 协议允许电子邮件客户端下载服务器上的邮件，但是在邮件客户端软件上的操作(如移动邮件、标记已读等)，不会反馈到服务器上。例如，通过客户端收取了邮箱中的邮件并移动到其他文件夹，邮箱服务器上的这些邮件是没有同时被移动的。

三、服务器端口

各邮件服务商的服务器名称及端口信息如表 4-1 所示。

表 4-1 各邮件服务商的服务器名称及端口信息

邮件服务商	协议类型	协议功能	服务器名称	非 SSL 端口号	SSL 端口号
腾讯 QQ 邮箱	SMTP	发送邮件	smtp.qq.com	25	465/587
	POP3	接收邮件	pop.qq.com	110	995
	IMAP	接收邮件	imap.qq.com	143	993
网易 163 邮箱	SMTP	发送邮件	smtp.163.com	25	465/994
	POP3	接收邮件	pop.163.com	110	995
	IMAP	接收邮件	imap.163.com	143	993
谷歌 Gmail 邮箱	SMTP	发送邮件	smtp.gmail.com	25	465
	POP3	接收邮件	pop.gmail.com	110	995
	IMAP	接收邮件	imap.gmail.com	143	993

任务实施

使用 QQ 邮箱开启 POP3/SMTP 服务的步骤如下：

(1) 打开 QQ 邮箱首页(http://mail.qq.com/)，输入账号和密码，登录邮箱。在 QQ 邮箱首页，找到"设置"—"账户"—"POP3/IMAP/SMTP/Exchange/CardDAV/CalDAV 服

务",点击"开启服务",如图 4-1 所示。

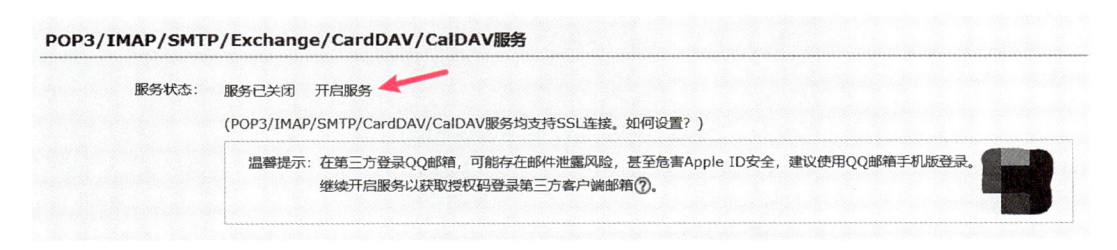

图 4-1　设置 QQ 邮箱账户

（2）按照提示,使用绑定手机扫描二维码或者发送短信至指定号码,如图 4-2 所示。

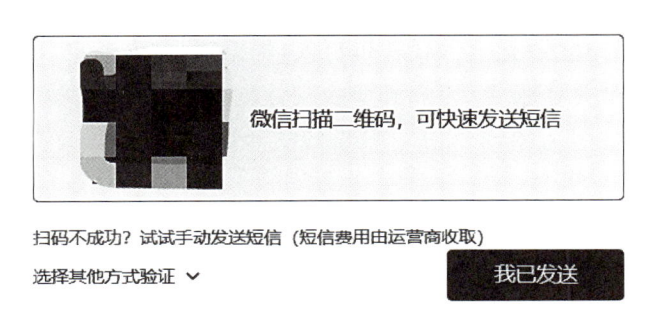

图 4-2　开通服务

（3）扫描二维码或者发送短信后,会弹出一个 16 位的授权码窗口,请将此授权码备份,以供后续操作使用,如图 4-3 所示。

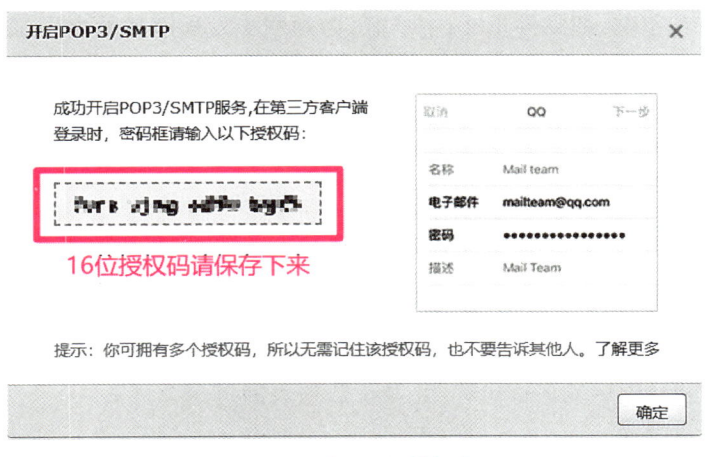

图 4-3　保存 16 位的授权码

任务二　批量发送邮件机器人

任务情境

小明需要定期向北京网中网科技有限公司不同的决策人员发送多部门资金收支计划表。为了提高工作效率,小明决定开发一个批量发送邮件机器人来完成这一任务。通过合理设置邮件模板、收件人管理和邮件发送设定,借助批量发送邮件机器人实现高效、个性化的邮件发送,收件人信息保存在"收件人信息表.xlsx"中。

任务描述

小明需要使用 UiPath 设计一个 RPA 机器人,根据"收件人信息表"给每一位收件人发送一封定制邮件。邮件主题是"202107 资金收支计划表";正文是"这是由 RPA 发送的邮件,请查收!";邮件附件是"人事部 202107 资金收支计划表.xlsx,行政部 202107 资金收支计划表.xlsx"。

知识要点

一、[发送 SMTP 邮件消息]活动

[发送 SMTP 邮件消息](SendMail)活动的作用是通过 SMTP 协议将邮件信息发送到指定的邮箱。属性中的部分选项含义如下:服务器,即发送邮件服务器的名称;端口,即发送邮件服务器的端口;正文,即邮件正文;电子邮件,即用于发送消息的电子邮件账户;密码,即用于发送消息的电子邮件账户的授权码(不是密码);附件,即要添加到电子邮件的附件,如图 4-4 所示。

二、[对于每一个行]活动

[对于每一个行](ForEachRow)活动的作用是遍历数据表中的每一行内容(一次只遍历一行),并将其赋值给变量 row,此变量名系统自动生成,也可能变量名为 Currentrow,变量名可修改,然后执行循环体中的活动(每遍历一次,循环体便执行一次),如图 4-5 所示。注意:UiPath 版本不同,该活动名称也称为[对于数据表的每一个行]。

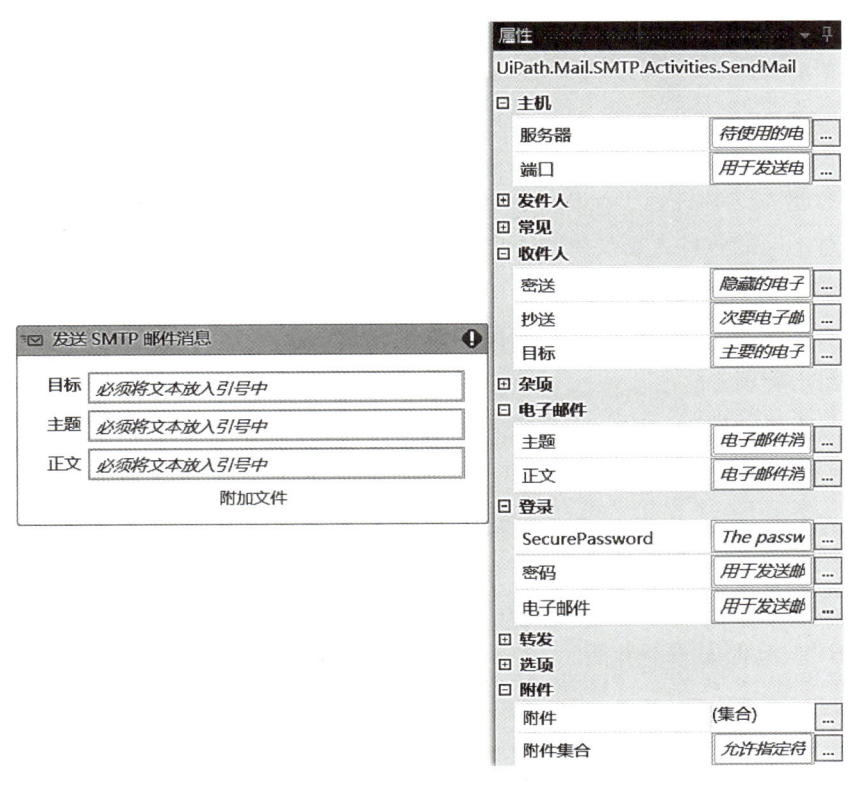

图 4-4 ［发送 SMTP 邮件消息］活动

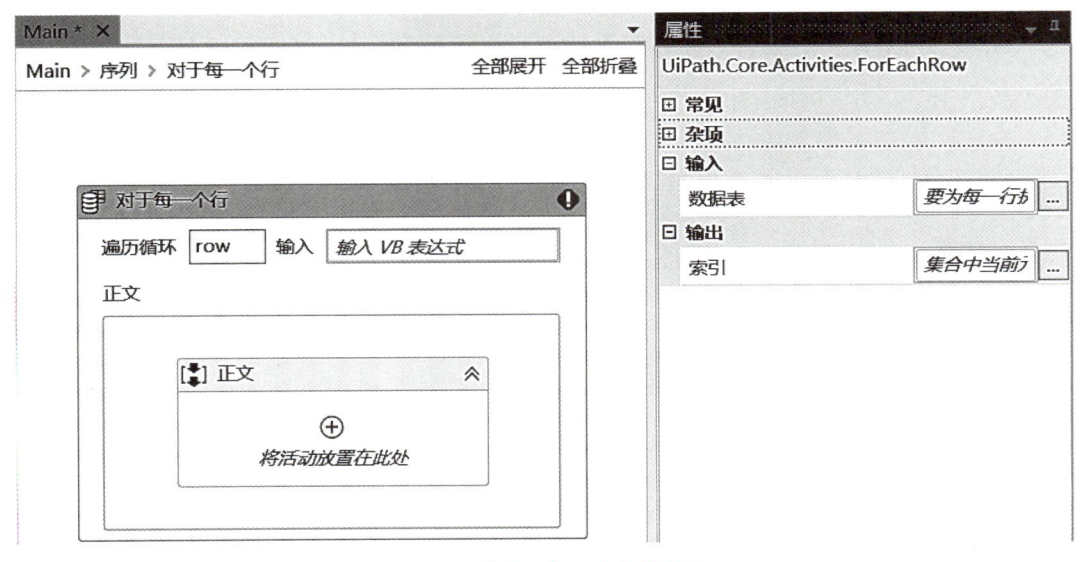

图 4-5 ［对于每一个行］活动

任务实施

一、业务关键点分析

通过对批量发送邮件人工流程的描述,确定该业务流程的业务关键点如下:

(1)针对不同的收件人需要发送不同的邮件,每个人的邮件内容不一定相同,当存在收件人数量较多的情况下,工作量较大。

(2)当工作量较大时,容易造成邮件的重复发送、遗漏、附件错配等情况。

(3)财务人员耗费大量时间在重复机械化工作上,工作附加值较低,成长缓慢。

二、流程设计

根据任务情境、任务描述,解决业务流程中的关键问题,设计 RPA 流程如图 4-6 所示。

三、流程开发

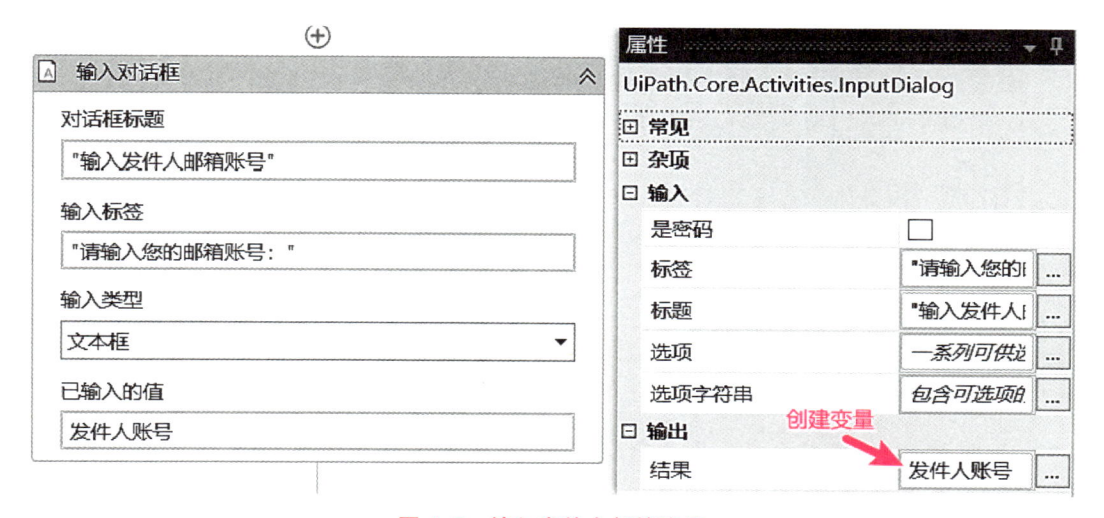

新建序列,命名为"批量发送邮件机器人",提示用户输入发件人邮箱账号,在活动面板搜索活动[输入对话框],将此活动拖拽至设计面板中,在属性面板"输出"—"结果"处创建变量"发件人账号",设置对话框标题和标签,如图 4-7 所示。注意将文本放入英文双引号中。

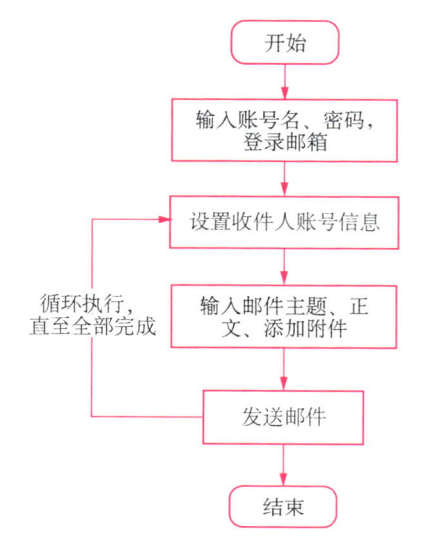

图 4-6 批量发送邮件的 RPA 流程

图 4-7 输入发件人邮箱账号

在[输入对话框]活动下方添加一个[输入对话框]活动,提示用户输入发件人的邮箱密码(注意是授权码),在其属性面板"输出"—"结果"处创建变量"发件人密码",并设置对话框标题和标签,如图4-8所示。注意将文本放入英文双引号中。

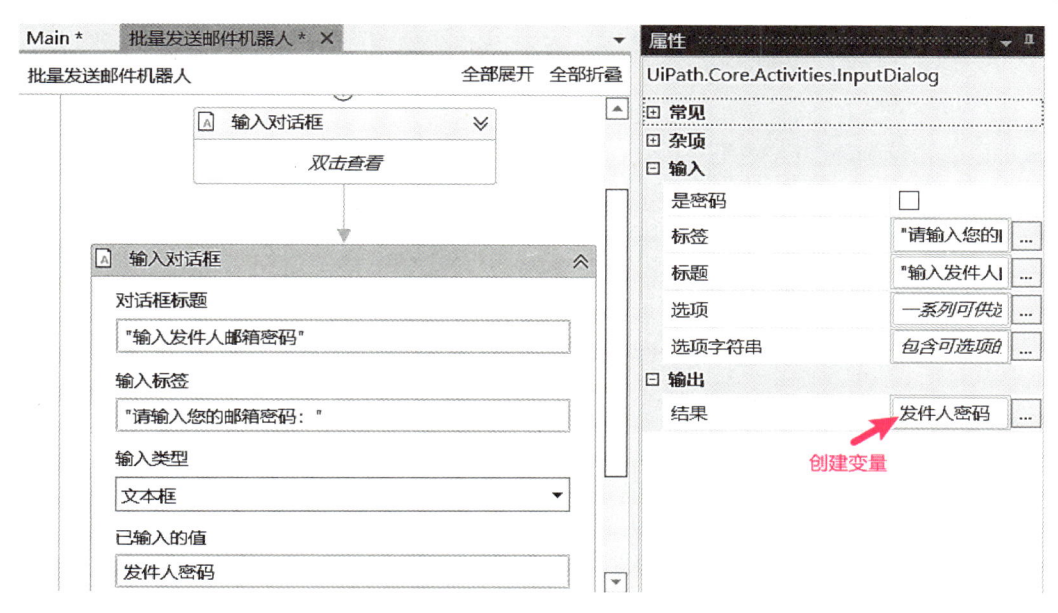

图 4-8　输入发件人邮箱密码

在第二个[输入对话框]活动下方依次添加[消息框]活动和[选择文件]活动,提示用户选择收件人信息表,将用户选择的文件存储到变量"file_收件人信息表"中,如图4-9所示。

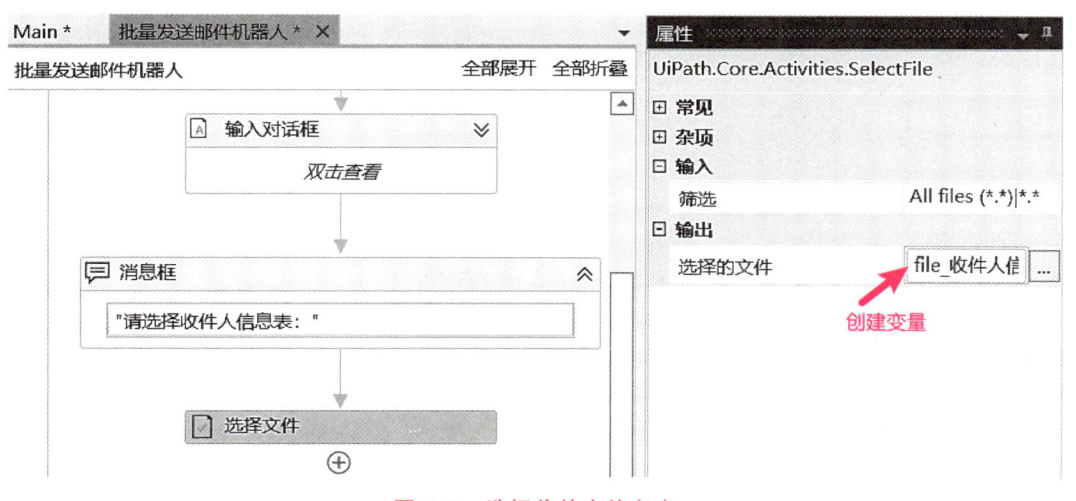

图 4-9　选择收件人信息表

在[选择文件]活动下方添加[消息框]活动和[选择文件夹]活动,提示用户选择附件文件夹,将用户选择的文件夹路径存储到变量"folder_附件"中,如图4-10所示。

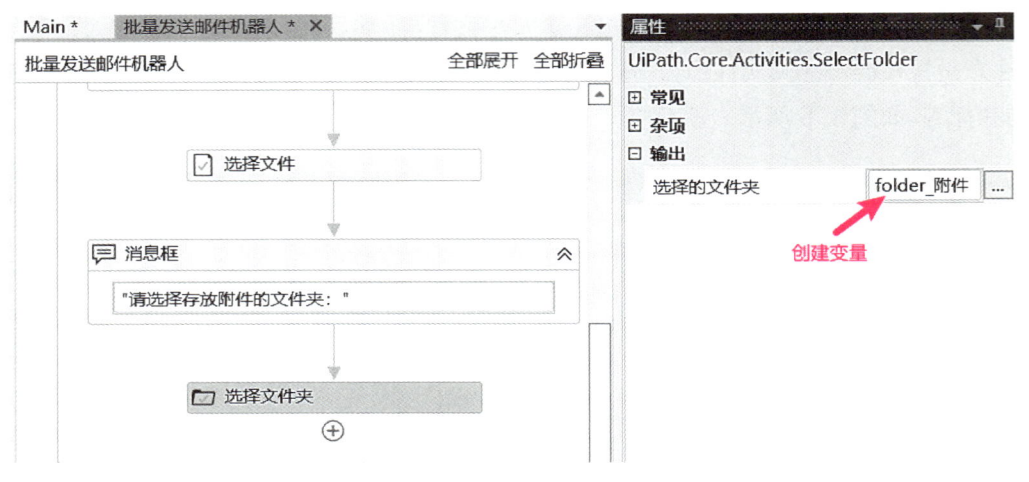

图 4-10 选择附件所在文件夹

在[选择文件夹]活动下方添加[分配]活动,在左侧输入框内创建变量"files_附件",在右边的输入框中输入表达式"Directory.GetFiles(folder_附件,"*资金收支计划*")",变量"files_附件"是一个字符串数组类型的变量,在下方的变量面板中设置变量类型为String[],表示获取所有资金收支计划文件的路径,并将所有路径存放到变量"files_附件"中,如图 4-11 所示。

图 4-11 获取附件路径

在[分配]活动下方添加工作簿条目下的[读取范围]活动,获取变量"file_收件人信息表"中的收件人信息并存储到变量 data_收件人中,在其属性面板"工作簿路径"处输入"file_收件人信息表";"数据表"处创建变量"data_收件人";勾选"添加标头",如图 4-12 所示。

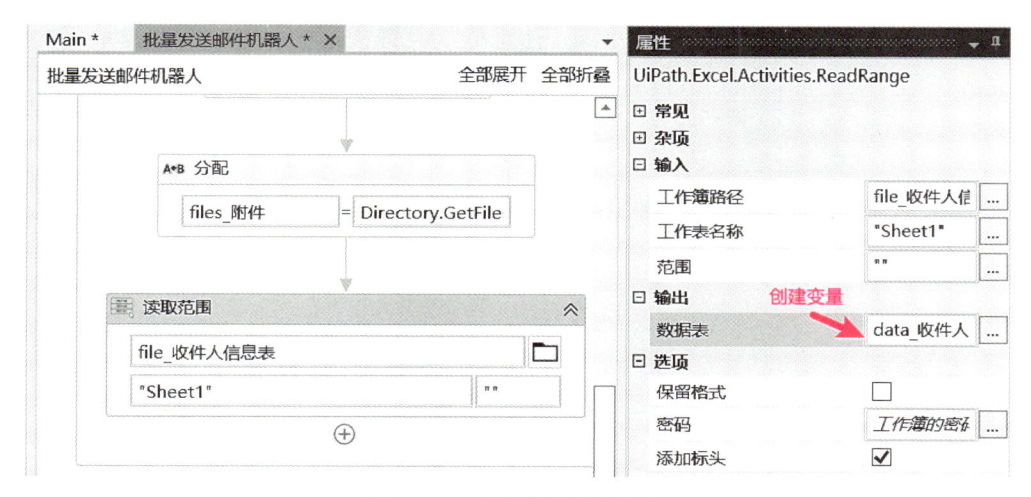

图 4-12 读取收件人信息表

在[读取范围]活动下方添加[对于每一个行]活动,在其属性"输入"—"数据表"中输入"data_收件人",在[对于每一个行]活动的正文中添加[发送 SMTP 邮件消息],在其属性面板"服务器"处填写服务器名称"smtp.qq.com";端口输入 465;在"收件人"—"目标"处填写"row(1).ToString",输入邮件的主题"202107 资金收支计划表";"正文"处填写"row(0).ToString+":您好,这是由 RPA 发送的邮件。"";在"登录"—"电子邮件"处填入发件人账号,"密码"处填入发件人密码;"附件集合"中填写 files_附件,如图 4-13 所示。

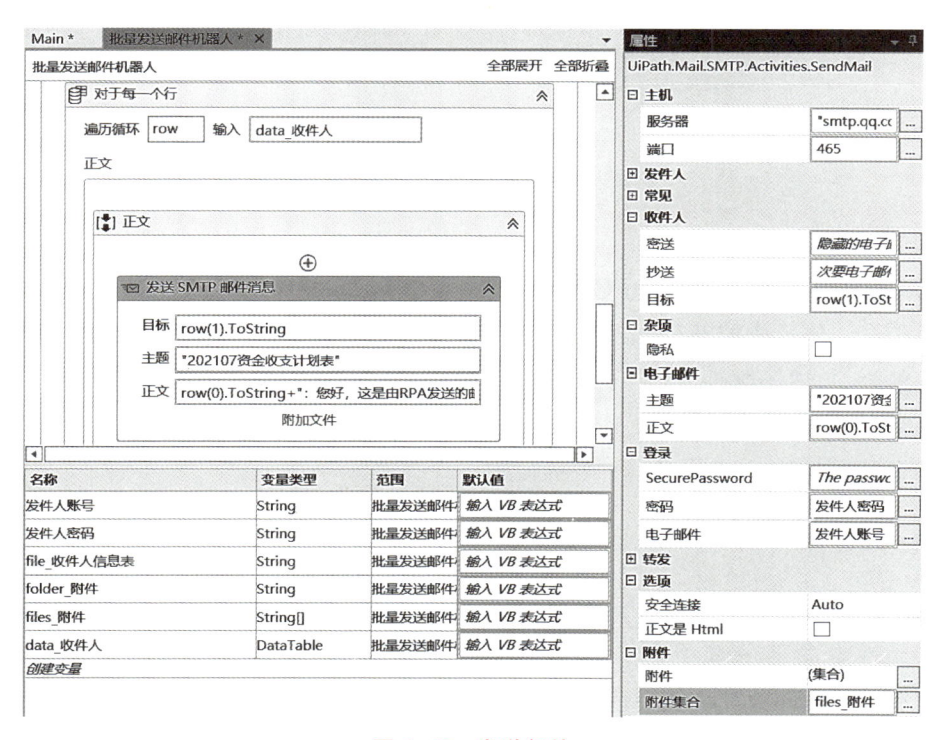

图 4-13 发送邮件

在[对于每一个行]活动下方添加活动[消息框]，设置文本"发送完成！"，提示用户邮件发送完成。运行文件后，机器人自动将定制邮件发送至收件人信息表中特定的收件人和指定邮箱。

任务三　批量下载附件机器人

任务情境

北京网中网科技有限公司实习人员小明每周都会收到各部门发送来的主题为"＊＊部门＊年＊月资金收支计划"邮件。小明要花时间登录收件人邮箱，根据特定的发件人、主题、关键词等条件筛选符合要求的邮件，并下载每封邮件中的附件，下载的附件可能包括各种文件格式，如文档、表格、图片等。下载完成后，他还需要将附件按照不同的标签或文件夹进行整理，以方便后续使用和管理，以及后期做数据分析。

任务描述

小明需要设计一个 RPA 机器人，机器人能够登录用户指定的邮箱账号，根据用户设置的条件筛选有关资金收支计划表的目标邮件，自动下载其中的附件到指定的文件夹内保存。

知识要点

一、[获取 POP3 邮件消息]活动

[获取 POP3 邮件消息]（GetPOP3MailMessages）活动的作用是通过 POP3 协议获取收到的邮件信息。属性中的部分选项含义如下：服务器，即获取邮件服务器的名称；端口，即邮件服务商的端口；电子邮件，即用于获取邮件的账户；密码，即用于获取邮件账户的授权码（不是密码）；输出—消息，即获取到的邮件，变量类型为 List＜MailMessage＞；顶部，即获取邮件的数量，默认是 30 封，如图 4-14 所示。

二、[保存附件]活动

[保存附件]（SaveMailAttachments）活动的作用是保存目标邮件的附件到指定的本地文件夹。属性中的部分选项含义如下：文件夹路径，即指定保存附件的文件夹路径，是 String 类型；消息，即获取的邮件信息；附件，即已下载的附件路径的集合；筛选，即下载附件的格式，是 String 类型，如图 4-15 所示。

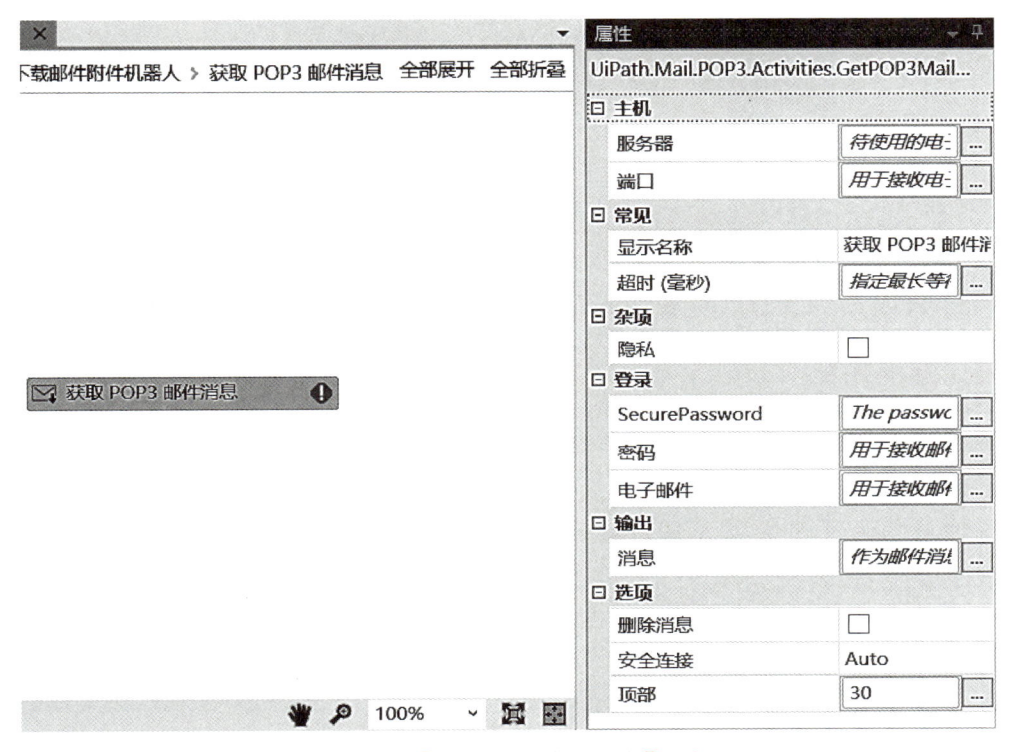

图 4-14 ［获取 POP3 邮件消息］活动

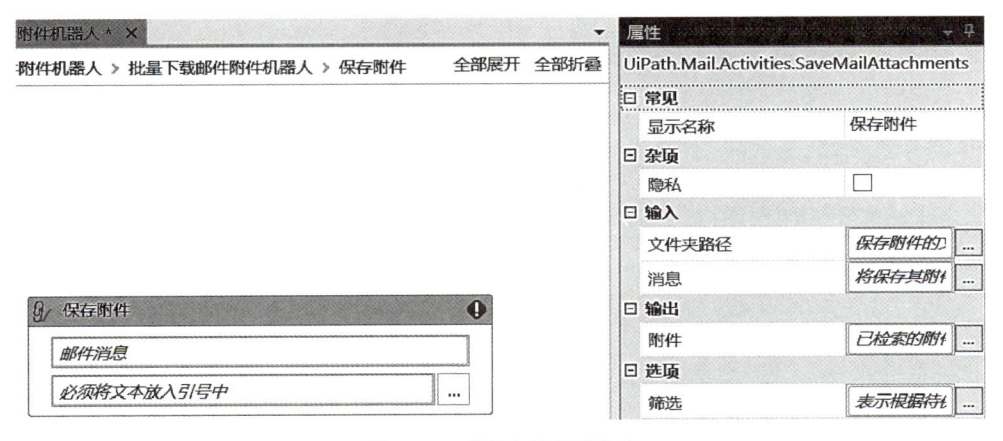

图 4-15 ［保存附件］活动

任务实施

一、业务关键点分析

通过对批量下载邮件附件人工流程的描述，确定该业务流程业务关键点如下：

(1) 当收件人邮箱中的邮件较多时，需人工筛选主题邮件，其遗漏邮件的概率较高。

(2) 当接收的主题邮件数量较多时,读取邮件、下载主题附件的工作量较大。

(3) 财务人员花费较多的时间在搜索邮件主题和下载邮件附件的工作上,工作附加值较低,员工成长缓慢。

二、流程设计

根据任务情境和任务描述,解决业务流程中的关键点问题,设计 RPA 流程如图 4-16 所示。

三、流程开发

新建序列,命名为"批量下载邮件附件机器人",在活动面板中搜索[消息框]活动和[选择文件夹]活动并拖拽至设计面板中,提示用户选择下载的附件所存放的位置,并将用户选择的文件夹路径放到变量"folder_附件"中,如图 4-17 所示。

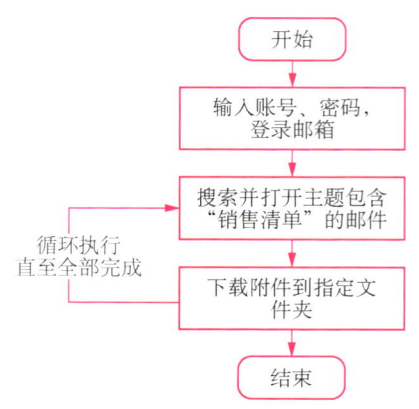

图 4-16 批量下载邮件附件的 RPA 流程

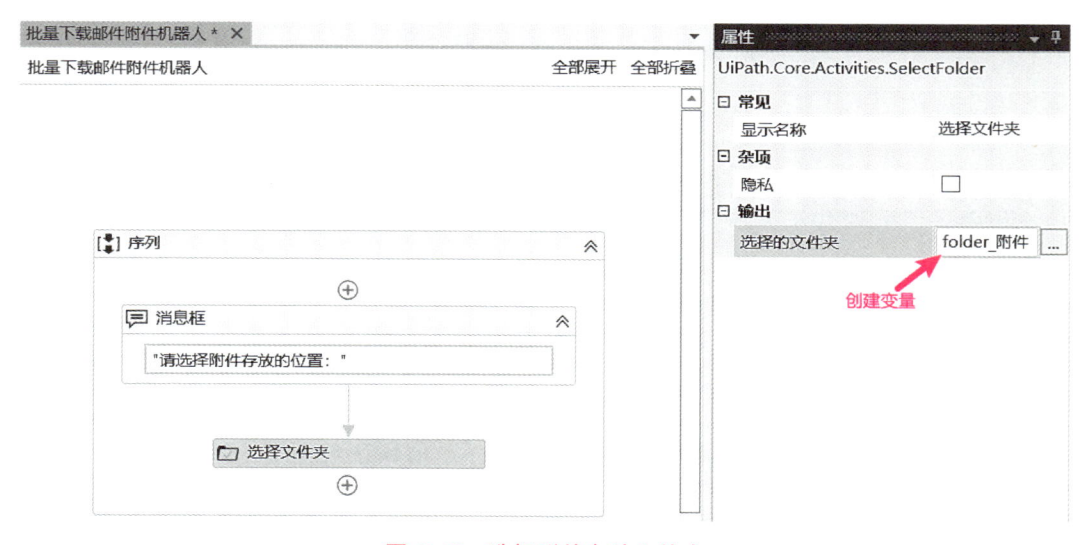

图 4-17 选择附件存放文件夹

在[选择文件夹]活动下添加两个[输入对话框]活动,分别提示用户输入收件人账号和收件人密码(注意是邮箱授权码)。将用户输入的账号和密码放到变量"收件人账号"和"收件人密码"中,如图 4-18 所示。

在输入收件人密码的[输入对话框]活动下添加[获取 POP3 邮件消息]活动,在其属性面板"服务器"中输入"pop.qq.com","端口"处输入 110,"密码"处输入收件人密码;"电子邮件"处输入收件人账号;"输出"—"消息"处创建变量 mails,如图 4-19 所示。

图 4-18 输入账号和密码

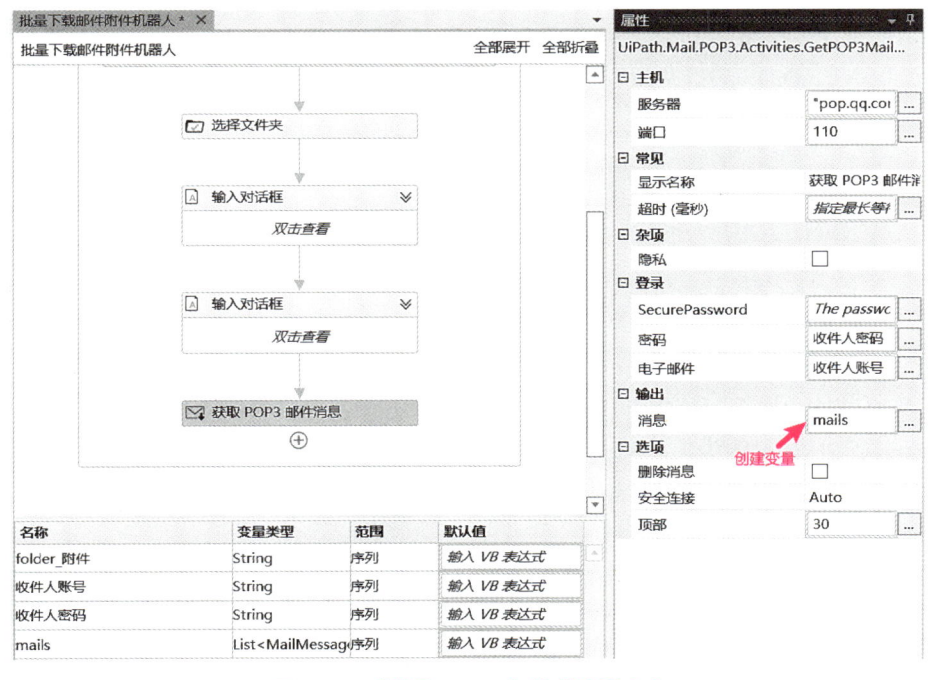

图 4-19 ［获取 POP3 邮件信息］活动

在[获取 POP3 邮件消息]活动下添加[遍历循环]活动,输入变量 mails。Mails 的变量类型是 List＜MailMessage＞;并将 item 的变量类型修改为 MailMessage;如图 4-20 所示。

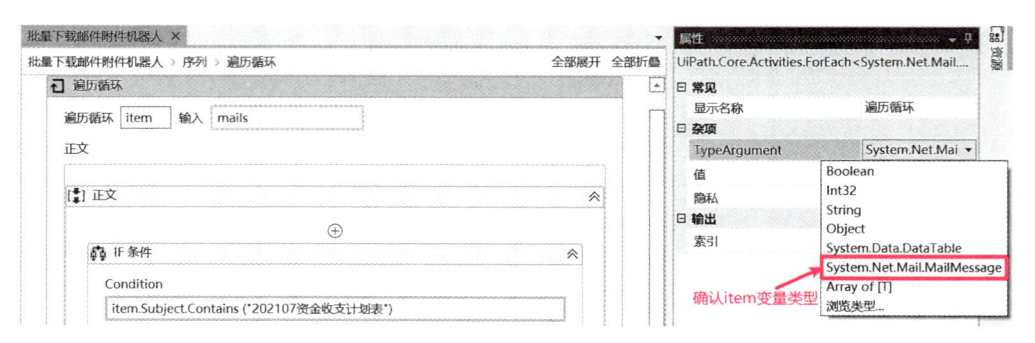

图 4-20　[遍历循环]活动

在[遍历循环]活动的"正文"中添加[IF 条件]活动,输入条件"item. Subject. Contains ("202107 资金收支计划表")",判断每一封邮件的主题是否包含"202107 资金收支计划表",在"Then"中添加[保存附件]活动,在其属性"文件夹路径"处输入变量 folder_附件,"消息"中输入变量 item,如图 4-21 所示。

图 4-21　[保存附件]活动

在[遍历循环]活动下方添加[消息框]活动,提示用户"下载完成!"运行机器人,机器人自动登录邮箱,搜索主题为"202107 资金收支计划表"的邮件,并将邮件附件下载到指定文件夹。

课 后 练 习

一、单选题

1. E-mail 自动化是 RPA 的应用场景之一，下列关于[发送 SMTP 邮件消息]活动的属性设置不正确的是(　　)。
   A. 属性"服务器"表达式必须存放在英文双引号中
   B. 属性"端口"输入的是 Int32 类型，不需要在英文双引号中输入
   C. 自动发送邮件只能使用[发送 SMTP 邮件消息]活动
   D. 属性"服务器"和"端口"是发件人邮箱的服务器和端口

2. 结合图 4-22，下列关于使用[发送 SMTP 邮件消息]活动自动发送 E-mail 的表述正确的是(　　)。

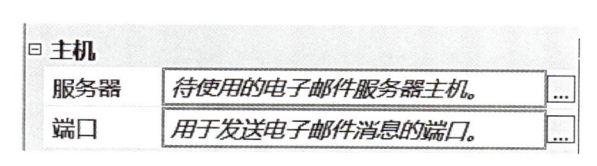

   图 4-22 "主机"界面

   A. 属性"服务器"和"端口"是收件人邮箱的服务器和端口
   B. 自动发送邮件只能使用[发送 SMTP 邮件消息]活动
   C. 属性"服务器"的文本需要在英文双引号中输入
   D. 属性"端口"输入的是 Int32 类型，需要在英文双引号中输入

3. 如果只想获得过滤后的 MailMessage 变量，应该使用(　　)活动。
   A. [获取 Exchange 邮件信息]　　　　B. [获取 POP3 邮件信息]
   C. [获取 IMAP 邮件消息]　　　　　　D. [获取 Outlook 邮件信息]

4. 当用户使用 UiPath 获取邮件信息时，下列表述错误的是(　　)。
   A. 一定会用到[获取 POP3 邮件消息]活动
   B. 当使用[获取 POP3 邮件消息]活动时，"服务器"是收件人的邮箱服务器
   C. 当使用[获取 POP3 邮件消息]活动时，应当创建变量存储获取的邮件信息
   D. 要想访问每一封收到的邮件信息，需要用到[遍历循环]活动

二、多选题

1. 在[发送 SMTP 邮件消息]活动中可以找到的属性有(　　)。
   A. 密码　　　　B. 端口　　　　C. 服务器　　　　D. 电子邮件

2. E-mail 自动化是 RPA 的应用场景之一，下列关于[发送 SMTP 邮件消息]活动的属性设

置正确的有（　　）。

   A. 属性"服务器"表达式必须存放在英文双引号中

   B. 属性"端口"输入的是 lnt32 类型，不需要在英文双引号中输入

   C. 自动发送邮件只能使用[发送 SMTP 邮件消息]活动

   D. 属性"服务器"和"端口"是发件人邮箱的服务器和端口

3. 某公司财务部每月需要向员工发送工资条，下列关于工资条的自动发送业务的表述中，正确的有（　　）。

   A. 可能用到[发送 SMTP 邮件消息]活动

   B. 一定会用到[发送 SMTP 邮件消息]活动

   C. 可能会用到[输入对话框]活动

   D. 一定会用到[输入对话框]活动

4. [保存附件]活动可以保存电子邮件的所有附件到（　　）。

   A. 绝对路径

   B. 在一个变量中，作为附件对象的集合

   C. 相对路径

   D. 不可以实现

5. 当用户使用 UiPath 获取邮件信息时，下列表述正确的有（　　）。

   A. 一定会用到[获取 POP3 邮件消息]活动

   B. 当使用[获取 POP3 邮件消息]活动时，"服务器"是收件人的邮箱服务器

   C. 当使用[获取 POP3 邮件消息]活动时，应当创建变量存储获取的邮件信息

   D. 要想访问每一封收到的邮件信息，需要用到[遍历循环]活动

三、判断题

1. 用户在开通邮箱授权码之后，登录邮箱都要使用授权码。　　　　　　　　　　　（　　）

2. 使用 UiPath 开发机器人来收发邮件信息，类似于使用 FoxMail、网易邮箱大师等邮件客户端的方式来收发邮件信息。　　　　　　　　　　　　　　　　　　　　　　　（　　）

3. 用户在开通邮箱授权码之后，登录邮箱可以使用密码，也可以使用授权码。　　（　　）

4. 使用 UiPath 开发机器人来收发邮件信息，类似于使用 QQ 邮箱网页版的方式来收发邮件信息。　　　　　　　　　　　　　　　　　　　　　　　　　　　　　　　　　（　　）

四、操作题

1. 使用 RPA 将今日报价单发送至单个客户邮箱。

2. 使用 RPA 将今日报价单发送至多个客户邮箱。

3. 某公司在全国有 20 家分店，每天这些门店都会给总公司员工小郭发送主题为"××地区销售清单"的邮件。小郭每天都要登录邮箱下载这些邮件，再把它们归类到同一文件夹中。试用 RPA 帮助小郭实现自动下载归类销售清单。

思政园地

资料来源： 节选自深圳市国资委 2023 年 11 月 13 日印发的《关于推动市属国有企业加快财务数字化转型指导意见》的通知。

为深入贯彻党中央关于加快建设数字中国的决策部署，全面落实国务院国资委对于国有企业数字化转型、建设世界一流财务管理体系工作要求，按照《深圳市数字政府和智慧城市"十四五"发展规划》《深圳市国资国企数字化转型实施方案》等文件精神，加快推进深圳智慧国资、智慧国企建设，促进国有企业财务管理体系、管理能力数字化发展，聚焦"组织变革、集约创新、开放共享、价值创造"等重点目标，努力争当全市建设世界一流企业的主力军、排头兵，结合市属国有企业实际，提出如下意见。

一、指导思想

以习近平新时代中国特色社会主义思想为指导，落实党的二十大精神，坚定不移推动高质量发展，完整、准确、全面贯彻新发展理念，加快构建新发展格局，充分发挥财务作为企业天然数据中心优势作用，实现数字技术与财务管理深度融合，补齐发展短板，提高市属国企财务管理制度化、规范化、标准化、精细化、智能化水平，推动财务数字化成为市属国企高质量发展的新动能和新引擎，打造具有深圳特色的世界一流企业。

二、基本原则

（1）坚持整体规划，协同推进。

（2）坚持立足实际，明确目标。

（3）坚持拥抱变革，守正创新。

（4）坚持注重安全，自主可控。

三、主要目标

2023—2025 年，实现直管企业财务数字化转型战略全面落地，建立智慧、系统、深入、前瞻的数字化、智能化财务平台，依托数字化转型契机，全面构建适应高质量发展要求的世界一流财务数字化管理体系。

四、重点任务

（1）聚焦组织转型，重塑高效专业的财务数字化运营体系，实现集约化、专业化管理。

（2）坚持技术创新，建设集成互通的业财一体化信息系统，实现穿透式全过程管理。

（3）挖掘数据价值，打造智慧前瞻的财务数字化应用生态，实现智能决策和风险预警。

（4）培育转型动能，构建长效赋能的财务数字化保障机制，实现人才引领和结果运用。

模块五 RPA 在财务中的应用——Web 自动化

知识目标

1. 掌握浏览器扩展程序的设置
2. 掌握 Web 相关控件的操作方法
3. 掌握 RPA 网页交互、应用程序交互的方法

能力目标

1. 能应用 RPA 进行网页交互、应用程序交互
2. 能应用 RPA 获取网页信息并保存

素养目标

1. 具备归纳财务流程规律的能力
2. 遵循诚实守信的职业道德和认真严谨的工作作风
3. 具备终身学习的意识，培养跨专业流程设计的思维能力

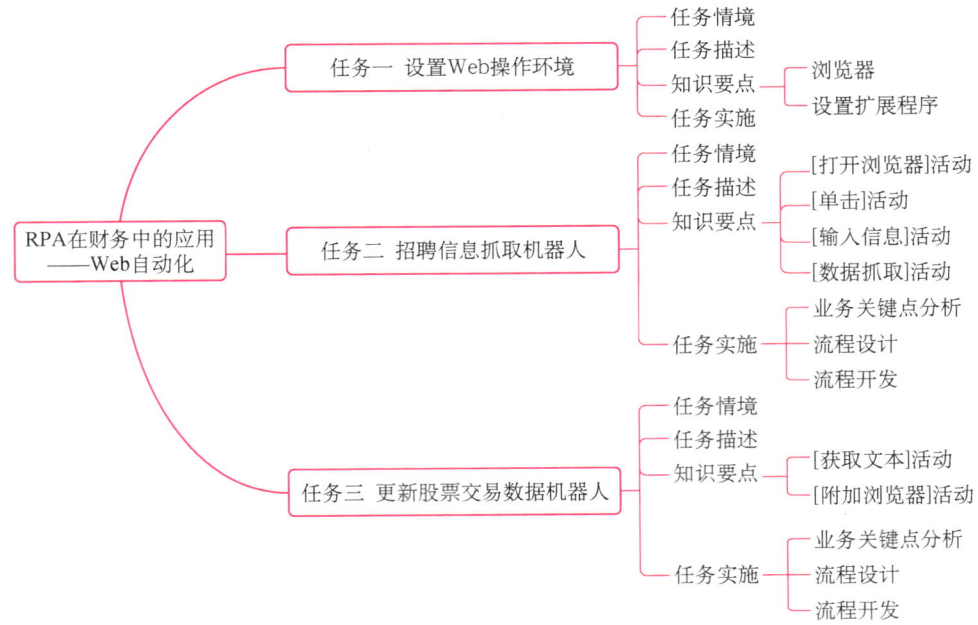

思维导图

```
                              ┌─ 任务情境
                              ├─ 任务描述                  ┌─ 浏览器
              ┌─ 任务一 设置Web操作环境 ─┤ 知识要点 ─────┤
              │               └─ 任务实施                  └─ 设置扩展程序
              │
              │                            ┌─ 任务情境
              │                            ├─ 任务描述    ┌─ [打开浏览器]活动
              │                            │              ├─ [单击]活动
              │              ┌─ 任务二 招聘信息抓取机器人 ─┤ 知识要点 ─┤
RPA在财务中的应用 ─┤                            │              ├─ [输入信息]活动
  ——Web自动化                               │              └─ [数据抓取]活动
              │                            │                            ┌─ 业务关键点分析
              │                            └─ 任务实施 ─────────────────┤ 流程设计
              │                                                         └─ 流程开发
              │
              │                            ┌─ 任务情境
              │                            ├─ 任务描述
              │                            │              ┌─ [获取文本]活动
              └─ 任务三 更新股票交易数据机器人 ─┤ 知识要点 ─┤
                                           │              └─ [附加浏览器]活动
                                           │                            ┌─ 业务关键点分析
                                           └─ 任务实施 ─────────────────┤ 流程设计
                                                                        └─ 流程开发
```

项目导读： 前沿资讯

资料来源： 节选自 UiPath 官网《苏州银行借助 RPA 实现数字化转型之美》。

苏州银行的日常业务流程，如人民银行账户信息备案、贷款业务进件量及通过率统计报送、监管事项督办、开销户影像数据导入等，都需要人工操作，每天占用员工大量的时间和精力。同时，苏州银行的部分业务需要跨系统操作，员工手工操作不仅效率低下，而且容易出现差错。为了进一步解放生产力、降低操作风险、提升工作效率，苏州银行于 2019 年 4 月通过代理商采购了 UiPath 的 RPA 流程机器人，并于同年 6 月 27 日完成首批机器人的上线运行。

苏州银行利用 RPA 机器人实现自动化的业务包括：①开销户影像数据自动导入。RPA 机器人将业务人员提供的影像数据进行打包，之后自动登录人民银行系统，完成影像数据包的导入。②企业名单信息更新。使用 RPA 机器人代替人工从行内不同网页上分别下载最新批次的高新技术企业、科技型中小企业、民营科技企业、高新培育企业的名单，并对比总表进行企业名单的更新和批次的记录，之后利用行外网站查出新企业的注册地并记录。③小微企业库、国家企业信用信息自动更新。机器人自动登录国家市场监督管理总局的小微企业名单库，根据企业名称代码，获取相关信息完成自动报送。④信息安全事项督办。使用 RPA 机器人代替人工每日登录信息安全邮箱查收安全风险事项，生成行内相关安全风险事项管理流程。⑤贷款业务进件量及通过率自动报送。RPA 机器人定时查询当天的贷款业务情况并保存为 Excel，按照规定规则对文件进行处理，处理完成后对业务进件量及通过率自动报送。

苏州银行借助科学管理手段，通过 UiPath 现有的 Orchestrator 机器人管理平台对安装在行内各个区域的机器人实现统一调度、统一监控，有效地实现了包括异常处理机制在内的高度协同、高度可用和全行机器人资源的统一调拨。

任务一　设置 Web 操作环境

任务情境

现今，以网页系统构建起来的业务和应用越来越多。但用于填充系统的信息数据过于密集，所以需对其进行大批量处理，上述操作不仅重复性高、单调乏味且费时耗力。为此，网页自动化应运而生。网页自动化可以通过属性识别网页元素并相应地对其进行操作（如点击、输入信息、获取文本、抓取数据等），让用户能够轻松完成表格填写、屏幕抓取、数据提取及在应用之间转移、网站测试和定期报告生成等日常任务。这种自动化适用于任何网站，可以远程部署在网络中的各种机器上。

浏览器是人们使用互联网应用的重要工具，是用来检索、展示以及传递 Web 信息资源的应用程序。UiPath 网页自动化使用内嵌录制器来读取并执行网页上的各项操作。实习生小明正在学习使用 UiPath 对浏览器进行操作，在实际运用前需要先安装 Web 扩展程序。

任务描述

启动 UiPath Studio，并打开一个新的项目或现有项目，安装设置 Chrome 浏览器扩展程序。

知识要点

一、浏览器

浏览器是用来检索、展示以及传递 Web 信息资源的应用程序。主流的浏览器分为 IE、Microsoft Edge、Chrome、Safari 等。

（1）IE 浏览器。IE 浏览器是微软推出的 Windows 系统自带的浏览器，它的内核是由微软独立开发的，简称 IE 内核。该浏览器只支持 Windows 系统，目前微软已经停止维护。

（2）Microsoft Edge 浏览器。Microsoft Edge 浏览器是由微软开发的基于 Chromium 的浏览器。

（3）Chrome 浏览器。Chrome 浏览器是由 Google 在开源项目的基础上进行独立开发的一款浏览器。Chrome 浏览器不仅支持 Windows 系统，还支持 Linux、Mac 系统，同时它也提供了移动端的应用（如 Android 和 iOS 系统）。

（4）Safari 浏览器。Safari 浏览器是苹果公司为 Mac 系统打造的一款浏览器，主要应用在 Mac 和 iOS 系统中。

二、设置扩展程序

浏览器扩展程序是一个可以修改和增强浏览器功能的小型软件程序，它提供的属性实际驻留在程序对象本身，并不会修改组件真正的属性。扩展程序可以扩展浏览器的功能，使浏览器功能变得更加丰富、强大。以谷歌浏览器为例，在浏览器主页面中找到右上角三个点按钮并点击，如图 5-1 所示。

找到"扩展程序"—"管理扩展程序"，弹出扩展程序窗口界面，如图 5-2 所示。

图 5-1　谷歌设置

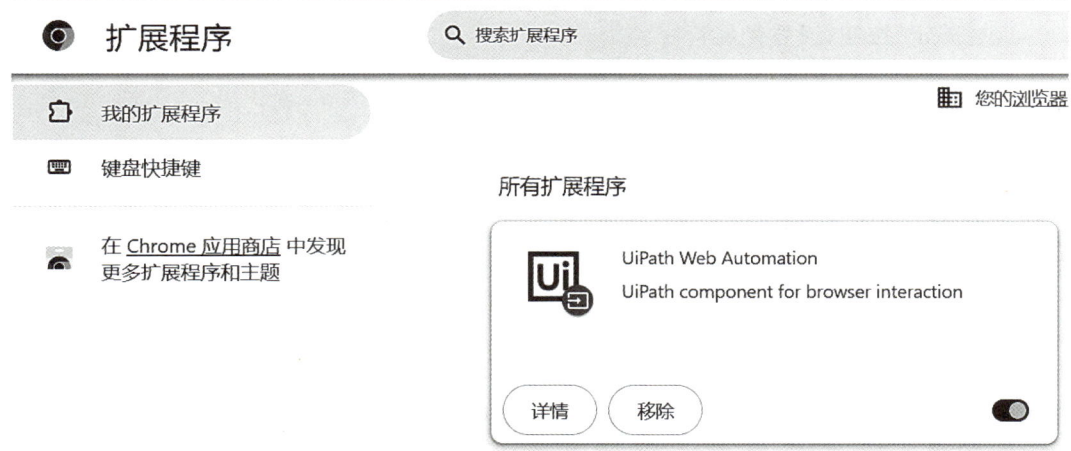

图 5-2　谷歌扩展程序

任务实施

RPA 需要借助谷歌浏览器扩展程序来实现网页的自动化操作。以谷歌浏览器为例，安装 UiPath 扩展程序。打开 UiPath 中的"工具"，点击"Chrome"，按步骤安装谷歌浏览器扩展程序，如图 5-3 所示。

82 ▎RPA 财务机器人应用与开发

图 5-3 安装

点击"确定"按钮，设置扩展程序。

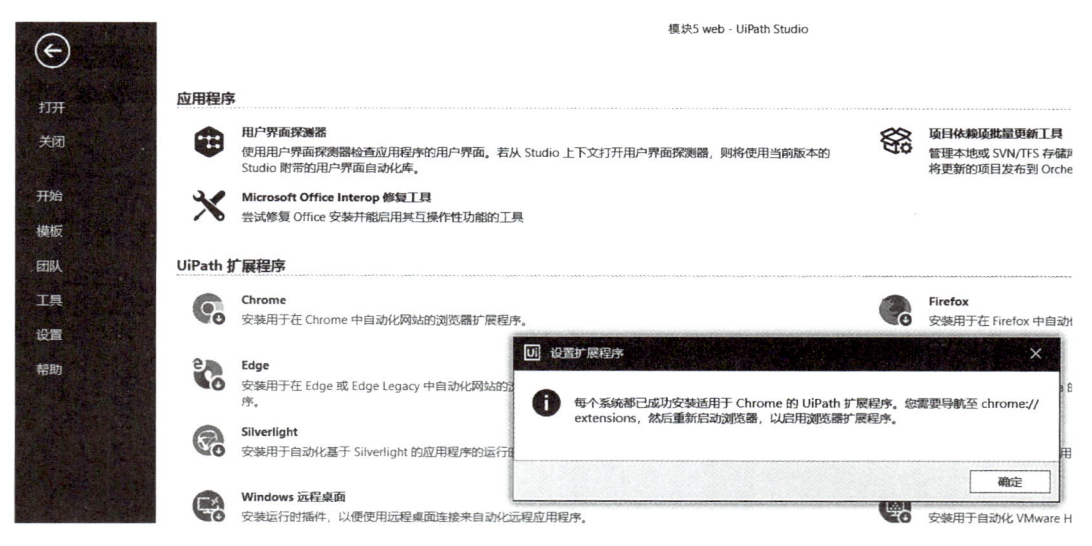

图 5-4 设置

打开浏览器，管理扩展程序页面，开启"扩展程序"。

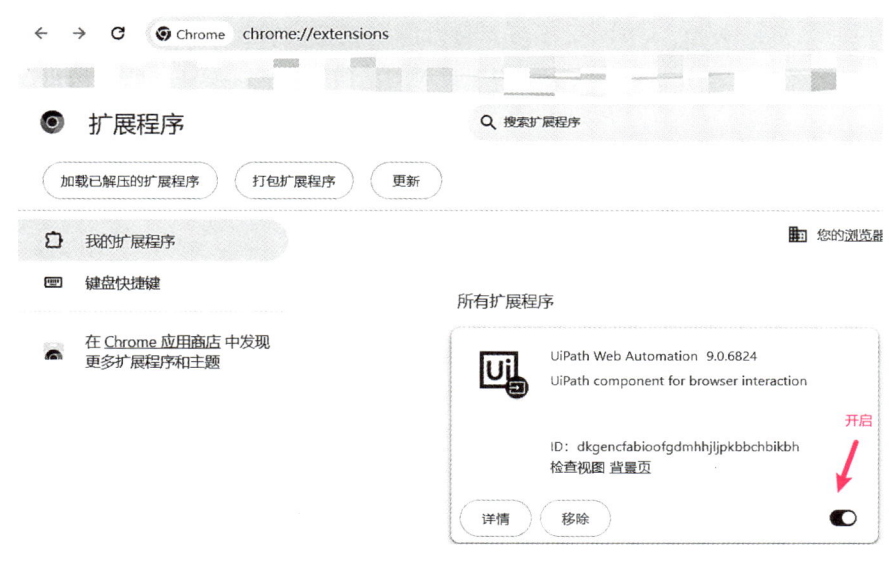

图 5-5　开启扩展程序

任务二　招聘信息抓取机器人

任务情境

正保集团因业务扩张成立了许多子公司,需要招聘大量的岗位。实习生小明为了了解岗位行情,在招聘网站上挨个查询岗位相关信息,需要短时间内登录各大招聘网站,获取相关岗位上的招聘信息,为公司提供及时、准确的人才市场情报。

任务描述

小明需要设计一个 RPA 机器人,机器人能自动登录猎聘网,搜索北京地区的会计经理相关岗位,复制每一条招聘信息中的岗位名称、岗位网址、薪资、岗位要求、公司名称等 5 项信息保存至 Excel 表中。

知识要点

一、[打开浏览器]活动

[打开浏览器](OpenBrowser)活动用于打开浏览器,可以指定 URL、浏览器类型,以及是否

显示浏览器窗口。"输入"—"URL"处填写要打开的网址,"浏览器类型"可以选择指定的浏览器,如果不设置,则默认是 IE 浏览器;"Do"中放置对浏览器执行后续操作的活动,如图 5-6 所示。

图 5-6 [打开浏览器]活动

二、[单击]活动

[单击](Click)活动的作用是模拟鼠标单击、双击,即平时手动点击鼠标的动作。注意要提前打开要指明的元素界面。"输入"—"鼠标类型"处可选择单击、双击、向上滚动或向下滚动等动作;鼠标按键处可选择左键、右键或者中键,如图 5-7 所示。

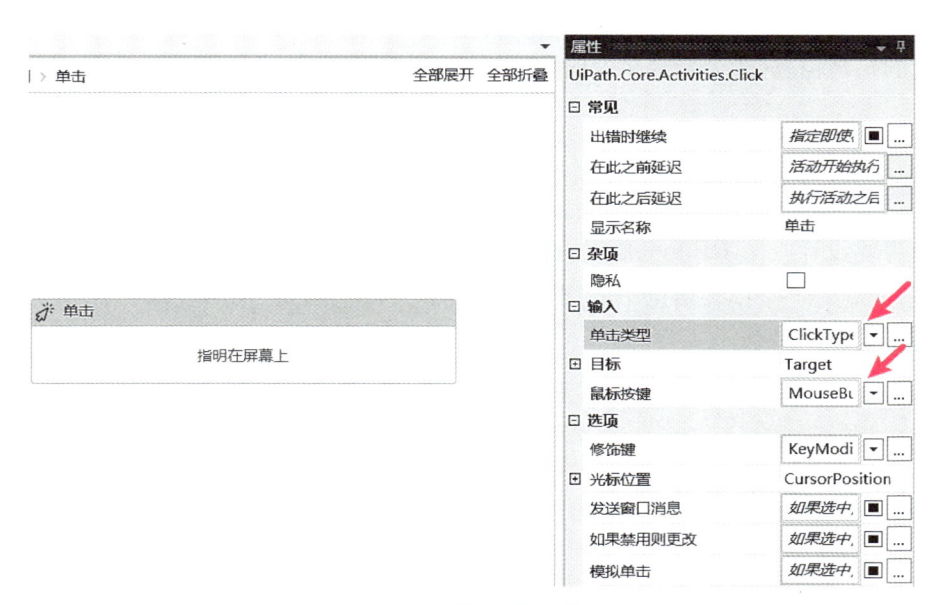

图 5-7 [单击]活动

三、［输入信息］活动

［输入信息］(TypeInto)活动的作用是在指定的位置自动输入文本信息。点击"指明在屏幕上"，在提前打开的元素界面上指明需要输入信息的位置；"文本"处输入要键入的信息；"空字段"处勾选表示在输入之前清空文本框内容，如图 5-8 所示。

图 5-8　［输入信息］活动

四、［数据抓取］活动

［数据抓取］(DataScraping)活动的作用是将浏览器、应用程序或文档中的结构化数据提取至数据表中。

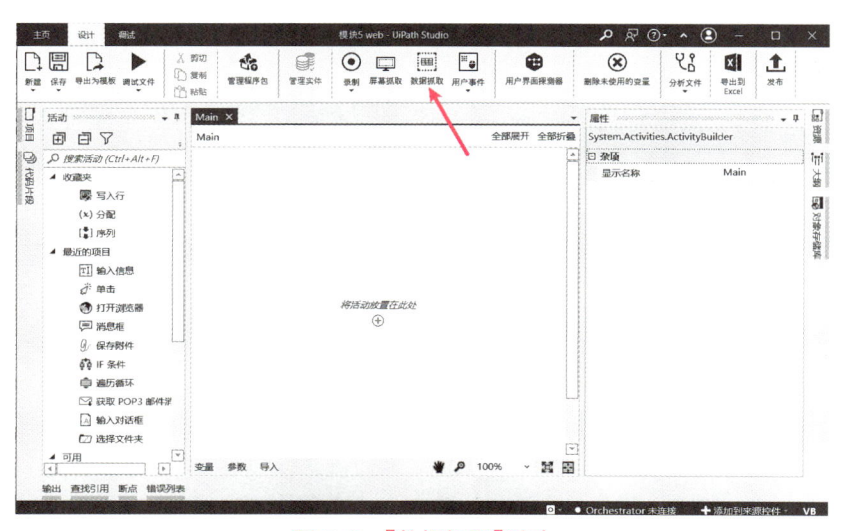

图 5-9　［数据抓取］活动

任务实施

一、业务关键点分析

通过财务岗位招聘信息抓取人工流程的描述,确定该业务流程的关键点如下:

(1) 人工复制招聘信息容易造成数据的遗漏或者重复。

(2) 当招聘岗位信息较多、工作量较大时,人工复制粘贴至表格中出错的概率比较高。

(3) 数据抓取工作简单、重复,工作附加值较低。

二、流程设计

根据任务情境和任务描述,对财务岗位招聘信息抓取人工流程的梳理,设计 RPA 流程如图 5-10 所示。

图 5-10 财务岗位招聘信息抓取的 RPA 流程

三、流程开发

打开 UiPath 设计器,新建序列,命名为"招聘信息抓取机器人",先提示用户输入要搜索的岗位名称,在活动面板搜索[输入对话框]活动,将此活动拖拽至设计面板中,在此活动属性面板"输出"—"结果"处创建变量 job_name,设置对话框标签内容"请输入您要查询的岗位名称",注意将文本放入英文双引号中,如图 5-11 所示。

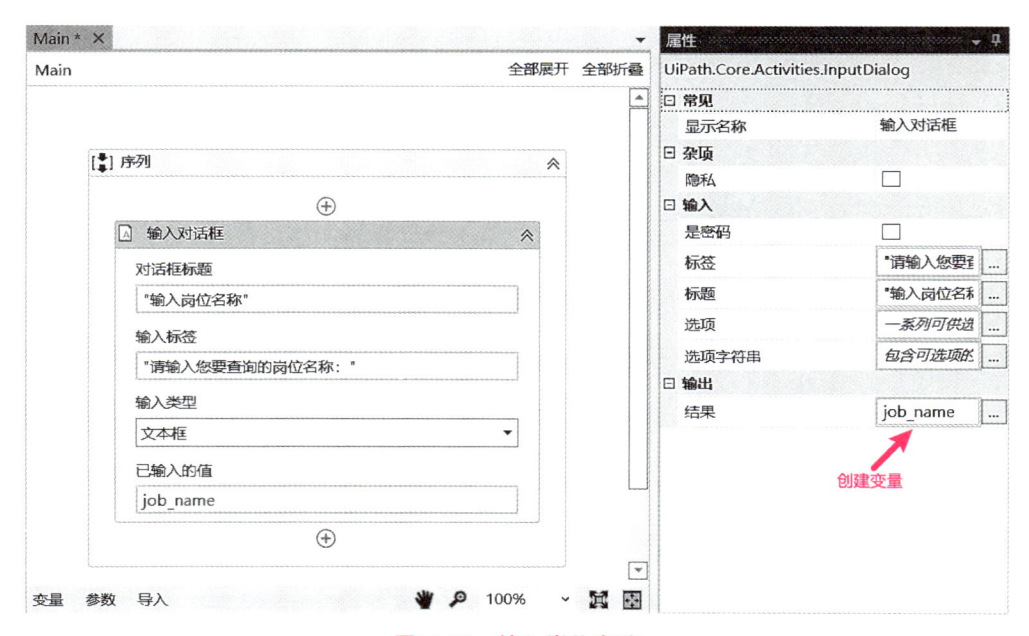

图 5-11 输入岗位名称

在计算机桌面上用谷歌浏览器登录猎聘网 www.liepin.com，回到 UiPath 设计器，在［输入对话框］活动下方添加［打开浏览器］活动，在此活动属性面板"URL"中输入猎聘网网址"https://www.liepin.com"，选择浏览器类型 Chrome，如图 5-12 所示。

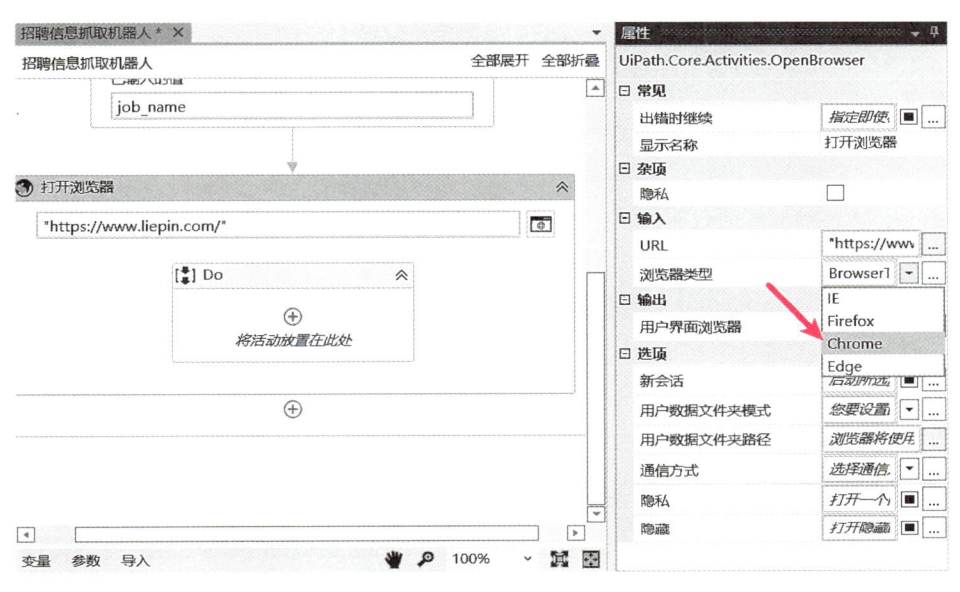

图 5-12 ［打开浏览器］活动

在［打开浏览器］活动正文"Do"中分别添加两个［单击］活动，通过点击两个［单击］活动中的"指出浏览器中的元素"，选择职位、北京，同时在网页中手动选择职位、北京，到达北京地区招聘页面，如图 5-13 所示。

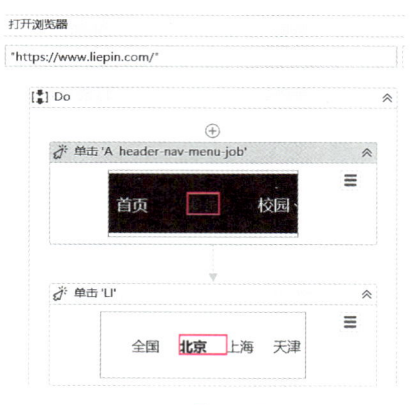

图 5-13 ［单击］活动

在［单击］活动下方添加［输入信息］活动，通过点击"指出浏览器中的元素"选择待输入信息的位置；在其属性面板中，"文本"处输入变量 job_name；"空字段"处选择"True"，如图 5-14 所示。

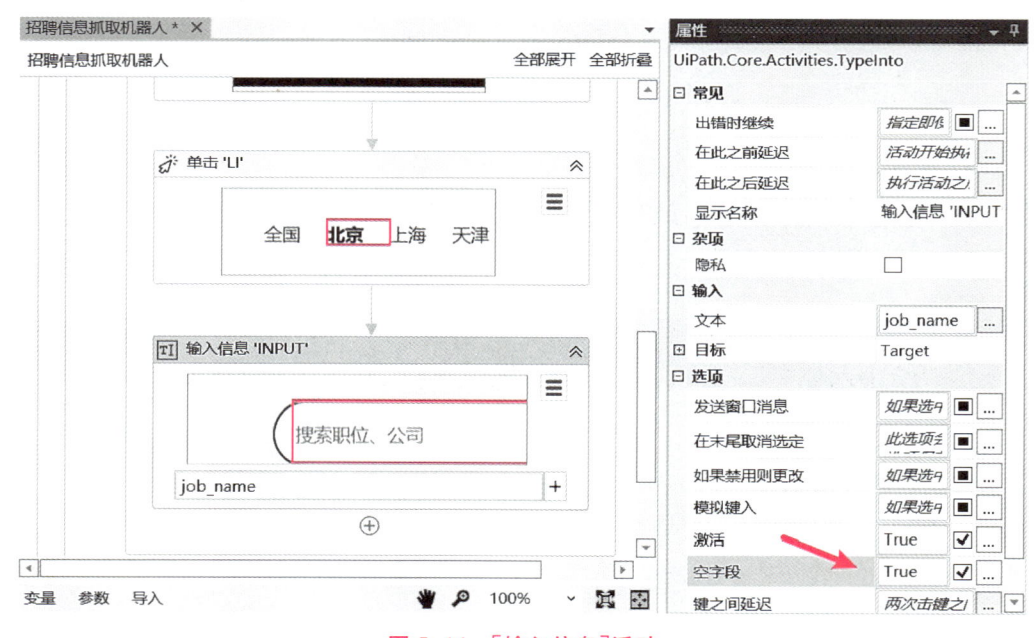

图 5-14 ［输入信息］活动

在［输入信息］活动下方添加［单击］活动，通过点击"指出浏览器中的元素"选择网页中的"搜索"，如图 5-15 所示。

在网页上手动搜索岗位名称，如"会计经理"，并点击"搜索"，进入检索后的招聘信息页面。回到 UiPath 设计器，点击工具栏上的"数据抓取"，在弹出的"选择一个值"对话框中点击"下一步"，界面会回到刚才的目标网页；点击第一条记录中的岗位名称（主管会计），此时

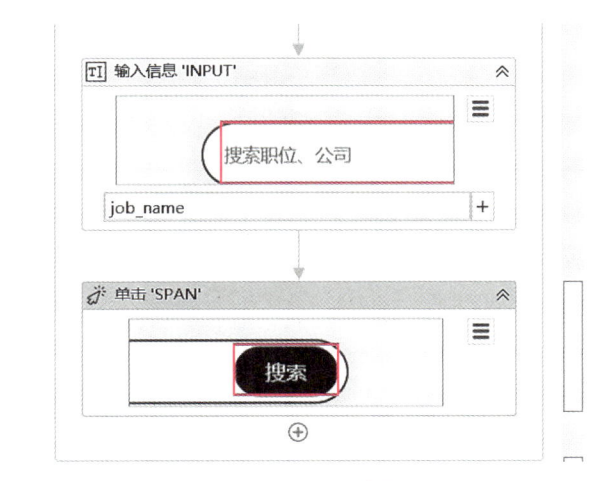

图 5-15　单击"搜索"

该信息会标记上蓝底黄框；点击选择之后，弹出"选择第二个元素"，选中第二条岗位名称（会计），该信息也标记上蓝底黄框；再次点击选择之后，弹出"配置列"对话框，如图 5-16 所示。

图 5-16　搜索岗位名称

在配置列的在"文本列名称"中输入"岗位名称"，勾选提取 URL，在"URL 列名称"处输入岗位网址，然后点击"下一步"；修改"最大结果条数"为"200"，如图 5-17 所示。

点击"提取相关数据"，弹出"选择一个值"对话框，仿照获取"岗位名称"的操作，依次获取薪资、岗位要求、公司名称的相关数据。所有数据的设置操作完成后，在"预览数据"中就

图 5-17　配置列

会看到 RPA 已经成功抓取到当前网页中的岗位名称、岗位网址、薪资、岗位要求、公司名称的数据，如图 5-18 所示，点击"完成"。

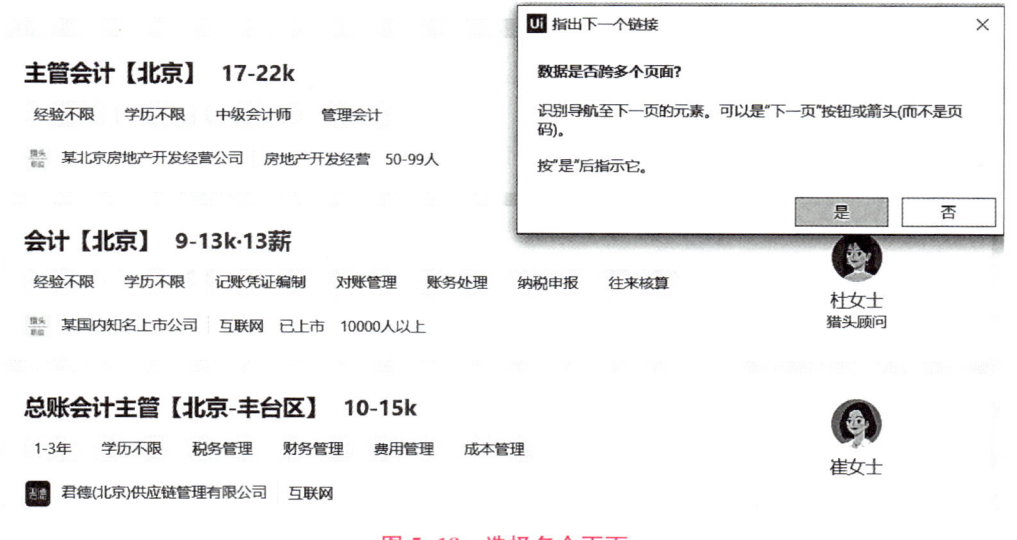

图 5-18　选择多个页面

弹出"指出下一个链接"对话框，点击"是"。重新回到网页界面，点击"F2 键"。此时有 3 秒倒计时，在倒计时结束前，我们下拉当前页面至底部有翻页选项的位置处，如图 5-19 所示。

图 5-19　指出下一个链接

回到 UiPath 设计界面，可以看到在设置完上述操作程序后自动添加了[附加浏览器]活动和[提取结构化数据]活动。选中[提取结构化数据]活动查看其属性面板，在"数据表"处自动创建了一个名为"ExtractDataTable"的变量，在变量面板中检查该变量的类型为 DataTable，修改其范围为"招聘信息抓取机器人"（即最大的范围），如图 5-20 所示。

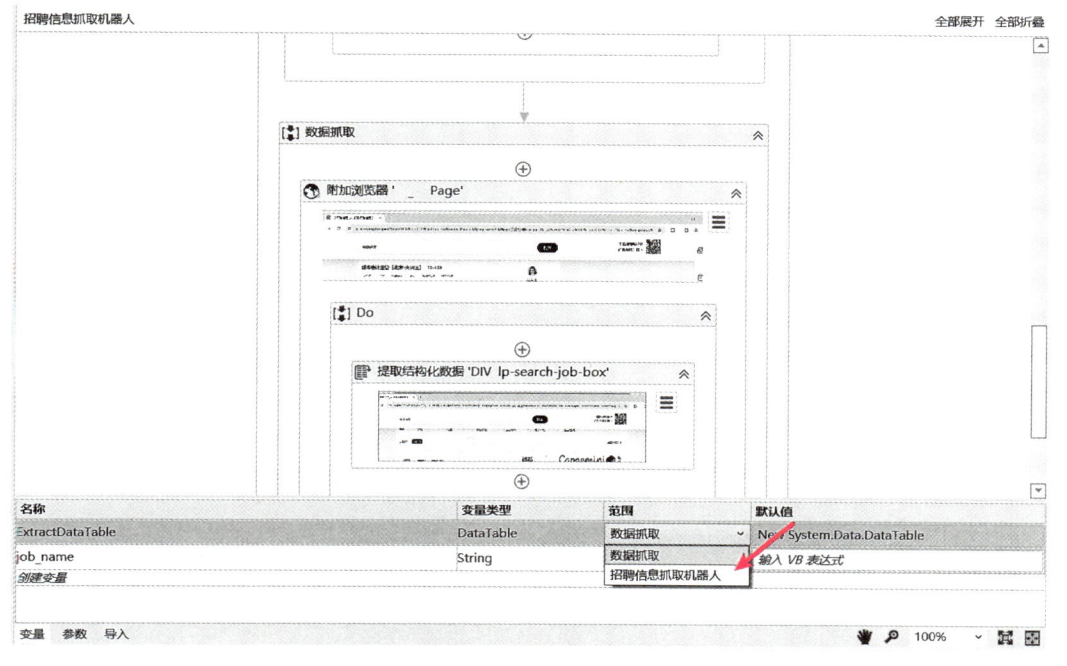

图 5-20　数据获取

点击[附加浏览器]当中的"选取器编辑器",将"编辑属性"中的"title"修改为【*人才网招聘信息】-猎聘,如图 5-21 所示。

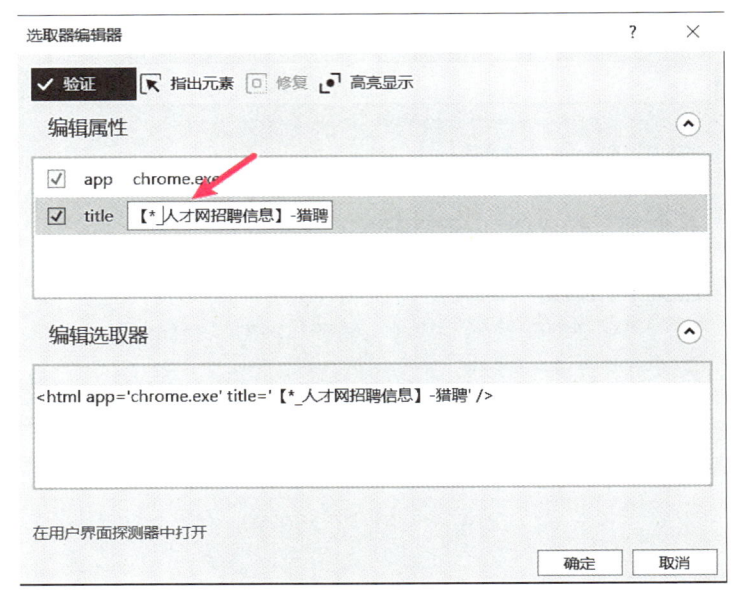

图 5-21 选取器编辑器

在[打开浏览器]活动下方添加工作簿下的[写入范围]活动,在其属性面板"工作簿路径"处输入"抓取招聘信息.xlsx";"工作表名称"处为"Sheetl";"起始单元格"处为"A1","数据表"处输入变量 ExtractDataTable;勾选"添加标头",如图 5-22 所示。

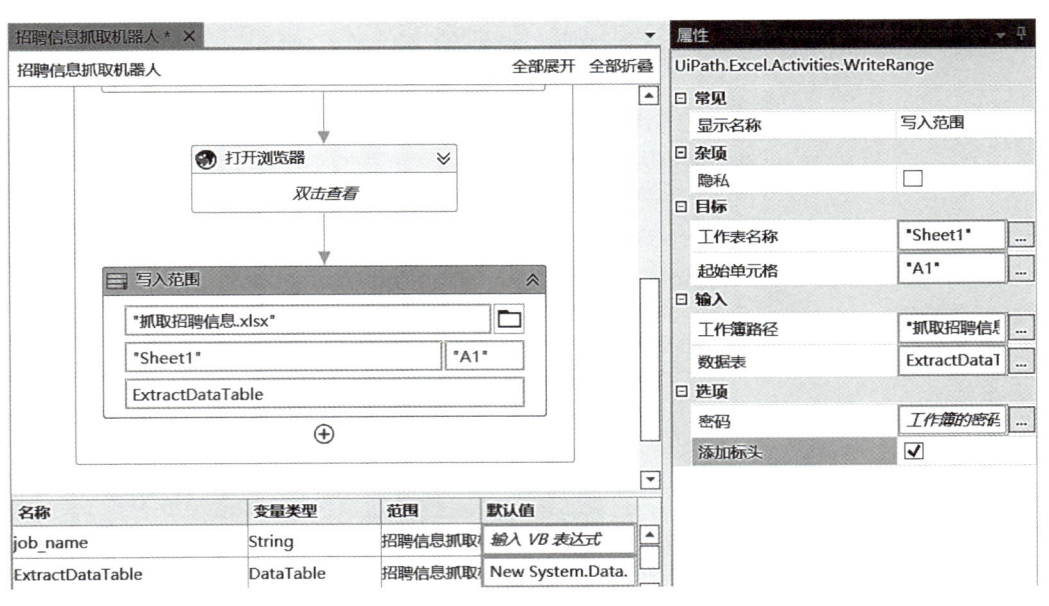

图 5-22 写入范围

在[写入范围]活动下方添加[消息框]活动,设置文本"全部完成!"。运行机器人,在项目包中自动创建一个名为"抓取招聘信息"的 Excel 工作簿,结果如图 5-23 所示。

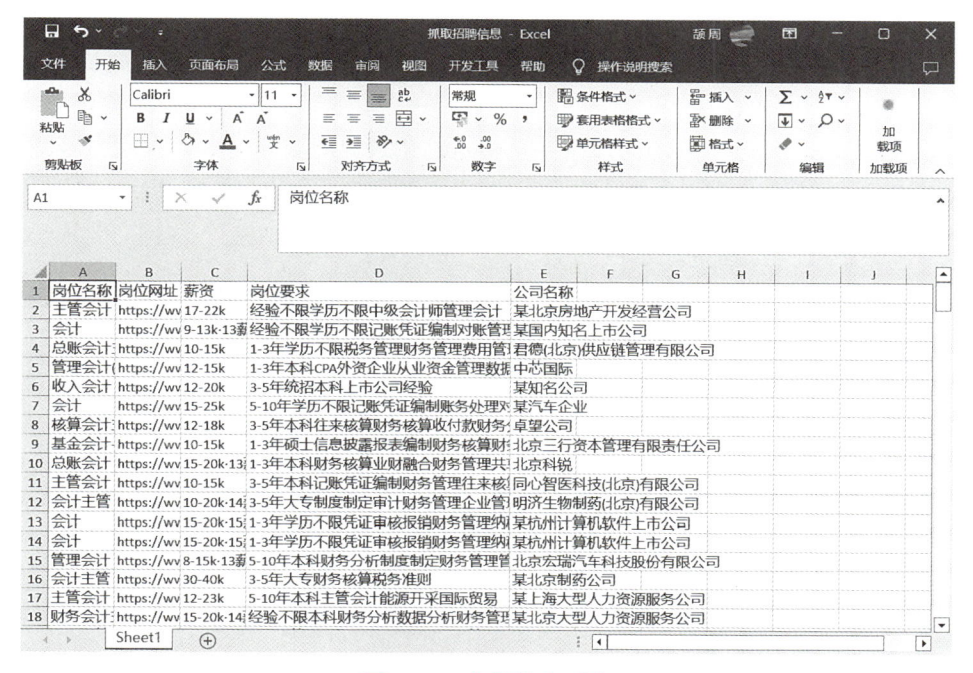

图 5-23　招聘信息列表

任务三　　更新股票交易数据机器人

任务情境

实习生小明最近的实习项目是为基金投资做交易分析,每个交易日结束后统计股票池内所有股票的详细信息,并以此为基础作股票行情分析。首先,小明要确定需要更新股票交易数据的来源,可以是金融数据供应商的 API、股票交易所的网站等,明确需要获取的数据类型和频率。其次,小明要设计获取股票交易数据的流程,包括登录、数据获取、数据处理等步骤。最后,小明要将获取的股票交易数据存储到数据库或文件中,便于后续分析和应用。

任务描述

小明需要设计一个 RPA 机器人,根据使用者提供的板块代码与股票代码信息,自动登录股票查询网站,获取相应股票交易数据并更新相应文档内容。

知识要点

一、[获取文本]活动

[获取文本](GetValue)活动的作用是从指定的用户界面获取文本。提前打开需要指明的元素界面，点击"指明在屏幕上"获取文本，在属性面板"输出"—"值"处创建变量存储所获取的文本内容，如图 5-24 所示。

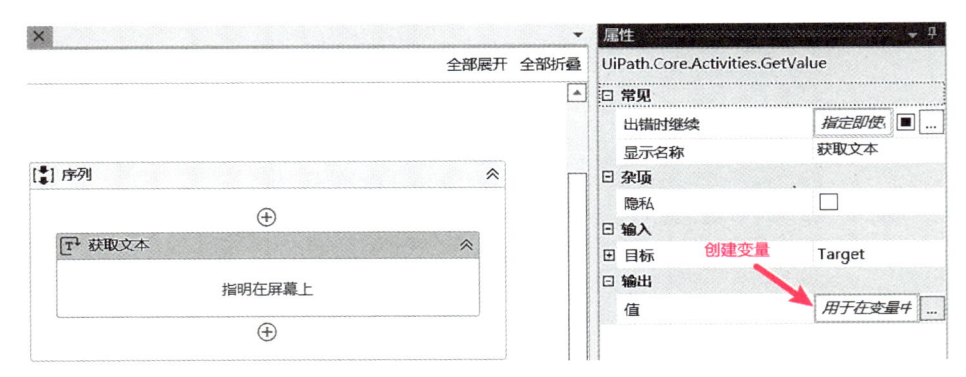

图 5-24　[获取文本]活动

二、[附加浏览器]活动

[附加浏览器](BrowserScope)活动的作用是附加到已打开的浏览器并在其中执行多项操作的容器，如图 5-25 所示。

图 5-25　[附加浏览器]活动

任务实施

一、业务关键点分析

通过对更新股票交易数据机器人流程的描述，确定该业务流程业务关键点如下：

（1）当要更新的股票信息较多时，复制粘贴的工作量较大，容易出错。

（2）财务人员花费较多的时间在搜索信息和复制粘贴上，工作附加值较低，成长缓慢。

二、流程设计

根据任务情境和任务描述，解决业务流程中的关键点问题，设计 RPA 流程如图 5-26 所示。

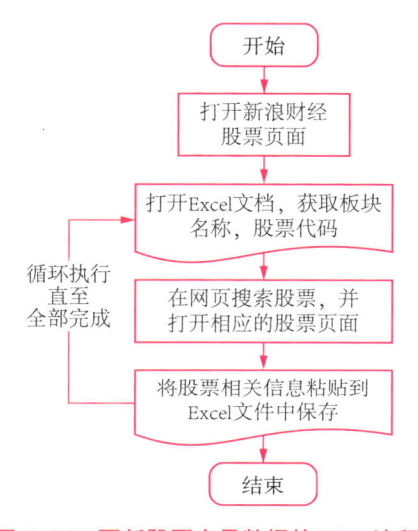

图 5-26　更新股票交易数据的 RPA 流程

三、流程开发

新建序列，命名为"更新股票交易数据机器人"，在活动面板中搜索[消息框]活动和[选择文件]活动并拖拽至设计面板中，提示用户选择股票代码文件，并将用户选择的文件路径放到变量"file"中，如图 5-27 所示。

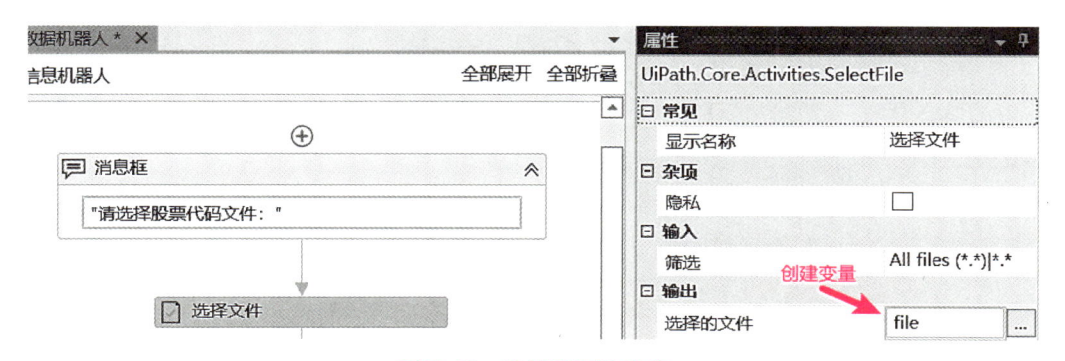

图 5-27　选择股票信息表

在[选择文件]活动下方添加工作簿下的[读取范围]活动,设置其属性面板,"工作簿路径"处输入变量 file,"输出"—"数据表"处创建变量 data,勾选"添加标头",如图 5-28 所示。

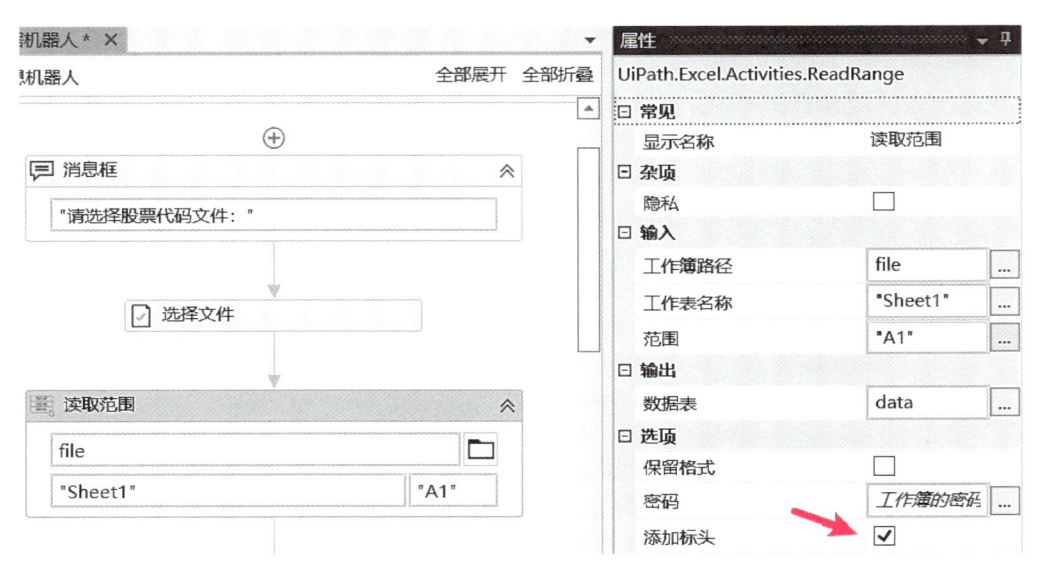

图 5-28 读取股票信息

在[读取范围]活动下方添加[打开浏览器]活动,输入新浪股票网址"https：//finance.sina.com.cn/stock/",注意选择浏览器类型为"Chrome",在正文"Do"中添加活动[对于每一行],在属性面板"数据表"处输入变量 data,如图 5-29 所示。

图 5-29 打开浏览器

在[对于每一行]活动的"正文"中添加[输入信息]活动,通过点击"指出浏览器中的元素"选择新浪股票页面行情搜索框,在属性面板"文本"处输入:row(0).ToString+row(1).

ToString，勾选"模拟键入""激活"和"空字段"，如图 5-30 所示。

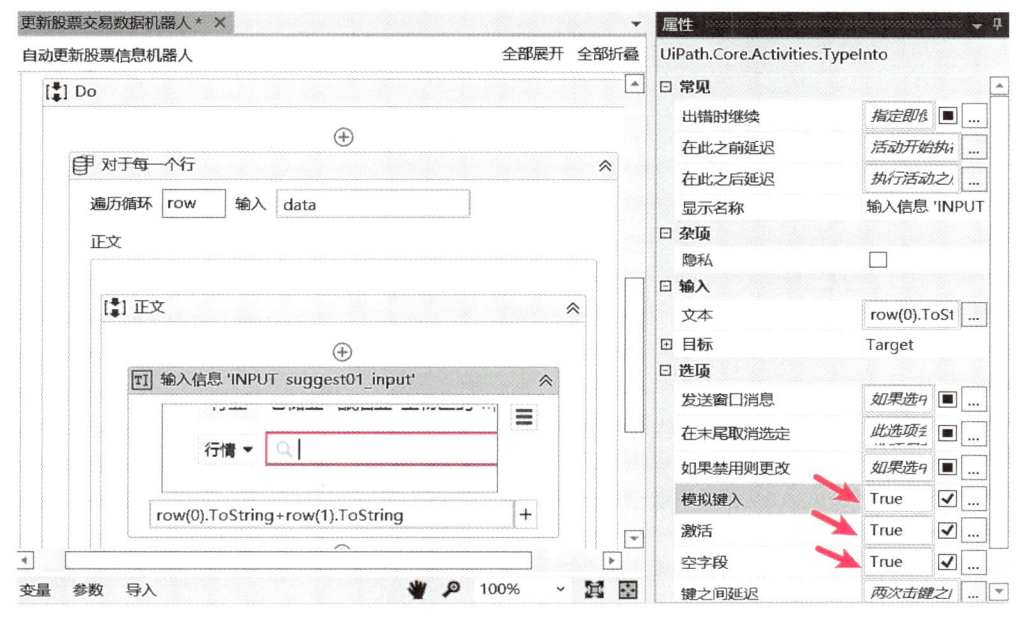

图 5-30　输入信息

在[输入信息]活动下方添加[单击]活动，通过点击"指出浏览器中的元素"选择"搜索"，可以根据需要在"延迟"处设置网络延迟时间。同时，手动在新浪股票行情网页内输入板块加股票代码"SZ000001"并点击"搜索"，打开平安银行股票网页。回到 UiPath 设计器，在[单击]活动下方添加[附加浏览器]活动，通过点击"指出浏览器中的浏览器"选择要附加的网页（即平安银行股票页面），如图 5-31 所示。

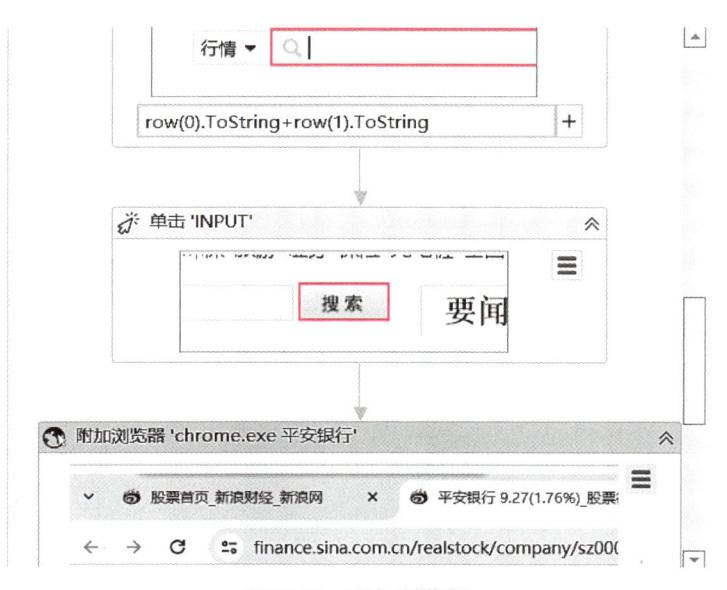

图 5-31　附加浏览器

打开[附加浏览器]活动的"编辑选取器",将"编辑属性"中"title"的前半部分内容替换为"*"(以便在不同的股票页面都可以稳定获取到当前打开的股票页面),如图5-32所示。

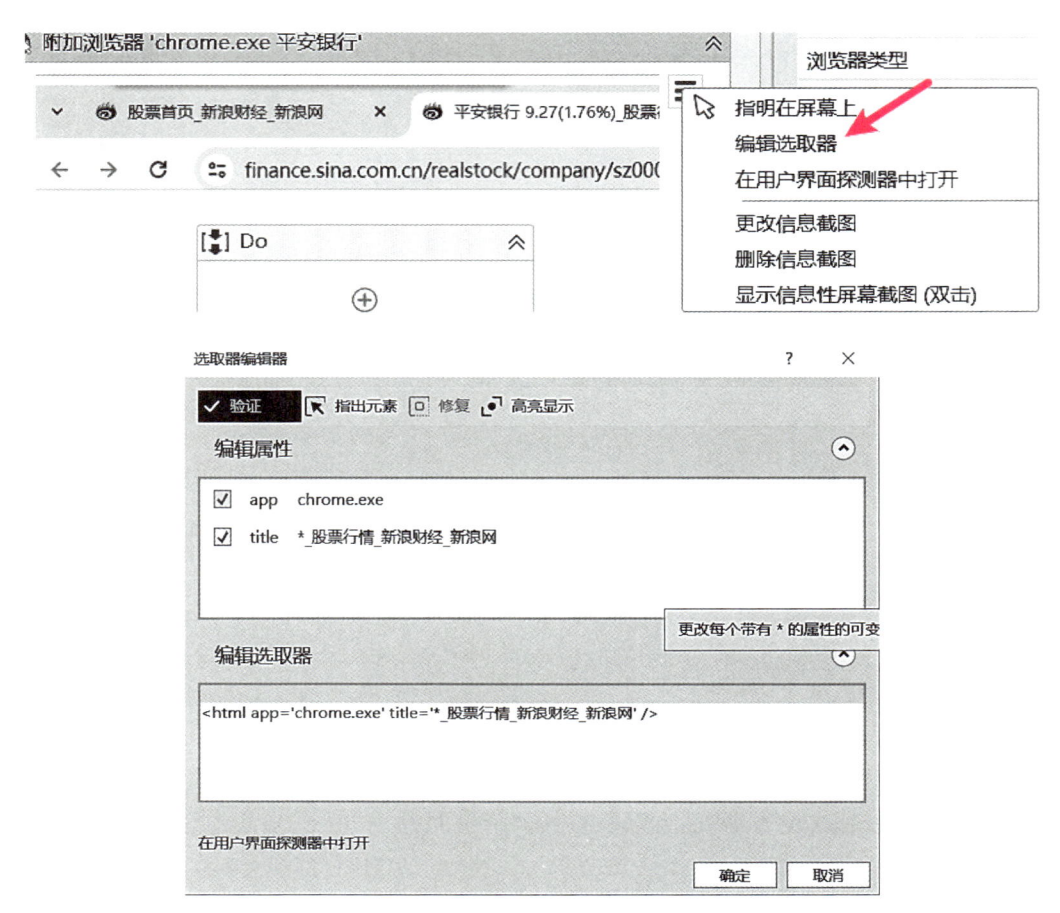

图 5-32　编辑选取器

在[附加浏览器]活动的"Do"中依次添加 2 个[获取文本]活动,通过点击"指出浏览器中的元素"依次选择当前页面中的"最新价""最高价"。在 2 个[获取文本]活动属性面板"值"处分别创建变量"最新价""最高价",并在变量面板中查看变量属性,将变量最高价、最新价的变量范围都扩大至整个序列,如图 5-33 所示。

在[附加浏览器]活动下方添加[多重分配]活动,在"="左边依次输入"row(2)""row(3)";在"="右边的表达式中依次输入变量"最新价""最高价",如图 5-34 所示。

在[打开浏览器]活动下方添加工作簿下的[写入范围]活动,在其属性面板"工作表名称"处设置为"Sheet1","起始单元格"处设置为"A2","工作簿路径"处输入变量 file,"数据表"处输入变量 data,不用勾选"添加标头"。

在[写入范围]活动下方添加[消息框]活动,提示用户完成,如图 5-35 所示。

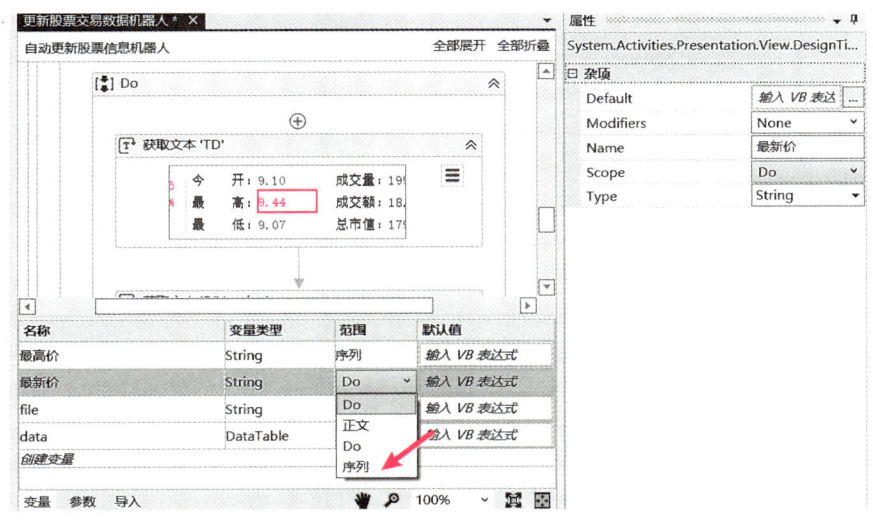

图 5-33　获取股票信息

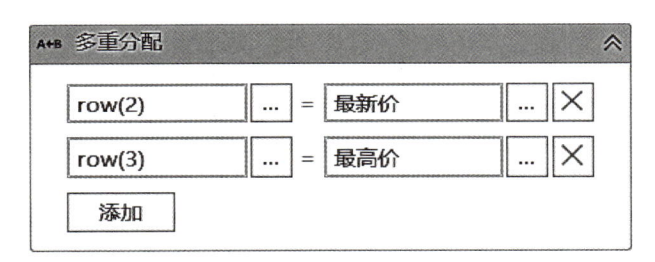

图 5-34　多重分配

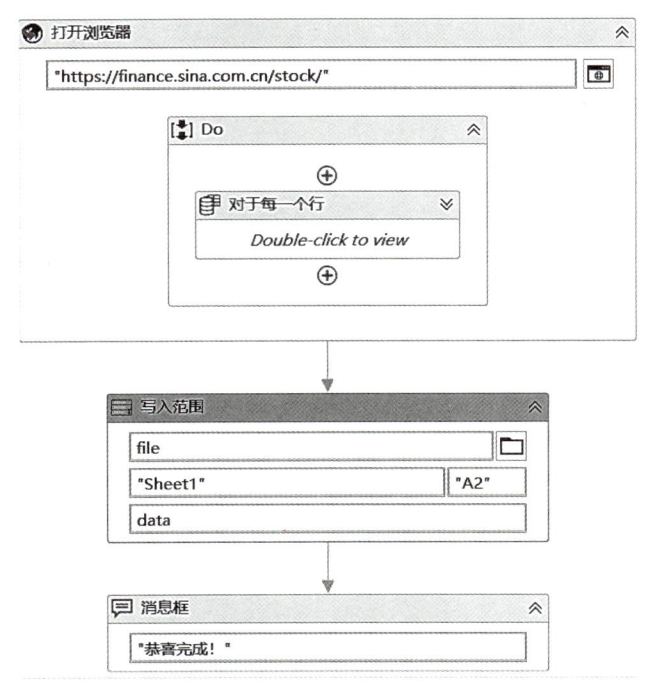

图 5-35　数据写入

课后练习

一、单选题

1. ［打开浏览器］活动在 Web 自动化中经常用到，下列关于该活动的说法正确的是（   ）。
   A. 该活动的浏览器类型默认只能使用 IE 浏览器
   B. 该活动在使用 IE 浏览器之前需要打开扩展程序
   C. 该活动默认只能使用谷歌浏览器
   D. 该活动在使用谷歌浏览器之前需要打开扩展程序

2. 当我们想要在网页的搜索框中输入信息时，可以用到 UiPath 中的（   ）活动。
   A. ［输入对话框］   B. ［输入信息］
   C. ［读取文本文件］   D. ［选择文件］

3. 图 5-36 属于结构化的数据表，想要使用 RPA 机器人抓取数据，最优的方式是（   ）。

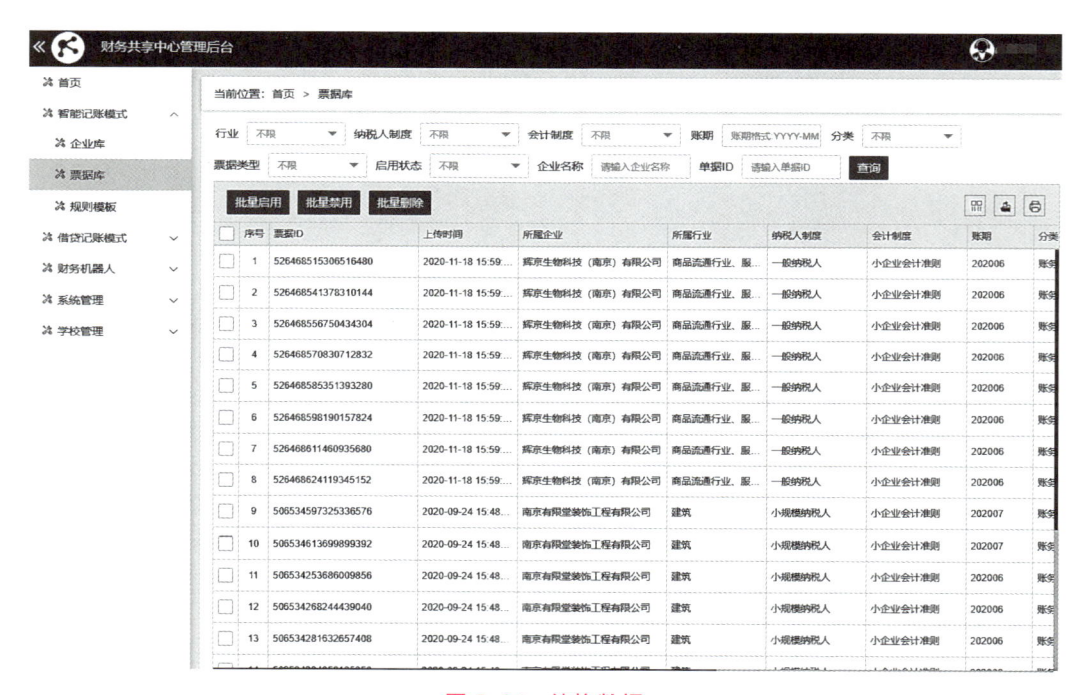

图 5-36　结构数据

   A. 屏幕抓取—全文   B. 屏幕抓取—OCR
   C. 数据抓取   D. 屏幕录制

二、多选题

1. ［打开浏览器］活动在 Web 自动化中经常用到，下列关于该活动的说法错误的有（   ）。

A. 该活动的浏览器类型默认只能使用 IE 浏览器

B. 该活动在使用 IE 浏览器之前需要打开扩展程序

C. 该活动默认只能使用谷歌浏览器

D. 该活动在使用谷歌浏览器之前需要打开扩展程序

2. 下列关于在程序开发过程中使用[单击]活动的表述中,正确的有(　　)。

A. 被单击的界面要提前打开　　　　B. 被单击的界面不需要提前打开

C. 单击是模拟鼠标的 Activity　　　　D. 单击是模拟键盘的 Activity

三、判断题

1. 在使用 UiPath 中的[打开浏览器]活动打开浏览器网页时,如果在活动属性中不选择浏览器类型,机器人默认使用 Chrome 浏览器打开网页。(　　)

2. 在使用 UiPath 中的[打开浏览器]活动打开浏览器网页时,如果在活动属性中不选择浏览器类型,机器人默认使用 IE 浏览器打开网页。(　　)

3. 使用 RPA 读取 Excel 工作簿中 Sheet1 的所有数据可以使用[获取文本]活动。(　　)

四、操作题

请开发一个创业板股票数据抓取机器人,使其能够抓取新浪网站上创业板所有股票实时行情数据,并保存在指定的 Excel 表中。

思政园地

资料来源：节选自人民网 2023 年 6 月 15 日发表的文章《业界：企业财务管理须加速数字化转型》。

近年来，企业的线下业务快速向线上转移，经营模式加速进入业务数字化和智能化阶段，财务人员的数字化转型需求更加迫切。如何推进财务管理的数字化转型，成为行业关注的焦点。

日前，中国企业财务管理协会会长李永延在"第六届中国企业财务管理创新与发展论坛"上表示，财务人员需要积极面对大数据等技术带来的转型挑战，多学习新技术、新知识、新方法，成为企业转型的引领者，形成企业发展的新财务竞争力，为企业创造更大的价值。

中国石油集团公司总会计师刘跃珍介绍说，中石油建立了多个数字化平台，包括业财融合价值管理平台、全球财务共享服务平台等。借助这些平台，财务人员在推动企业业财融合中发挥重要作用。同时，财务共享平台将两万余名财务人员的工作批量化、集约化到不到两千名财务人员的财务共享中心完成，促进效率大幅提升，并实现低碳、安全化运营。

浪潮集团首席财务专家陈琳则认为，数字化是财务转型的第一驱动力，可以帮助新财务实现落地和带来实效。财务工作已经不再局限在传统的业务范围，而是跨越财务和业务之间的界限，甚至跨越企业和行业的边界，向外部提供服务。

据了解，"数字化审计师"项目也在论坛上被正式发布。南京审计大学教授陈丹萍表示，"数字化审计师"项目致力于深入解析企业内部审计在大数据环境下的蜕变与应对，将审计专业知识与信息化技术在企业实践中的实际应用有机结合，着力于培养能够了解和应对数字化审计环境、创新审计流程、提升审计工作效率的新一代数字化审计人才。

模块六

RPA 财务机器人综合实战

知识目标

1. 掌握网银付款机器人，编制账龄底稿机器人和汇率维护机器人可行性分析的方法
2. 掌握网银付款机器人，编制账龄底稿机器人和汇率维护机器人流程设计与程序开发的方法

能力目标

1. 能梳理业务流程，设计机器人流程图，确保在开发之前找到并清除潜在的问题
2. 能开发 RPA 机器人，自动完成业务流程
3. 能监控机器人运行，如遇到失败的情况，确保可以复核程序，查找原因，形成分析报告和提出修改建议

素养目标

1. 具备良好的服务意识和沟通能力
2. 具备良好的自主学习能力和实操能力
3. 具备正确的数据思维，良好的逻辑能力

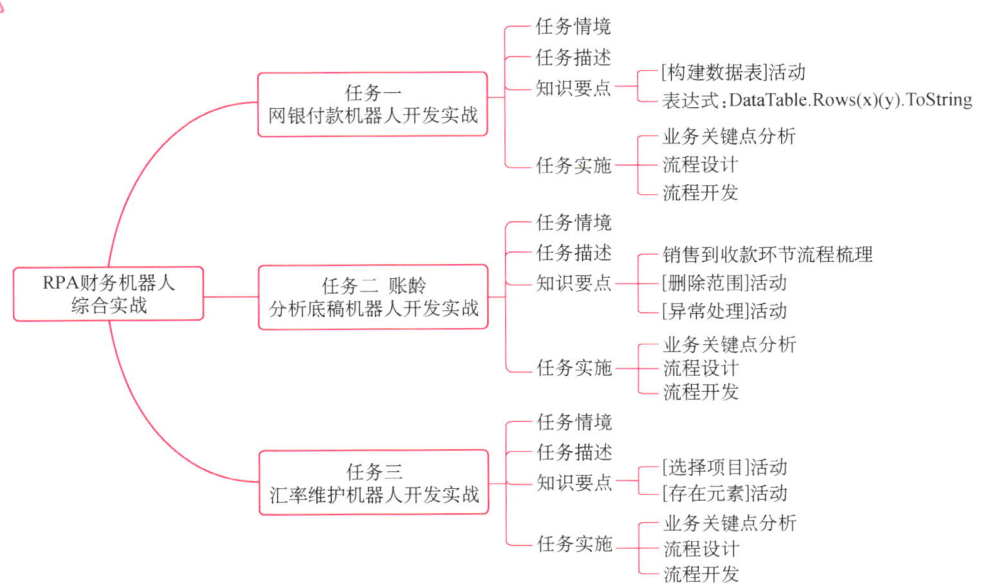

思维导图

```
                            ┌─ 任务情境
                            ├─ 任务描述
                            ├─ 知识要点 ──┬─ [构建数据表]活动
              ┌ 任务一          │          └─ 表达式：DataTable.Rows(x)(y).ToString
              │ 网银付款机器人开发实战 ─┤
              │                └─ 任务实施 ──┬─ 业务关键点分析
              │                              ├─ 流程设计
              │                              └─ 流程开发
              │
              │                ┌─ 任务情境
              │                ├─ 任务描述
              │                ├─ 知识要点 ──┬─ 销售到收款环节流程梳理
RPA财务机器人 ─┤ 任务二 账龄        │          ├─ [删除范围]活动
综合实战       │ 分析底稿机器人开发实战 ─┤          └─ [异常处理]活动
              │                └─ 任务实施 ──┬─ 业务关键点分析
              │                              ├─ 流程设计
              │                              └─ 流程开发
              │
              │                ┌─ 任务情境
              │                ├─ 任务描述
              │                ├─ 知识要点 ──┬─ [选择项目]活动
              └ 任务三           │          └─ [存在元素]活动
                汇率维护机器人开发实战 ─┤
                               └─ 任务实施 ──┬─ 业务关键点分析
                                             ├─ 流程设计
                                             └─ 流程开发
```

项目导读：前沿资讯

资料来源：节选自兴业银行官网《兴业银行RPA流程机器人获"十佳金融科技创新奖"》。

近日，由《银行家》杂志、中国社科院金融研究所、中央财经大学共同举办的"2021中金融创新论坛"落幕，兴业银行RPA流程机器人再获"十佳金融科技创新奖"。

2017年9月，兴业银行探索引进RPA技术，将其确定为金融科技八大技术方向之一，并在"1234"发展战略指引下，建设了以RPA为主要技术的虚拟劳动力平台——金田螺流程机器人平台，通过集团内应用推广、宣传培训、RPA技术研究支持、各类资源投入等，积极构建全行学习和应用RPA的生态圈。目前金田螺流程机器人平台已上线流程300多条，部署机器人数量1200多个，覆盖了集团内14个总行部门、境内外所有分行（45家）、6家子公司和10余家外部同业客户，应用于零售金融、企业金融、同业与金融市场三大业务条线，以及运营管理、行政保卫、风险管理等中后台管理场景。作为首批应用落地RPA的金融机构，兴业银行RPA在场景覆盖、机器人数量、技术应用管理与创新等方面均处于国际领先水平。据统计，兴业银行RPA流程机器人每年能够节省工时超50万小时，替代执行业务笔数超3000万笔，为全行近10%的员工提供服务，将宝贵的人力资源从繁重枯燥的操作工作中解放出来，尤其在助力拓客营销、智能交易投资、提升客户体验、基层减负增效、风险合规管控等方面发挥了显著效能，已成功为兴业银行提供了一条新的可持续、符合其发展需要的信息化、数字化转型途径。除此之外，兴业银行RPA流程机器人也积极响应"十四五"战略规划，积极履行社会责任，持续将先进技术向外部输出，目前已为10余家中小银行、非银机构、政府部门提供RPA技术服务，助力行业数字化转型。未来，兴业银行RPA流程机器人将以"构建连接一切的能力，打造最佳生态赋能银行"为目标，更深入地运用人工智能技术结合RPA技术，通过RaaS赋能业务，整合数字员工与业务人员进行流程重塑，实现端到端的超级自动化，加快科技赋能业务，加速推进兴业银行数字化转型。

任务一　网银付款机器人开发实战

任务情境

小明在北京加旺电器有限公司实习期间，每个月都要将所有部门的付款申请单放到同一文件夹中，并登录如图6-1所示的交通银行网银系统（5年内没有系统升级的计划），将每一张付款申请单上的关键信息（包括收款方所在银行、收款账号、收款户名、汇款金额及摘要）录入网银系统中，如图6-2所示。每个部门的付款申请单都是格式统一的Excel文件，如图6-3所示。公司每月的付款申请单有600~1000份，手工录入每份付款申请单需要

2分钟,小明每个月都需要花费20～33小时专门完成这项工作。此外,小明还要频繁切换登录不同银行的网银系统进行付款操作。

登录模拟网址：http://ebank-rpa.netinnet.cn/jh_bank/login

虚拟银行账户：11001010400130586430

虚拟密码：123456

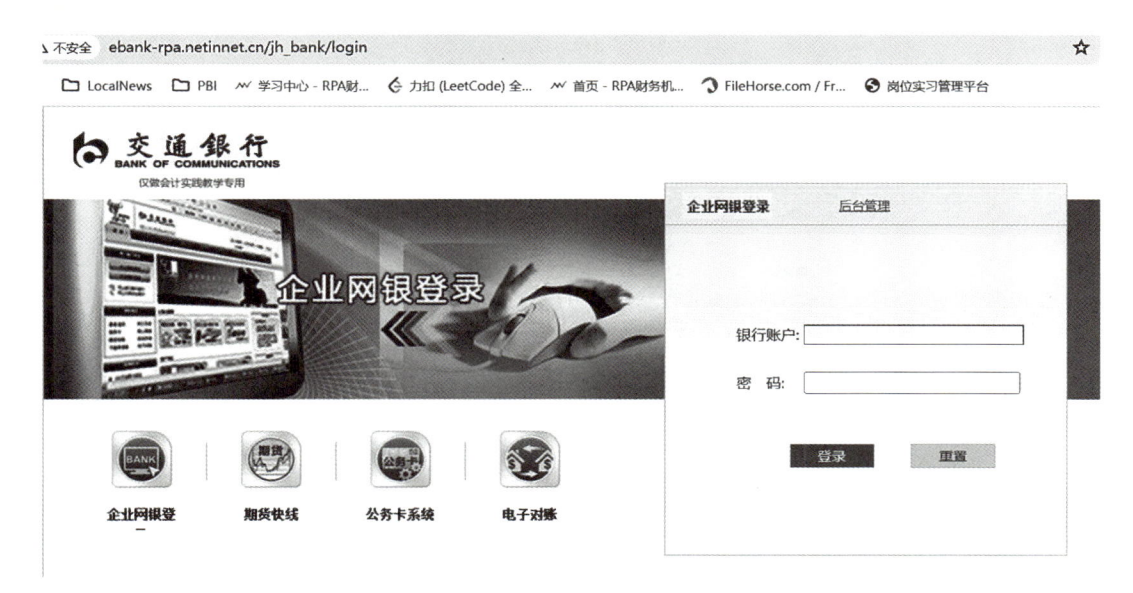

图 6-1　交通银行网银系统界面(模拟)

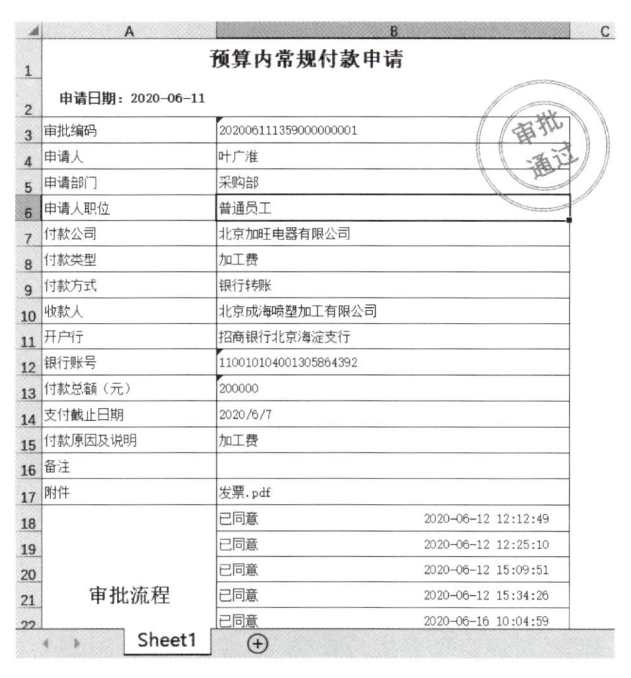

图 6-2　付款申请单

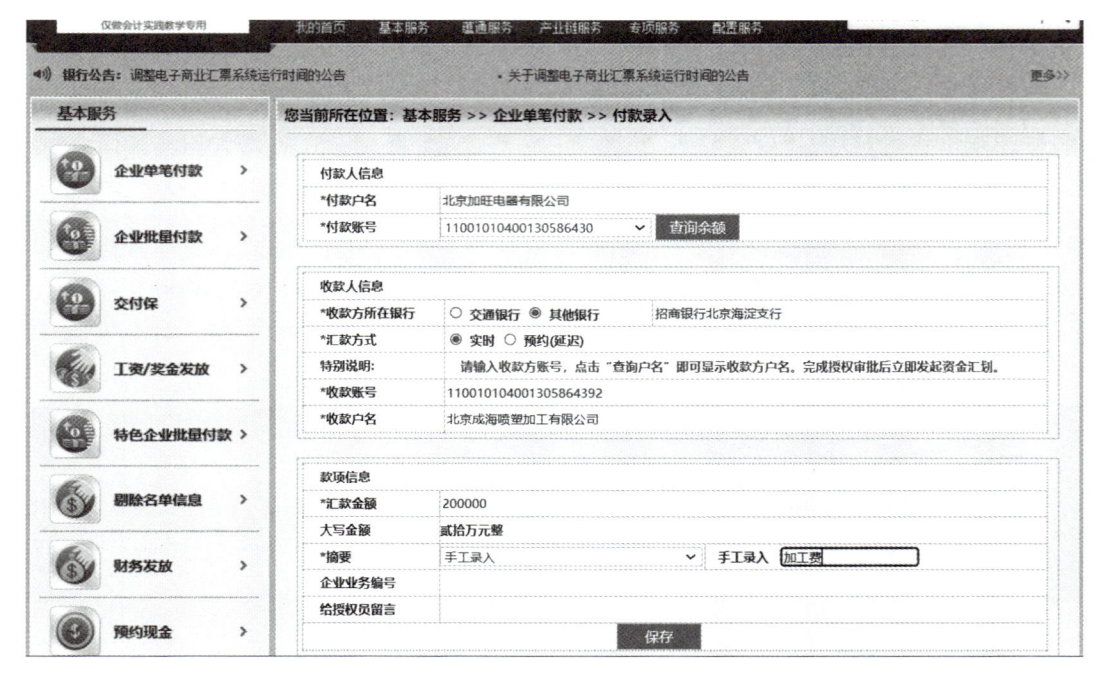

图 6-3 填写网银系统付款页面

任务描述

小明要完成所有部门的付款业务,不仅操作烦琐耗时,效率还低。实际上,许多财务人员都和小明一样,经常需要面对大量重复性高、规则固定的工作。RPA 机器人能以自动化替代手工操作,辅助财务人员完成交易量大、重复性高、易于标准化的基础业务,从而优化工作流程,提高业务处理效率和质量。

知识要点

目前 RPA 正广泛应用于采购到付款、总账到报表、销售到收款、税务管理、资金管理等常见财务流程。

(1) 采购到付款:RPA 可以自动完成供应商对账、供应商资质审核、供应商信息维护、采购付款等采购到付款相关的业务,提高采购效率,降低采购风险。

(2) 总账到报表:RPA 可以自动完成往来核对、期末结账、挂账清理、凭证生成、审核等总账相关的业务,提高总账准确性,优化财务报告。

(3) 销售到收款:RPA 可以自动完成订单管理、商户对账、返利管理等销售到收款相关的业务,提高收款效率,降低坏账风险。

（4）税务管理：RPA可以自动完成纳税申报、税务差异核对、发票验真、增值税发票开具等税务相关的业务，提高税务合规性，减少税务成本。

（5）资金管理：RPA可以自动完成银企对账、收付款处理、资金报表编制等资金相关的业务，提高资金使用效率，降低资金风险。

一、[构建数据表]活动

[构建数据表]（BuildDataTable）活动的作用是根据指定架构在系统内创建一个数据表，并创建变量存储该数据表的内容，以便流程中其他环节使用，如图6-4所示。此活动所建立的数据表以变量形式存储于系统内存，不会展示在人机交互界面。如果需要将数据表写入Excel工作簿中，则需要使用[写入范围][附加范围]等活动。

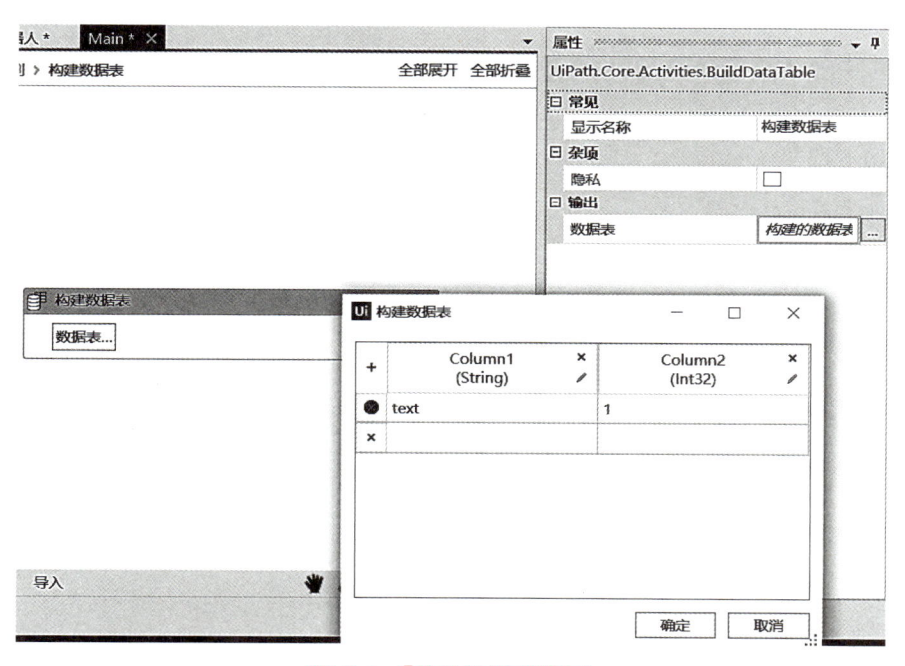

图6-4　[构建数据表]活动

二、表达式：DataTable.Rows(x)(y).ToString

此表达式的作用是获取数据表的某行某列单元格的值，并将其转换为字符串格式。

表达式：
DataTable.Rows(x)(y).ToString

任务实施

一、业务关键点分析

网银付款录入工作重复且烦琐，耗时且枯燥，业务要求的准确性较高。财务人员需要手动下载"预算内付款申请单.xlsx"文件,并保存在同一文件夹内,还要针对每一张付款申请单登录到网银系统,将申请单上的信息逐一填写到网银系统付款页面中。网银付款流程中执行录入的动作是高度重复的,并且录入的流程清晰明确,无须人为进行主观判断。每月的付款申请单数量很大,网银付款操作频率很高。此外,网银系统稳定,5年内不会升级,界面元素更新频率很低。因此,网银付款操作非常适合用RPA来实现业务流程的自动化。

二、流程设计

根据任务情境和任务描述,设计 RPA 流程如图 6-5 所示。

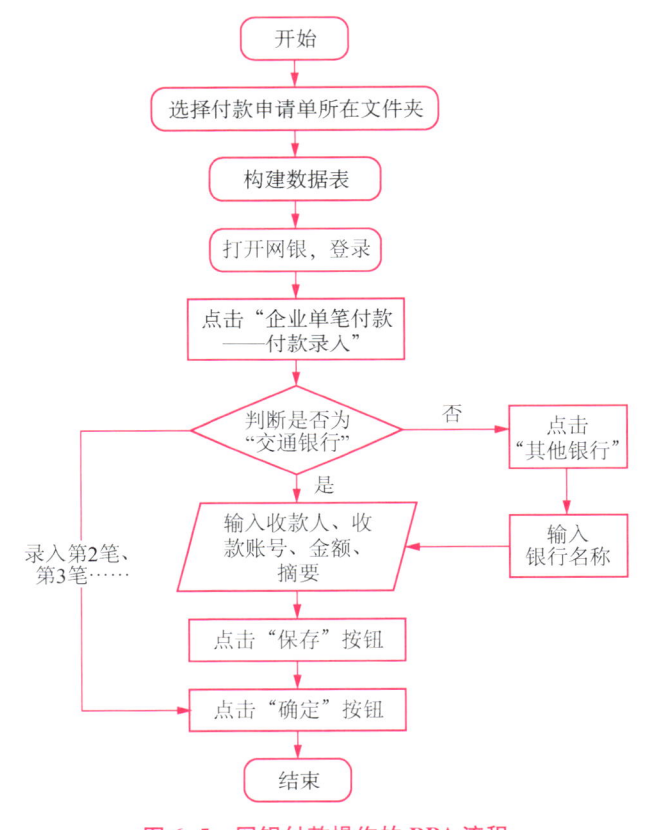

图 6-5 网银付款操作的 RPA 流程

三、流程开发

新建一个空白流程并命名为"RPA 财务综合应用",新建序列名为"网银付款机器人"。在活动面板中搜索[消息框]和[选择文件夹]活动,拖拽至此序列内,提示用户选择预算内常规付款申请表所在的文件夹,如图 6-6 所示。

图 6-6　选择申请表所在的文件夹

在[选择文件夹]活动下方添加[分配]活动,获取指定文件夹内所有文件路径,在左侧输入框内创建变量 files,在右边的输入框中输入表达式:Directory.GetFiles(folder," * "),表示获取 folder 文件夹下所有文件,并将所有文件的路径存放到变量"files"中;设置 files 的变量类型为字符串数组类型,如图 6-7 所示。

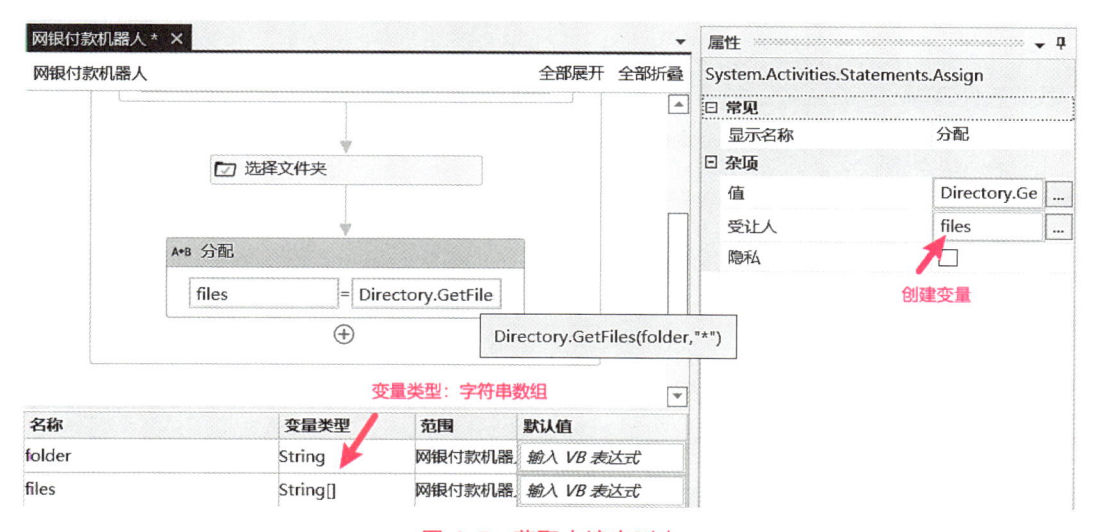

图 6-7　获取申请表列表

在[分配]活动下方添加[构建数据表]活动,点击"数据表"创建需要的数据表标题,类型全部修改为"String"类型,在"输出"—"数据表"处创建变量 data_数据表,如图 6-8 所示。

在[构建数据表]活动下方添加[遍历循环]活动,输入变量 files;在[遍历循环]活动的"正文"中添加工作簿下的[读取范围]活动;在工作簿路径中输入变量 item.Tostring,工作表为"Sheet1",范围为"A1";在属性面板"输出"—"数据表"栏创建变量 data_付款申请,取消勾选"添加标头";在变量面板中,修改变量 data_付款申请的范围为"网银付款机器人",如图 6-9 所示。

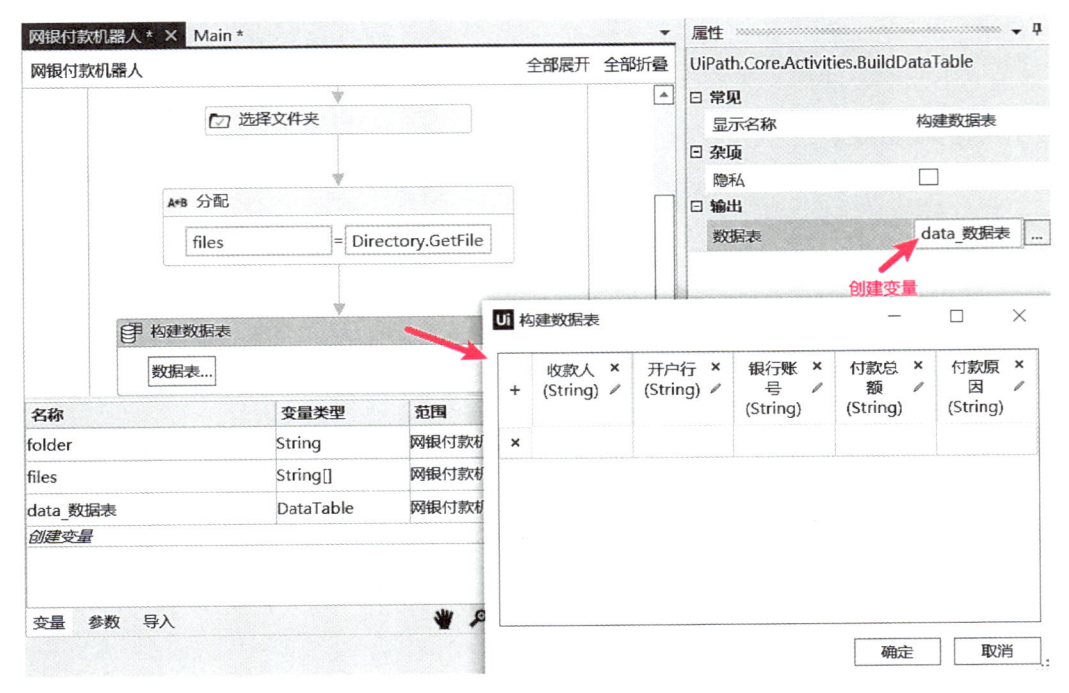

图 6-8 构建数据表

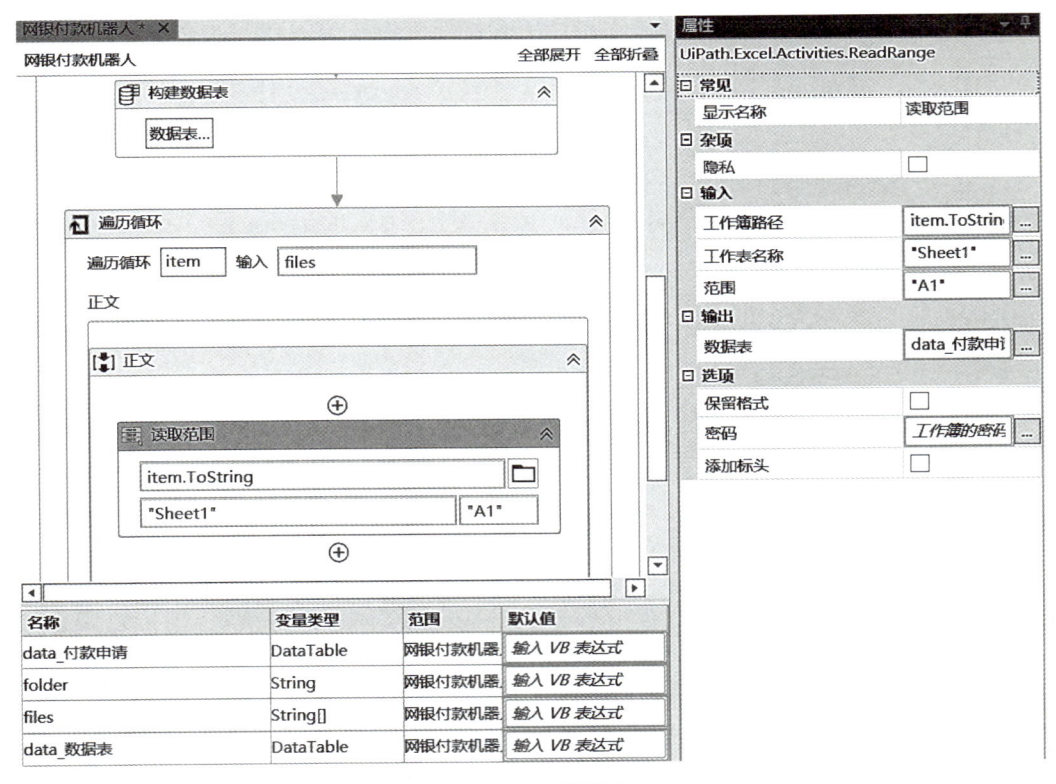

图 6-9 遍历循环

在[遍历循环]活动的"正文"中,[读取范围]活动下方添加[分配]活动,在变量面板中创建变量"付款信息",并修改变量类型为"String[]";付款信息={data_付款申请.rows(9)(1).ToString,data_付款申请.rows(10)(1).ToString,data_付款申请.rows(11)(1).ToString,data_付款申请.rows(12)(1).ToString,data_付款申请.rows(14)(1).ToString},如图6-10所示。

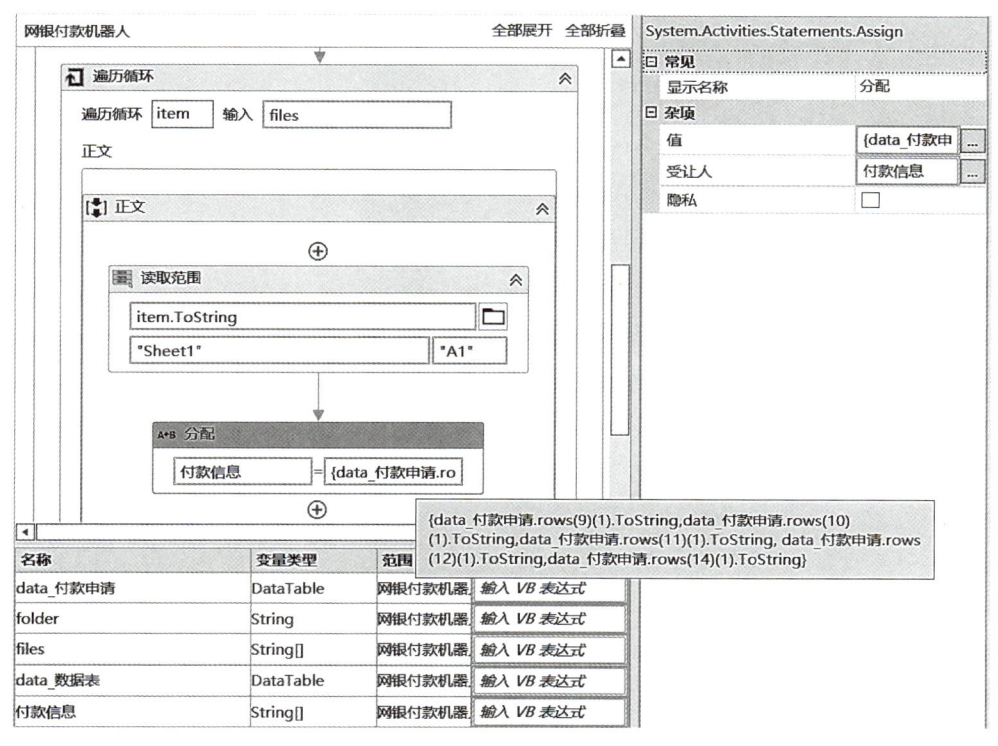

图6-10 分配

在[遍历循环]活动的"正文"中,[分配]活动下方添加[添加数据行]活动;在属性"输入"—"数据表"处输入变量data_数据表,"输入"—"数组行"位置输入变量付款信息,如图6-11所示。

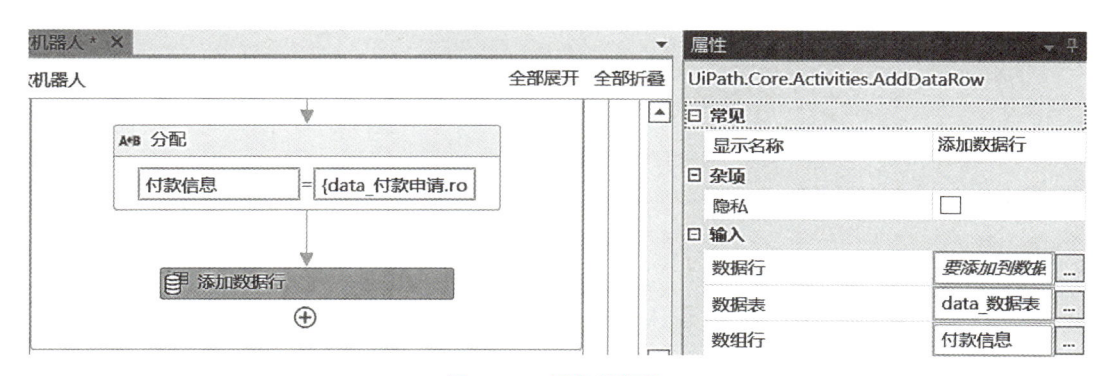

图6-11 添加数据行

在计算机桌面上打开交通银行模拟网址 http://ebank-rpa.netinnet.cn/jh_bank/login，回到 UiPath 设计器，在[遍历循环]活动下方添加[打开浏览器]活动，输入网银地址"http://ebank-rpa.netinnet.cn/jh_bank/login"，在属性"输入"—"浏览器类型"处选择"Chrome"。在[打开浏览器]活动的"Do"中添加[最大化窗口]活动；在[最大化窗口]活动下方添加[输入信息]和[单击] 2 个活动；在指定框内分别输入银行账户"11001010400130586430"，密码"123456"，单击"登录"，如图 6-12 所示。

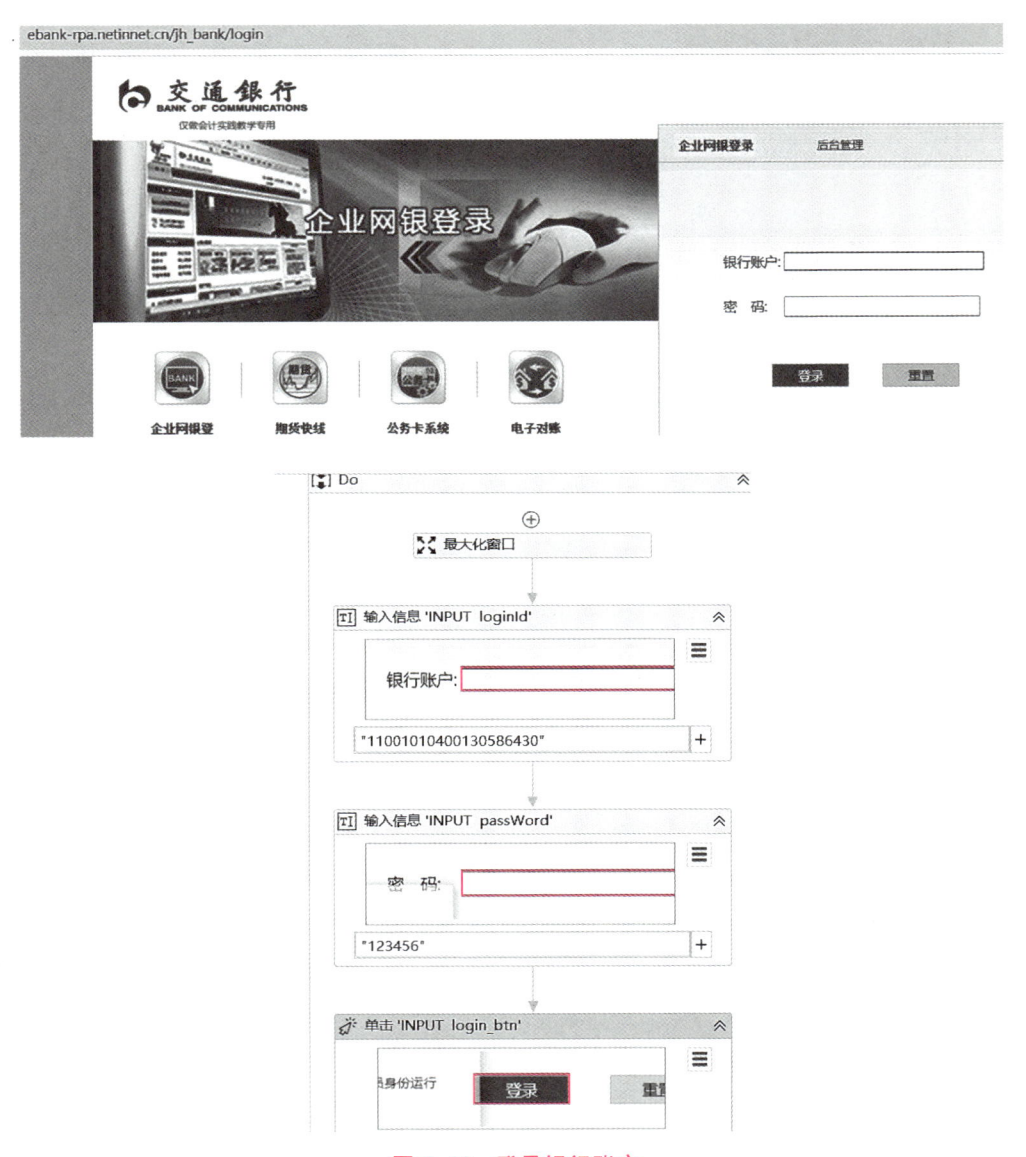

图 6-12　登录银行账户

手动打开交通银行登录页面，输入银行账户和密码，点击"登录"，到达企业信息页面。回到 UiPath 设计器，在[打开浏览器]活动的"Do"中[单击]活动下方再添加 2 个[单击]活动;参照上一步的设置方法,分别设置"企业单笔付款"和"付款录入"按钮,如图 6-13 所示。

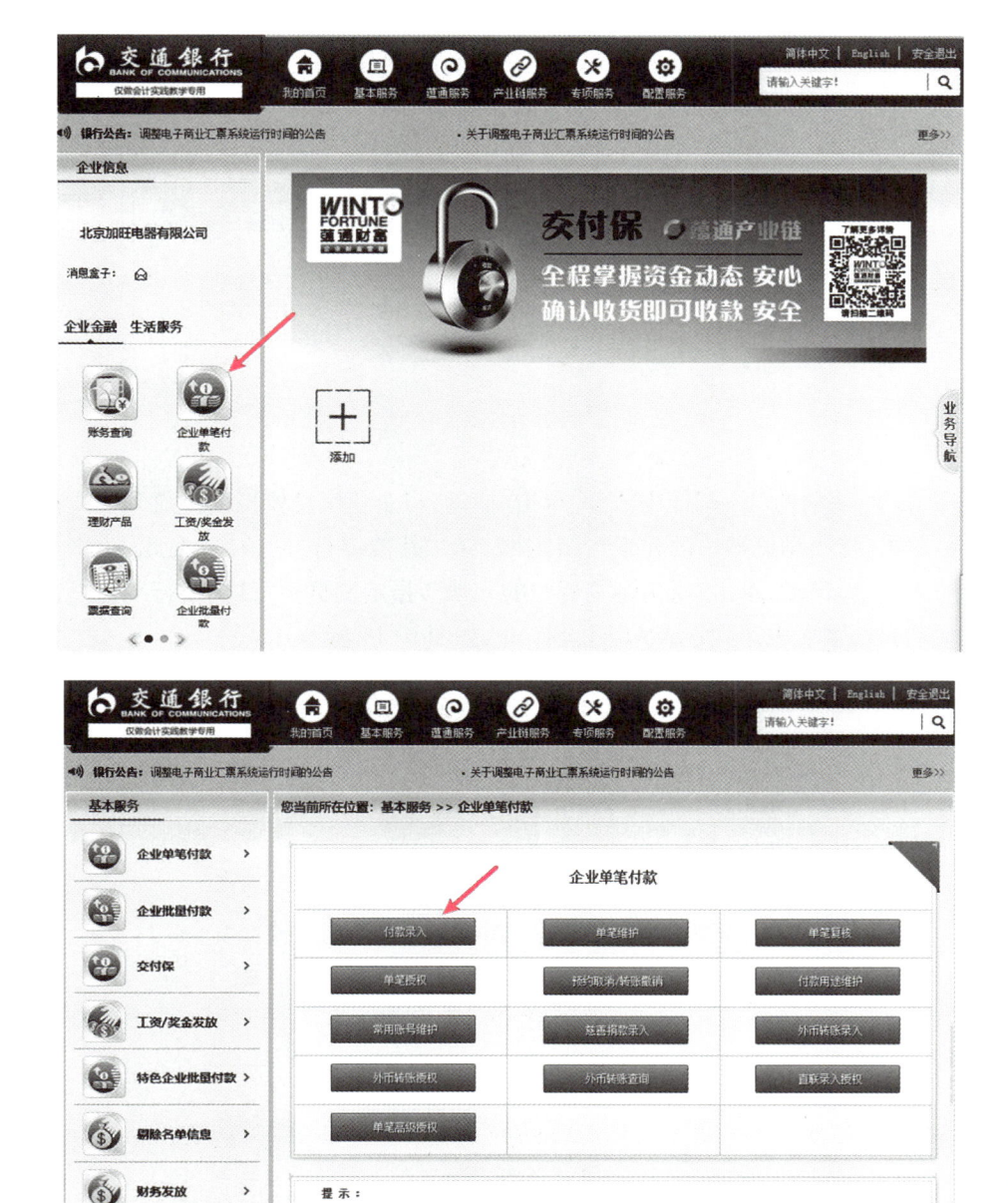

图 6-13 进入付款页面

在付款录入[单击]活动下方添加[对于每一个行]活动;在活动界面的"输入"中输入变量 data_数据表;在[对于每一个行]活动"正文"当中添加[IF 条件]活动,条件处输入 row(1).ToString.Contains("交通银行"),如图 6-14 所示,从而判断开户行名称是否包含"交通银行"四个字。

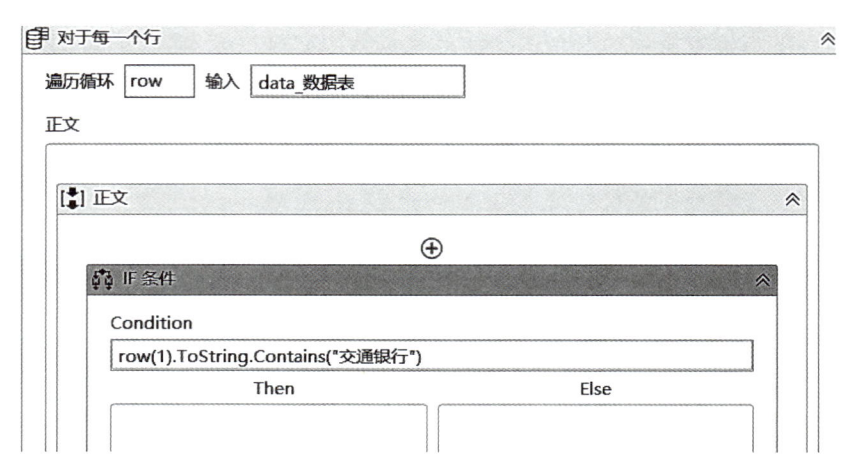

图 6-14　判断开户行是否是交通银行

在[IF 条件]活动的"Else"框中添加[单击]活动；将企业信息模拟网页放到 UiPath 设计器下一层，单击"指出浏览器中的元素"，指定网页中"其他银行"的位置；在此[单击]活动下方添加[输入信息]活动，单击"指出浏览器中的元素"，指定网页中"其他银行"的位置；在[输入信息]活动界面输入表达式：row(1).ToString，如图 6-15 所示。

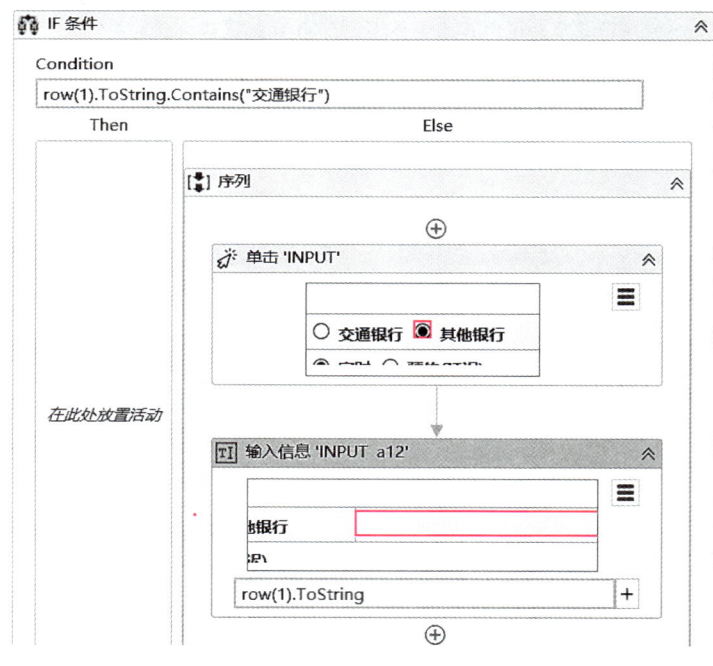

图 6-15　输入银行信息

在[对于每一个行]活动"正文"当中的[IF 条件]活动下方添加 4 个[输入信息]活动；依次单击"指出浏览器中的元素"，指定"收款户名""收款账号""汇款金额""摘要"输入框的位置；在 4 个[输入信息]界面依次输入表达式：row(0).ToString；row(2).ToString；row(3).

ToString;row(4).ToString;在 4 个[输入信息]活动后添加[单击]活动,点击"保存"按钮,如图 6-16 所示。

在保存[单击]活动下方再添加[单击]活动,指定弹出的信息提示窗口中"确定"按钮的位置,如图 6-17 所示。

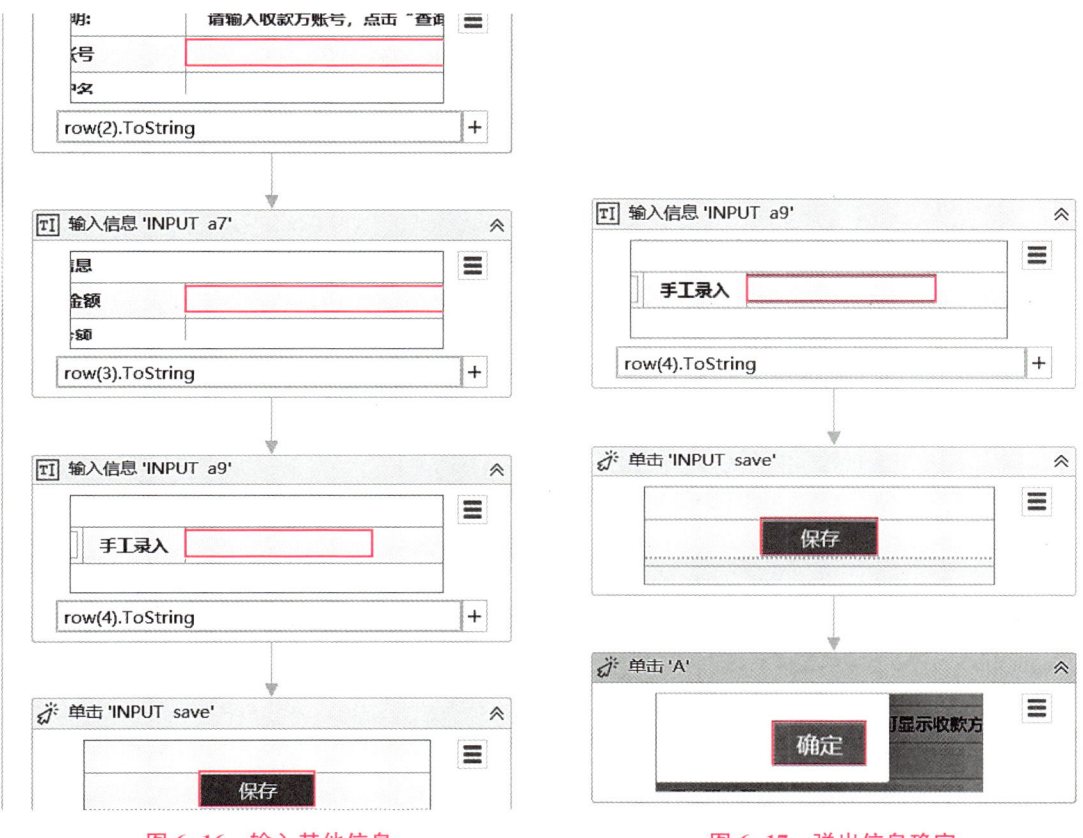

图 6-16 输入其他信息

图 6-17 弹出信息确定

在[打开浏览器]活动下方添加[消息框]活动,提示用户完成所有信息的输入。点击"运行",机器人自动将每张预算内常规付款申请单上的数据自动填写到交通银行付款网页中并保存。

任务二　账龄分析底稿机器人开发实战

任务情境

北京加旺电器有限公司有 10 多家子公司,客户数量众多,其往来款项明细账有固定的格式(分期初余额、本期增加额、本期减少额、期末余额),而且账龄分析规则固定。每一家公司都需要进行大量的往来账龄分析,包括应收账款、预收账款、应付账款、预付账款、其他应收款、其他应付款等。财务实习生小明负责编制账龄分析底稿,从账套中导出往来款项明细账,然后将近3年的明细账汇总到一张工作底稿中,再根据规则,判断各个账龄期间的金额。账龄分析底稿编制的工作量大,公式比较复杂,容易出错。而且每一家子公司都要编制账龄分析底稿,如果进行了调账,就要重新编制,耗费小明大量时间和精力。图6-18为北京加旺电器有限公司2021—2023年的往来账龄汇总资料。

图6-18　2021—2023年往来账龄汇总资料

任务描述

小明要设计一个编制账龄分析底稿机器人,使其能够从财务账套中导出往来款项余额表,读取近3年的余额表数据,删除重复数据,重分类借方和贷方发生额,计算各期应收账款,并将它们汇总到同一张工作底稿中,自动生成账龄分析结果。

具体编制过程如下:2021年、2022年、2023年的客户名称与客户数量不同,行次无法一一对应,因此不能直接进行复制粘贴,需要先汇总出客户名称,粘贴至"汇总底稿"中,然后从"汇总底稿"第一行的客户名称开始,查找"2021年余额表""2022年余额表""2023年余额表",找到对应的数值并复制粘贴到"汇总底稿"对应的位置中。当没有找到时,该值设为0,以此类推,直到全部查找完毕。各账龄期间划分的具体规则如图6-19所示。

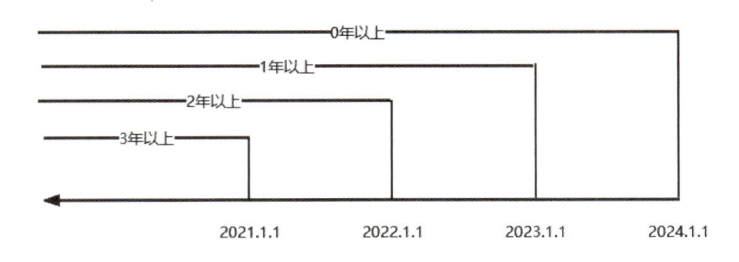

图 6-19 账龄期间划分

说明：3 年以上账龄的金额＝3 年以上账龄的金额

2～3 年账龄的金额＝2 年账龄以上的金额－3 年账龄以上的金额

1～2 年账龄的金额＝1 年账龄以上的金额－2 年账龄以上的金额

1 年以内账龄的金额＝0 年账龄以上的金额(期末余额)－1 年账龄以上的金额

假设前提：各期间收取的款项先冲减最早的应收账款。

(1)"2021 年期初余额>0"时，以后各期的收款会减少应收账款。当 2021 年期初余额－累计收款(贷方)发生额>0 时，代表 2021 年之前的应收账款尚未全部收取，3 年以上账龄金额＝2021 年期初余额－累计收款(贷方)发生额。否则，2021 年之前的应收账款已全部收回，3 年以上账龄的金额为 0。

(2)"2021 年期初余额≤0"时，实际为预收账款，以后发生的应收账款将会减少预收账款。当 2021 年期初余额＋累计应收(借方)发生额<0 时，代表 2021 年之前的预收账款尚未全部结算，3 年以上账龄金额＝2021 年期初余额＋累计应收(借方)发生额，即仍然为预收账款。否则，2021 年之前的预收账款已经全部结算，3 年以上账龄金额为 0。

(3)借方发生额、贷方发生额的重分类。当借方发生额<0 时，视同发生收款，应重分类为贷方发生额，此时借方发生额视为 0；同理，当贷方发生额<0 时，视同发生应收账款，应重分类为借方发生额，此时贷方发生额视为 0。

知识要点

一、销售到收款环节流程梳理

销售到收款环节包括往来核销、发票开具、收入确认、客户对账等业务。环节 RPA 机器人可以实现如下环节的自动化。

(1)自动入账：RPA 机器人从银行获取数据，基于规则判断是否为货款并生成收款单，自动下载并匹配银行回单生成记账凭证。

(2)往来核销：凭证自动生成后，如果有往来挂账，RPA 机器人根据往来核销规则自动关联核销。

(3)发票开具：RPA 机器人根据订单信息，抓取销售开票数据进行开票，发票开具后将开票信息传递至相关业务人员,通知其进行发票寄送。

(4)客户对账:RPA 机器人取得应收和实收数据,按照账号、打款备注等信息进行自动对账,向存在对账差异的客户发送对账提醒邮件。

(5)账龄分析:RPA 机器人根据账龄区间设置,自动生成账龄分析预警,推送经办人执行催收。

(6)坏账计提:RPA 机器人根据账龄计提比率,自动生成坏账计提,并自动生成凭证及数字化附件。

其中,账龄分析是指企业对应收账款、其他应收款按账龄长短进行分类,分析其可回收性,并确定应计提的坏账准备的过程。财务人员使用编制账龄分析底稿机器人,利用往来账龄分析等手段对应收账款进行管理,可以提高应收账款管理效率。

二、[删除范围]活动

[删除范围](DeleteRange)活动的作用是删除指定工作表指定范围内的数据,此活动必须放在[Excel 应用程序范围]活动内,如图 6-20 所示。

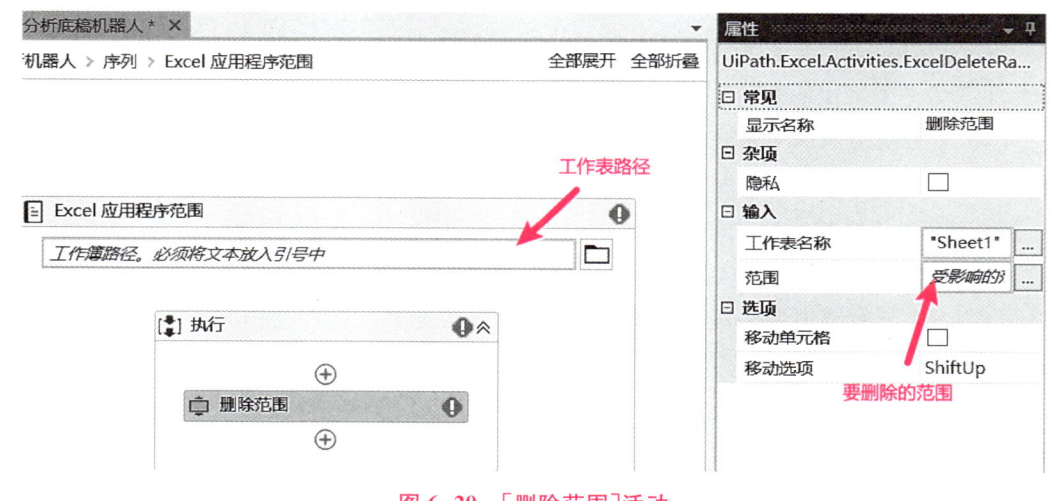

图 6-20 [删除范围]活动

三、[异常处理]活动

[异常处理](TryCatch)活动的作用是尝试捕获序列(sequence)或活动(activities)中的指定异常(exception)类型,并显示错误通知或取消通知后继续执行。将开发好的流程放入 Try 中,用 Catches 来接收错误信息。如果 Try 中没有出现异常,就不会进入 Catches。Finally 是 TryCatch 组件中一定会进入执行的动作,如图 6-21 所示。

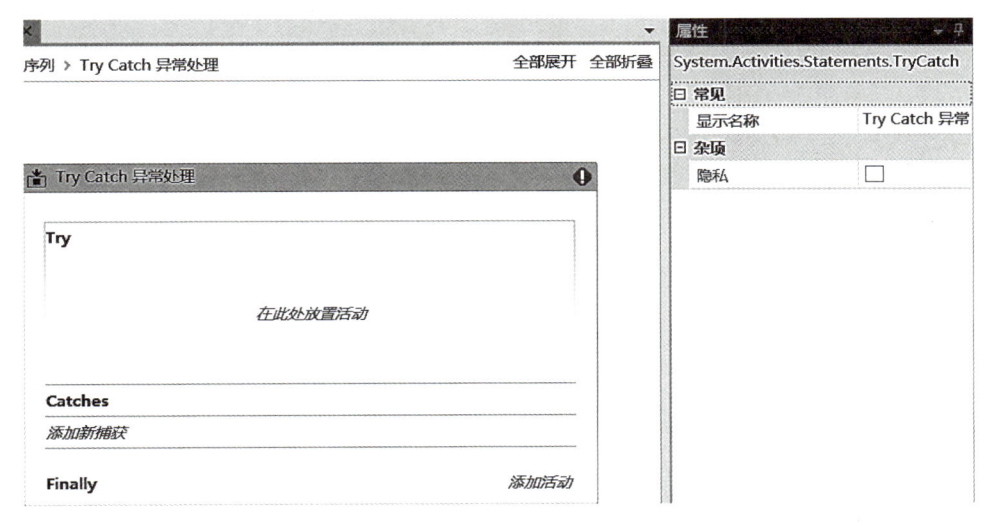

图 6-21 [异常处理]活动

任务实施

一、业务关键点分析

根据任务情境中对往来款项账龄分析的描述,确定该业务流程的关键点如下:计算工作量大,工作内容重复性高,并且数据量大,计算复杂,非常容易出错。

二、流程设计

根据任务情境和任务描述,解决业务中的关键点问题,设计 RPA 流程如图 6-22 所示。

三、流程开发

新建序列,命名为"编制账龄分析底稿机器人",在活动面板中搜索[消息框]活动拖拽至设计面板中,输入信息"请选择待处理的余额表数据:",提示用户选择余额表文件。在[消息框]活动下方添加[选择文件]活动,在其属性面板"输出"—"选择的文件"处创建变量 file,表示将用户选择的文件路径放入变量 file 中,如图 6-23 所示。

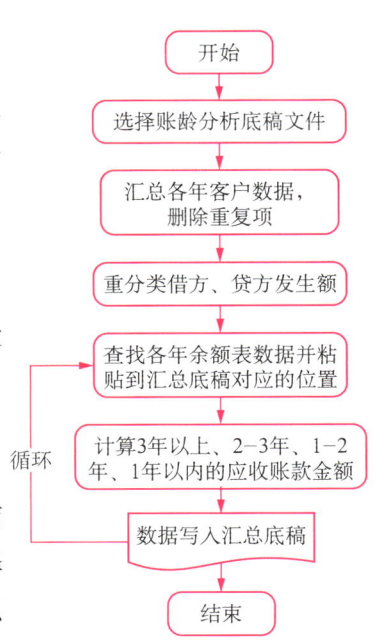

图 6-22 对往来款项账龄分析的 RPA 流程

图 6-23 选择余额表数据

在［选择文件］活动下方添加［Excel 应用程序范围］活动,在文件路径中输入变量"file"。在［Excel 应用程序范围］活动的"执行"中添加 3 个应用程序集成-Excel 下的［读取范围］活动,工作表名称依次为"21 年余额表""22 年余额表""23 年余额表",范围为"A1",在"属性"—"选项"中勾选"添加标头",在"属性"—"输出"中依次创建变量"余额表 21""余额表 22""余额表 23",并修改变量的范围为最大,如图 6-24 所示。

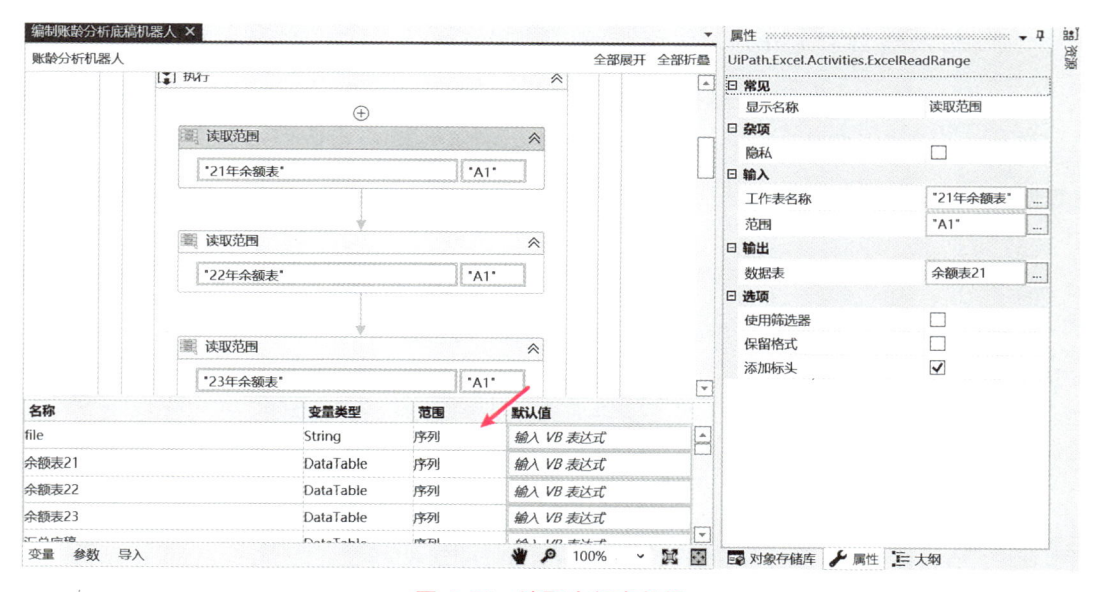

图 6-24 读取余额表数据

在读取 3 个余额表的［读取范围］活动的下方,添加［删除范围］活动,工作表名称为"汇总底稿",范围为"A2:ZZ100000",先删除汇总底稿标题下的所有数据,如图 6-25 所示。

在［删除范围］活动的下方添加 3 个应用程序集成-Excel 下的［附加范围］活动,工作表名称为"汇总底稿",依次输入变量余额表 21、余额表 22、余额表 23;在［附加范围］活动的下

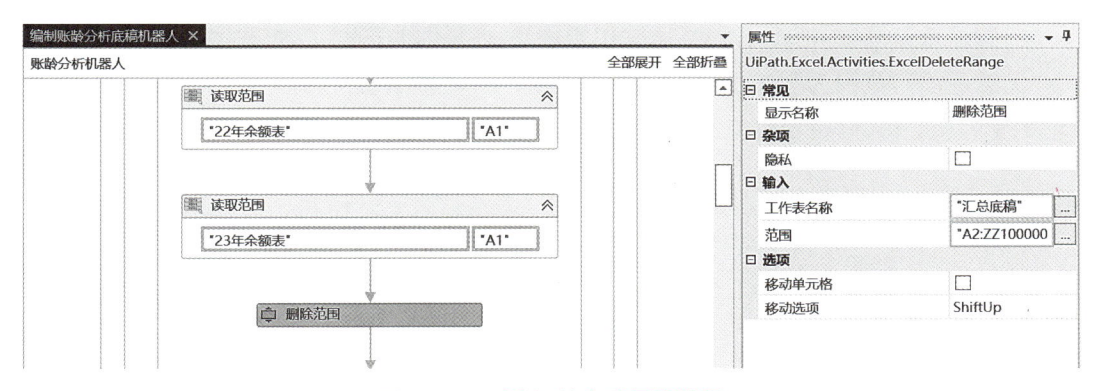

图 6-25　删除汇总底稿原始数据

方,添加应用程序集成-Excel 下的[删除范围]活动,工作表名称为"汇总底稿",范围为"B2:ZZ100000",将 3 年余额表客户名称写入汇总底稿,如图 6-26 所示。

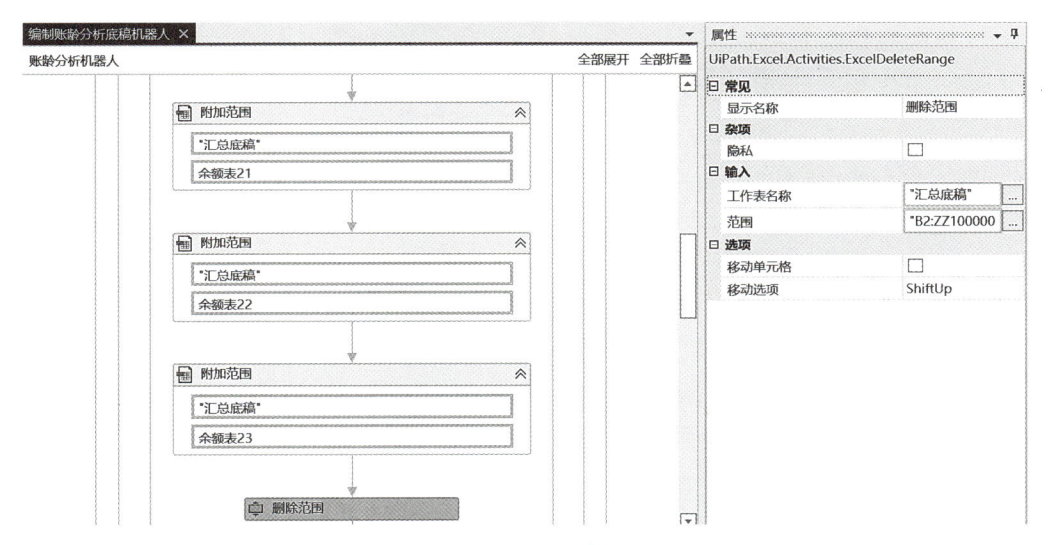

图 6-26　写入客户名称

在[删除范围]活动下方添加[删除重复范围]活动,工作表名称为"汇总底稿",范围为"A2:A100000",删除重复的客户名,如图 6-27 所示。

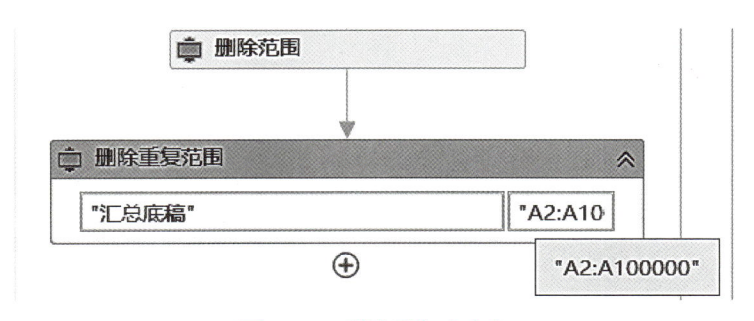

图 6-27　删除重复客户名

在［删除重复范围］活动下方添加应用程序集成-Excel下的［读取范围］活动，工作表名称为"汇总底稿"，范围为"A1"，在"属性"—"选项"中勾选"添加标头"，在"属性"—"输出"中创建变量汇总底稿，修改变量范围为最大，如图6-28所示。

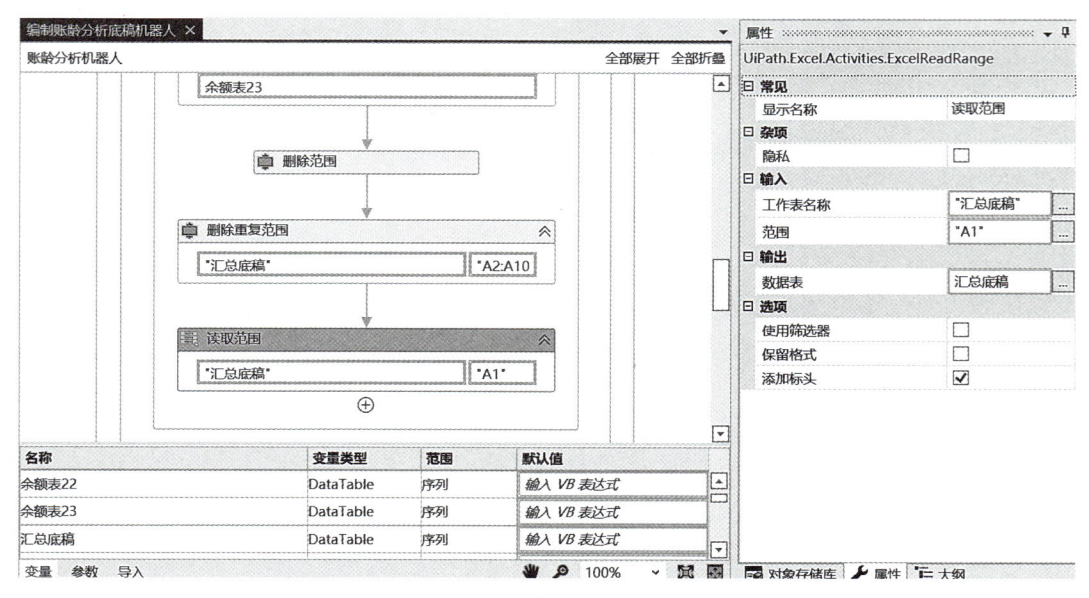

图 6-28　读取汇总底稿

在变量面板中创建变量"年初21""借方21""贷方21""年末21""借方22""贷方22""年末22""借方23""贷方23""年末23"，变量的类型均修改为"Double"，变量的范围修改为最大。在［Excel应用程序范围］活动下方添加［对于每一行］活动，输入变量汇总底稿。在［对于每一行］活动的"正文"中，添加［异常处理］活动，在Try中，添加［查找数据表］活动，在属性"查找列"—"列名称"中输入"客户名称"，在属性"输入"—"数据表"中输入变量余额表21，在属性"输入"—"查找值"中输入row("客户").ToString，在属性"目标列"—"列名称"中输入"年初余额"，在属性"输出"—"单元格值"中创建输入变量年初21。在Catchs中添加捕获，增加异常System.Exception，添加［分配］活动，"＝"左边输入变量年初21，"＝"右边输入0，如图6-29所示。

将此［异常处理］活动再复制9个，依次向下粘贴。修改第2至第4个［异常处理］活动的Try中［查找数据表］设置，将属性"目标列"—"列名称"中的变量依次改为"借方金额""贷方金额""年末余额"，在"输出"—"单元格值"中依次输入变量"借方21""贷方21""年末21"。

修改第5至第7个［异常处理］活动的Try中［查找数据表］设置，将属性"输入"—"数据表"中输入变量"余额表22"，修改属性"目标列"—"列名称"中依次输入"借方金额""贷方金额""年末余额"，在"输出"—"单元格值"中依次输入变量"借方22""贷方22""年末22"。

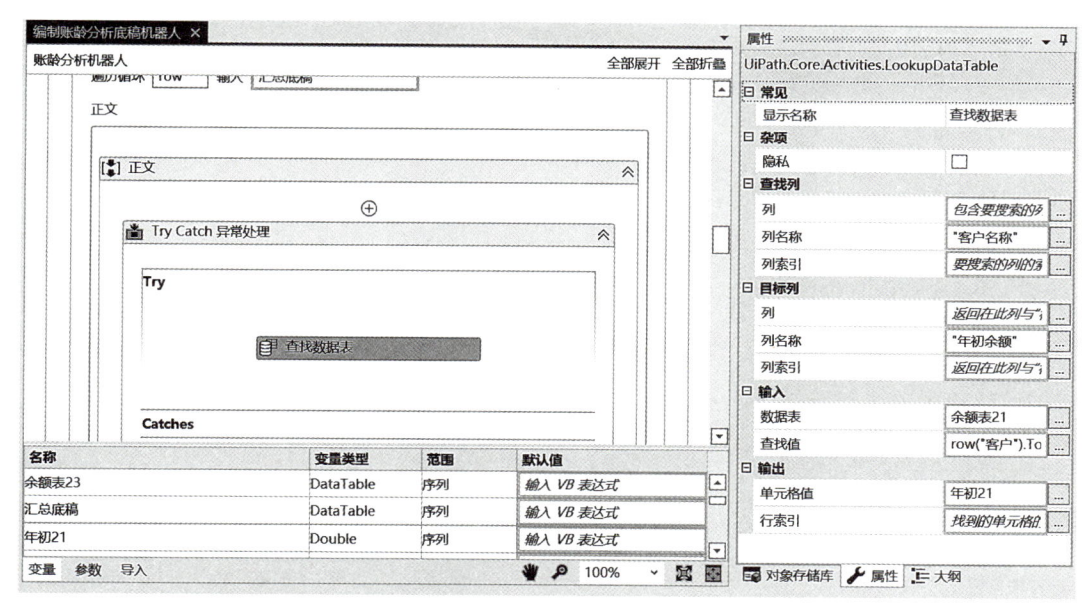

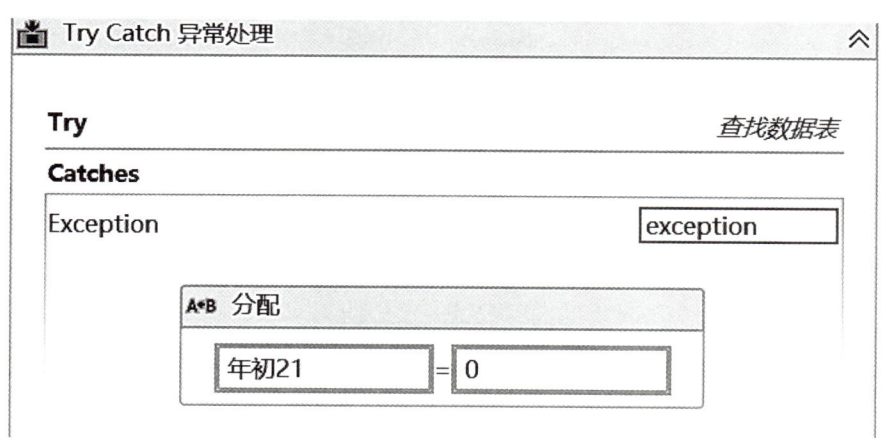

图 6-29 添加异常处理

修改第 8 至第 10 个[异常处理]活动的 Try 中[查找数据表]设置,将属性"输入"—"数据表"中输入变量"余额表 23",修改属性"目标列"—"列名称"中依次输入"借方金额""贷方金额""年末余额",在"输出"—"单元格值"中依次输入变量"借方 23""贷方 23""年末 23"。

在第 9 个[异常处理]活动的 Catchs 中修改[分配]活动设置,"="左边依次输入变量"借方 21""贷方 21""年末 21""借方 22""贷方 22""年末 22""借方 23""贷方 23""年末 23","="右边输入 0,如图 6-30 所示。

在[异常处理]活动下方添加 10 个[多重分配]活动,分别是:row(1)=年初 21,row(2)=借方 21,row(3)=贷方 21,row(4)=年末 21,row(5)=借方 22,row(6)=贷方 22,row(7)=年末 22,row(8)=借方 23,row(9)=贷方 23,row(10)=年末 23,如图 6-31 所示。

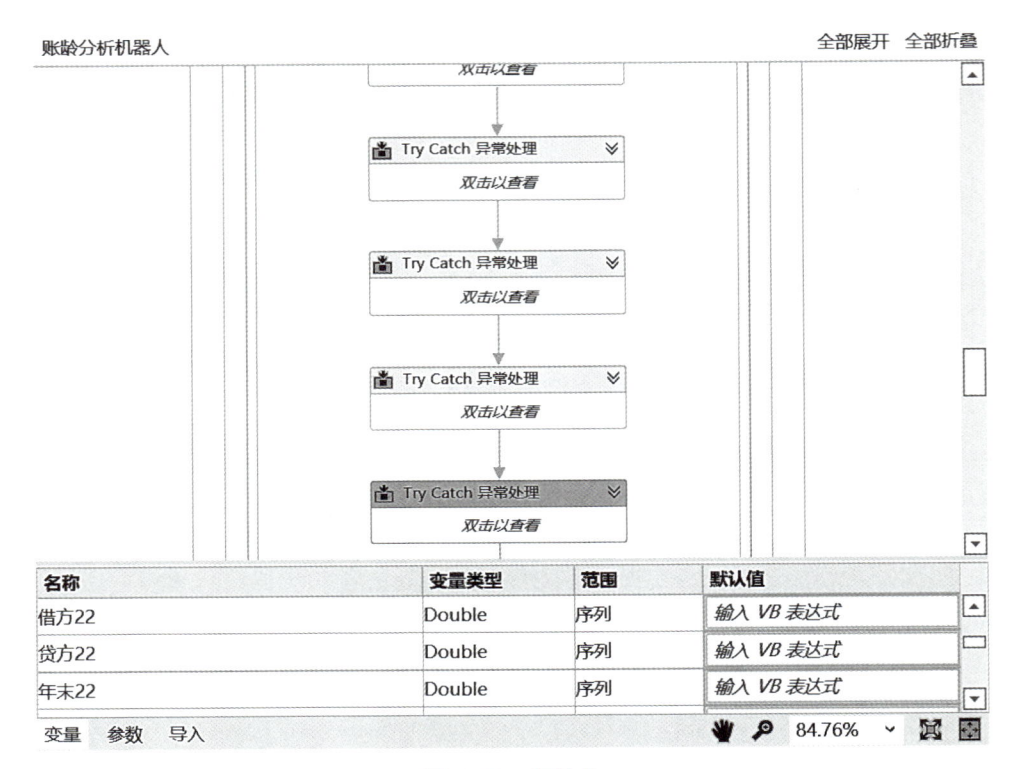

图 6-30　初始化

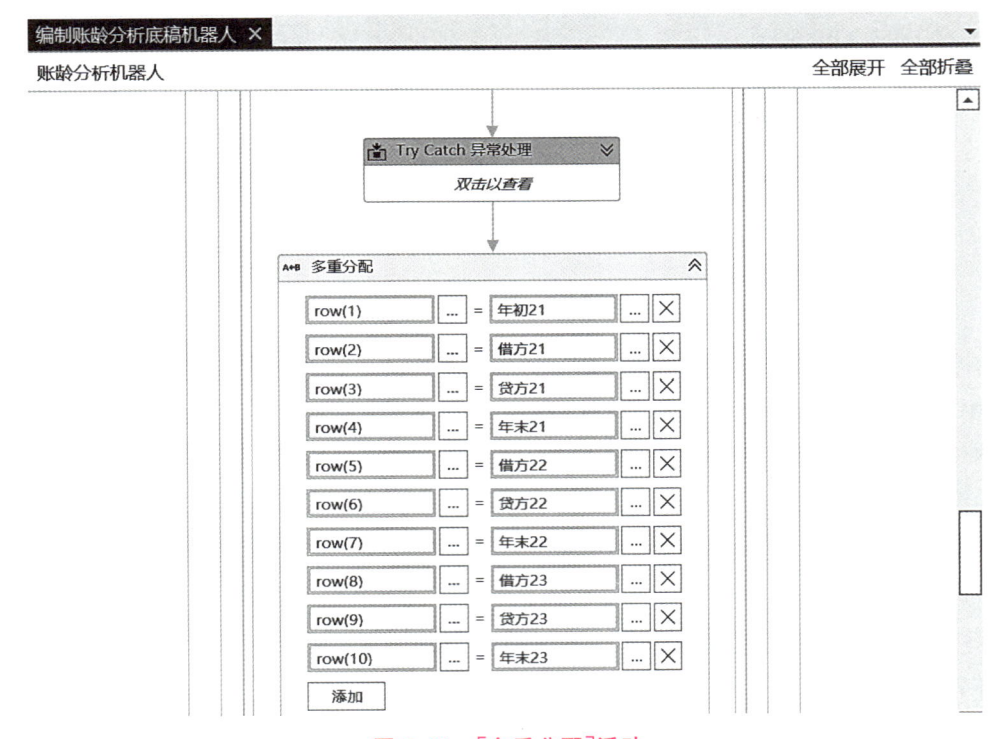

图 6-31　[多重分配]活动

在[对于每一个行]活动下方再添加[对于每一个行]活动,在"输入"中输入变量汇总底稿,在"正文"中添加[多重分配]活动,在变量面板中创建 4 个 Double 类型的全局变量,QC3、QC2、QC1、QM,分别赋值为:

QC3＝Double.Parse(row(1).ToString)

QC2＝Double.Parse(row(4).ToString)

QC1＝Double.Parse(row(7).ToString)

QM＝Double.Parse(row(10).ToString),QCn 为前 n 期的期初余额,如 QC3 为前 3 期的期初余额,QC2 为前 2 期的期初余额,QC1 为前 1 期的期初余额,QM 为期末余额,如图 6-32 所示。

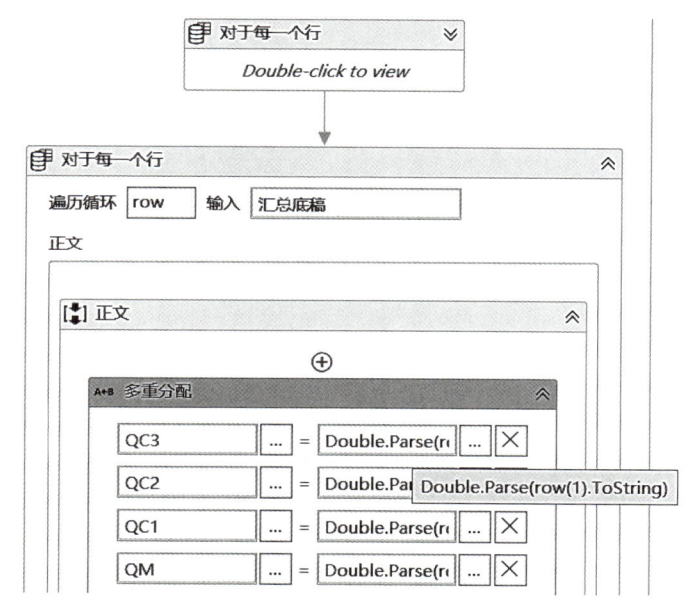

图 6-32 [对于每一个行]活动

在[多重分配]活动下方添加[序列]活动,并重命名为"账龄在 3 年以上"。在[序列"账龄在 3 年以上"]当中,添加 2 个[多重分配]活动。第 1 个[多重分配]活动设置贷方金额,创建 3 个变量 DF1、DF2、DF3,变量类型均是 Double 类型,变量范围是整个序列。分别赋值为:

DF3＝double.Parse(row(3).ToString)

DF2＝double.Parse(row(6).ToString)

DF1＝double.Parse(row(9).ToString)

第 2 个[多重分配]活动设置借方金额,创建 3 个变量 JF1、JF2、JF3,变量类型均是 Double 类型,变量范围是整个序列。分别赋值为:

JF3＝double.Parse(row(2).ToString)

JF2＝double.Parse(row(5).ToString)

JF1=double.Parse(row(8).ToString)

设置结果如图 6-33 所示。

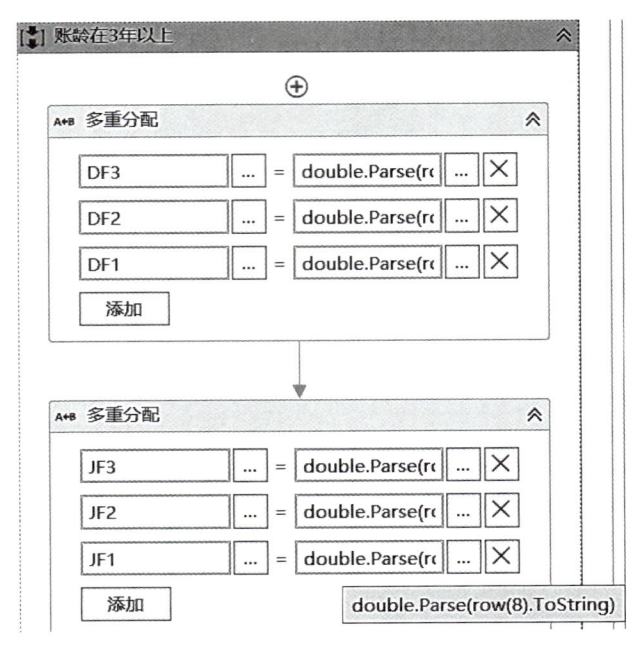

图 6-33 设置贷方和借方金额

在"Then"中添加[多重分配]活动,对借方发生额和贷方发生额重新赋值。

JF3=Double.Parse(if(JF3<0,0.00,JF3).ToString)

JF2=Double.Parse(if(JF2<0,0.00,JF2).ToString)

JF1=Double.Parse(if(JF1<0,0.00,JF1).ToString)

DF3=Double.Parse(if(DF3<0,Math.Abs(DF3),0.00).ToString)

DF2=Double.Parse(if(DF2<0,Math.Abs(DF2),0.00).ToString)

DF1=Double.Parse(if(DF1<0,Math.Abs(DF1),0.00).ToString)

在"Then"中的[多重分配]活动下方添加[分配]活动。在变量面板中创建变量"T3",变量类型是"Double",变量范围是整个序列,代表账龄在 3 年以上的应收账款金额。T3=Double.Parse(if(QC3+JF3+JF2+JF1+DF3+DF2+DF1<0,QC3+JF3+JF2+JF1+DF3+DF2+DF1,0.00).ToString)。

在"Else"中添加[多重分配]活动,对贷方发生额和借方发生额重新赋值。

DF3=double.Parse(if(DF3<0,0.00,DF3).ToString)

DF2=double.Parse(if(DF2<0,0.00,DF2).ToString)

DF1=double.Parse(if(DF1<0,0.00,DF1).ToString)

JF3=double.Parse(if(JF3<0,Math.Abs(JF3),0.00).ToString)

JF2=double.Parse(if(JF2<0,Math.Abs(JF2),0.00).ToString)

JF1=double.Parse(if(JF1<0,Math.Abs(JF1),0.00).ToString)

在"Else"中的[多重分配]活动下方再添加[分配]活动。3 年以上金额 T3=double.Parse(if(QC3-(DF3+DF2+DF1+JF3+JF2+JF1)>0,QC3-(DF3+DF2+DF1+JF3+JF2+JF1),0.00).ToString),如图 6-34 所示。

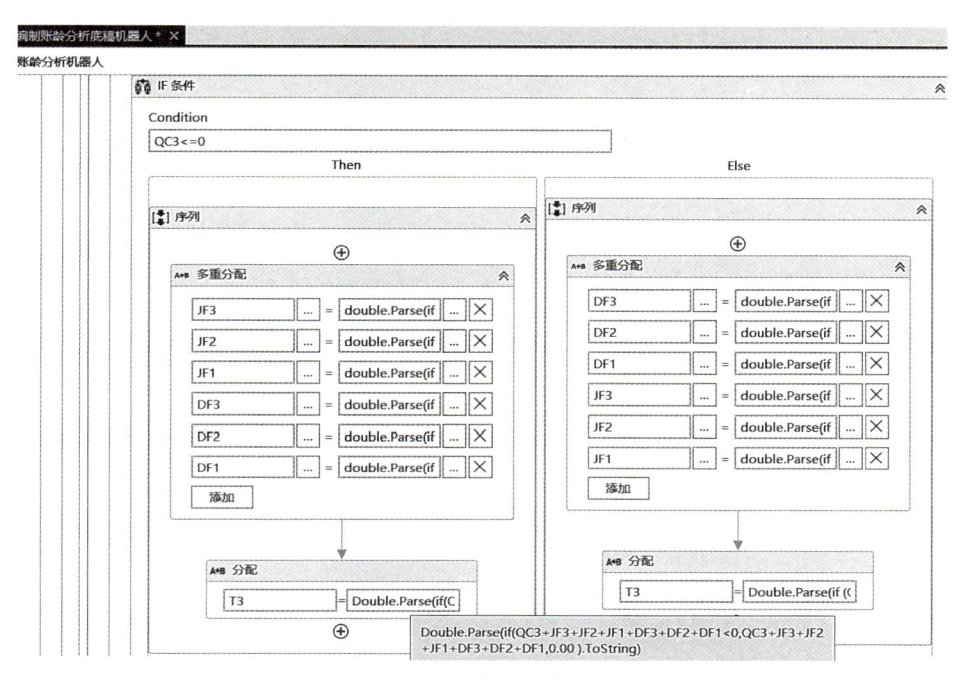

图 6-34 借贷方重新赋值

将[序列"账龄在 3 年以上"]复制一份并粘贴在下方,重命名为[序列"账龄在 2 年以上"],修改[序列"账龄在 2 年以上"]当中[IF 条件]活动的条件表达式为"QC2<=0",创建全局变量 T2,变量类型为 Double,修改[IF 条件]活动中的"Then"当中[分配]为:T2=Double.Parse(if(QC2+JF2+JF1+DF2+DF1<0,QC2+JF2+JF1+DF2+DF1,0.00).ToString),[IF 条件]中的"Else"当中[分配]为:T2=Double.Parse(if(QC2-(DF2+DF1+JF2+JF1)>0,QC2-(DF2+DF1+JF2+JF1),0.00).ToString)。

将[序列"账龄在 2 年以上"]复制一份并粘贴在下方,重命名为[序列"账龄在 1 年以上"],修改[序列"账龄在 1 年以上"]当中[IF 条件]活动的条件表达式为"QC1<=0",创建全局变量 T1,变量类型为 Double,[IF 条件]中的"Then"当中[分配]为:T1=Double.Parse(if(QC1+JF1+DF1<0,QC1+JF1+DF1,0.00).ToString),[IF 条件]中的"Else"当中[分配]为:T1=Double.Parse(if(QC1-DF1-JF1>0,QC1-DF1-JF1,0.00).ToString)。

在[序列"账龄在 1 年以上"]的下方,添加[多重分配]活动,将分段账龄写入数据表当中:

3 年以上的金额:row(14)=T3

2~3 年的金额:row(13)=T2-T3

1～2 年的金额：row(12) ＝T1－T2

1 年以内的金额：row(11) ＝QM－T1

设置结果如图 6-35 所示。

在[对于每一个行]活动下方添加[Excel 应用程序范围]活动，文件路径是 file。在"执行"中添加[写入范围]活动，表名输入"汇总底稿"，写入位置修改为"A2"，输入数据表变量"汇总底稿"，最后添加提示框，如图 6-36 所示。

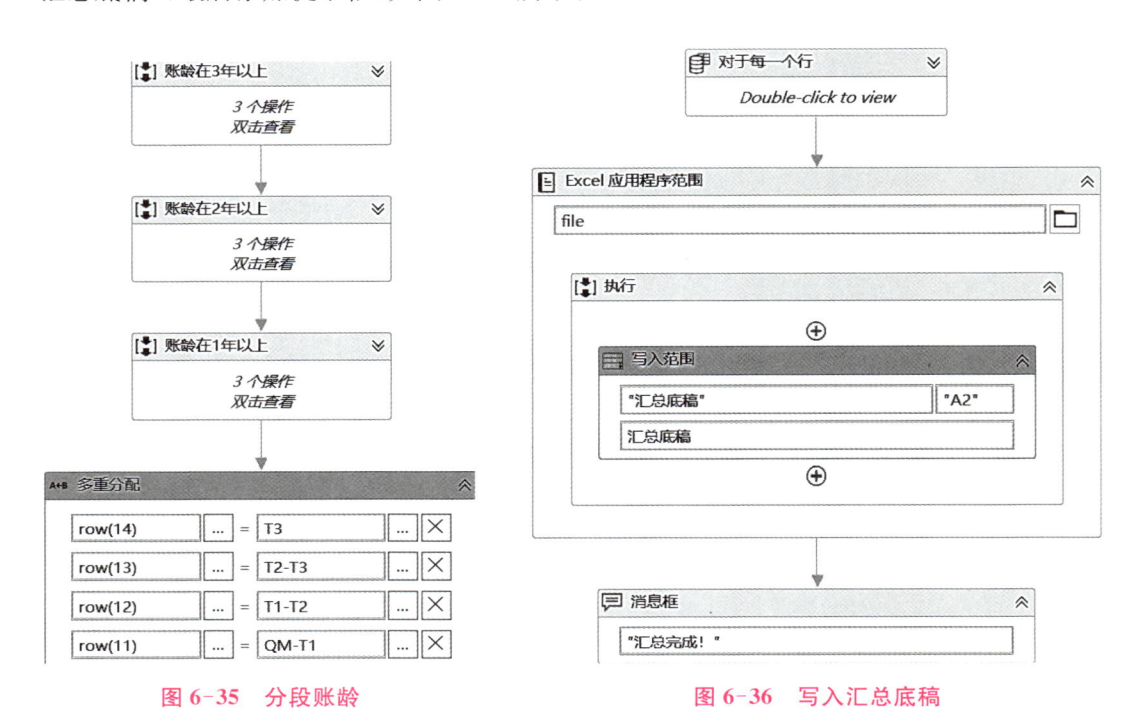

图 6-35　分段账龄

图 6-36　写入汇总底稿

任务三　汇率维护机器人开发实战

任务情境

在金融和商业领域，汇率是一个非常重要的指标，对于跨境交易、国际投资和财务报告等方面都有着重要的影响。为了确保准确的财务数据和交易计算，需要定期更新和维护汇率数据。正保集团汇率管理维护工作由财务部实习生小明完成，每天他都需要经过手工查询、录入、汇总等步骤，爬取特定时间节点的外汇数据，写入 Excel 表格；然后将 Excel 表格中每个币种对应的汇率录入公司财务核算系统、变动成本管理系统、商务数据系统、全面预算管理系统等各项前端业务系统。

小明每天登录中国银行网站,找到中国银行外汇牌价网页,在网页对应的文本框内输入要查询的时间和货币类型,点击搜索,将获取到的外币相应的中国银行折算价写入 Excel 表并保存。汇率维护如图 6-37 所示。

货币名称	现汇买入价	现钞买入价	现汇卖出价	现钞卖出价	中行折算价	发布日期	发布时间
阿联酋迪拉姆		177.19		190.36	183.62	2022-07-29	11:15:50
澳大利亚元	470.77	456.14	474.23	476.33	471.96	2022-07-29	11:15:50
巴西里亚尔		124.9		141.81	130.11	2022-07-29	11:15:50
加拿大元	524.98	508.41	528.85	531.19	526.62	2022-07-29	11:15:50
瑞士法郎	705.08	683.33	710.04	713.08	706.37	2022-07-29	11:15:50
丹麦克朗	92.07	89.23	92.81	93.25	92.36	2022-07-29	11:15:50
欧元	685.81	664.5	690.87	693.09	687.39	2022-07-29	11:15:50
英镑	818.59	793.15	824.61	828.26	820.83	2022-07-29	11:15:50

	A	B	C
1	有效日期	货币名称	汇率
2		美元	
3		欧元	
4		日元	
5		英镑	
6		港币	
7		瑞士法郎	
8		德国马克	
9		加拿大元	
10		韩元	
11		泰国铢	
12		新西兰元	
13		新加坡元	
14		瑞典克朗	
15		印度卢比	
16		挪威克朗	
17		荷兰盾	
18		意大利里拉	
19		菲律宾比索	
20		丹麦克朗	

图 6-37　汇率维护

任务描述

小明要开发一个 RPA 汇率维护机器人,机器人能自动打开需要维护的汇率 Excel 表格,自动登录中国银行网站,打开外汇牌价页面,按照给定的日期,搜索有关币种的中国银行折算价数据,并写入 Excel 表格。

知识要点

一、[选择项目]活动

[选择项目](SelectItem)活动的作用是在设计流程自动化时使用 Web 自动化，从下拉列表中选择多个项目，如图 6-38 所示。

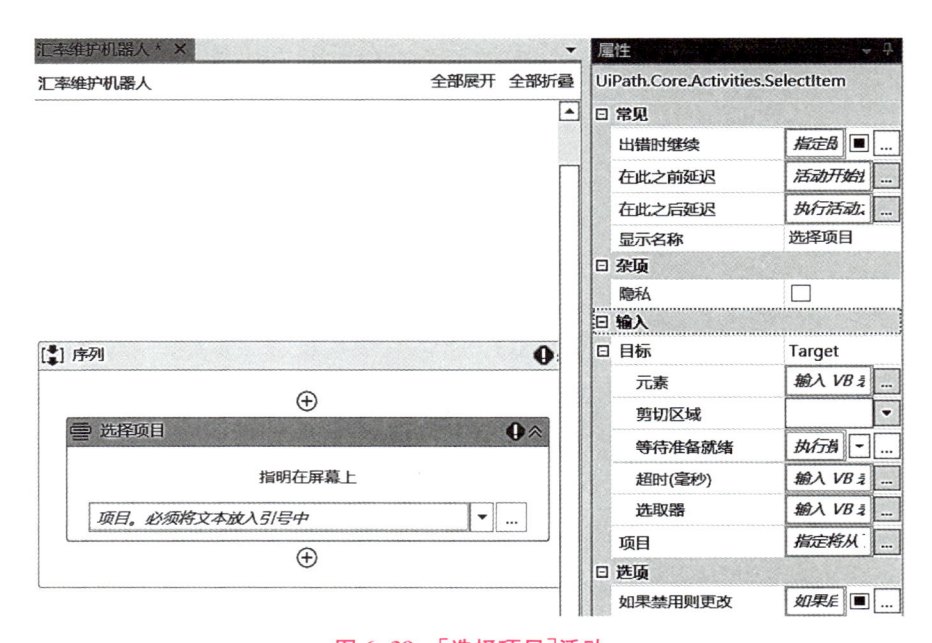

图 6-38 [选择项目]活动

二、[存在元素]活动

[存在元素](UiElementExists)活动的作用是验证 Ui 元素是否存在，其最终输出的是一个 Boolean 值，如图 6-39 所示。

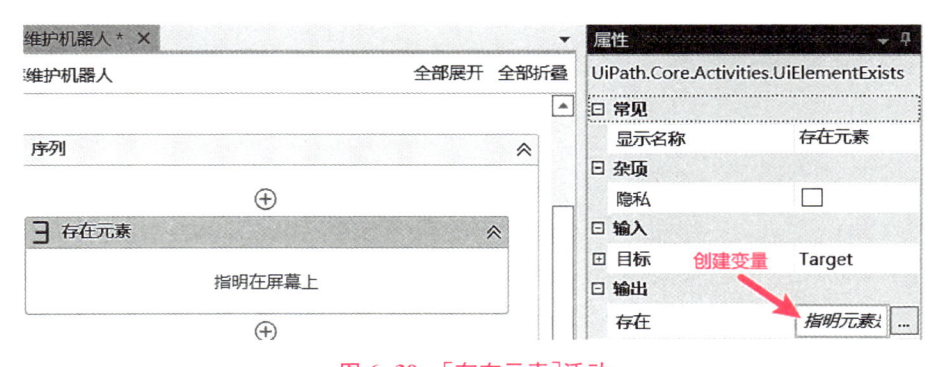

图 6-39 [存在元素]活动

任务实施

一、业务关键点分析

维护汇率工作涉及对中国银行官网的访问与查询，可以在特定日期兑换人民币中间价，从文本中获取数字信息，下载至 Excel 表格中。机器人可以利用文本理解能力进行信息抽取，从非结构化的中间价公告文本中提取汇率信息，同时也可以利用表格识别能力对以表格格式呈现的汇率进行读取。成功获取数据后，RPA 机器人会将数据写入 Excel 表格中，完成维护汇率的工作。

二、流程设计

根据任务情境和任务描述，设计 RPA 流程如图 6-40 所示。

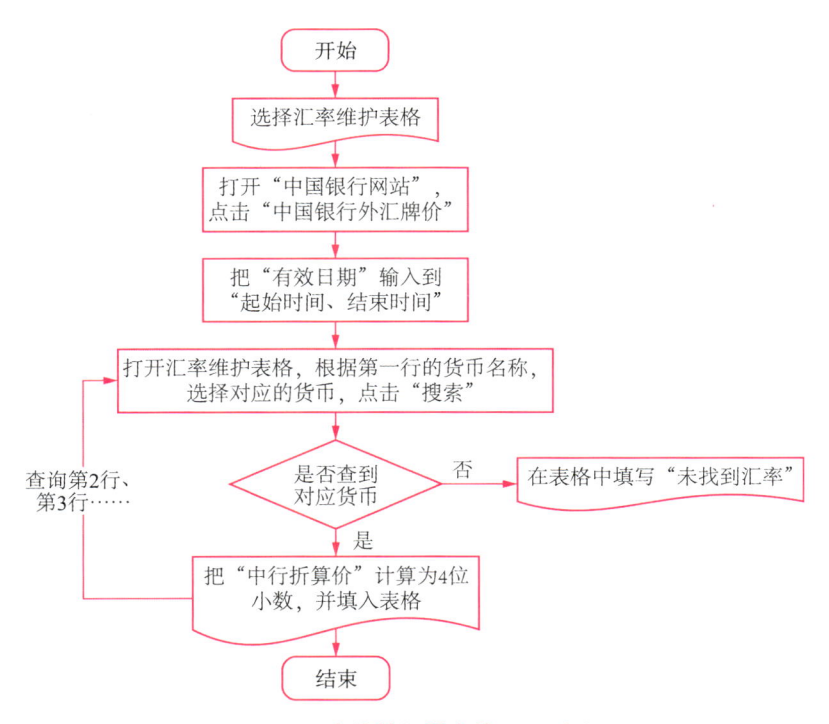

图 6-40 汇率维护机器人的 RPA 流程图

三、流程开发

新建序列，命名为"汇率维护机器人"，在活动面板中搜索[消息框]活动，拖拽至设计面板中，输入信息"请选择要维护的汇率文件:"；在[消息框]活动下方添加[选择文件]活动；在其属性面板"输出"—"选择的文件"处创建变量"file"，表示将用户选择的文件路径放入变量 file 中；在[选择文件]活动下方添加[输入对话框]活动，在其属性"输入"—"标签"处输入"请输入要查询的日期(格式：2021-06-01)"，"输出"—"标题"处输入"输入查询日期"，在"输出"—"结果"处创建变量"查询日期"，如图 6-41 所示。

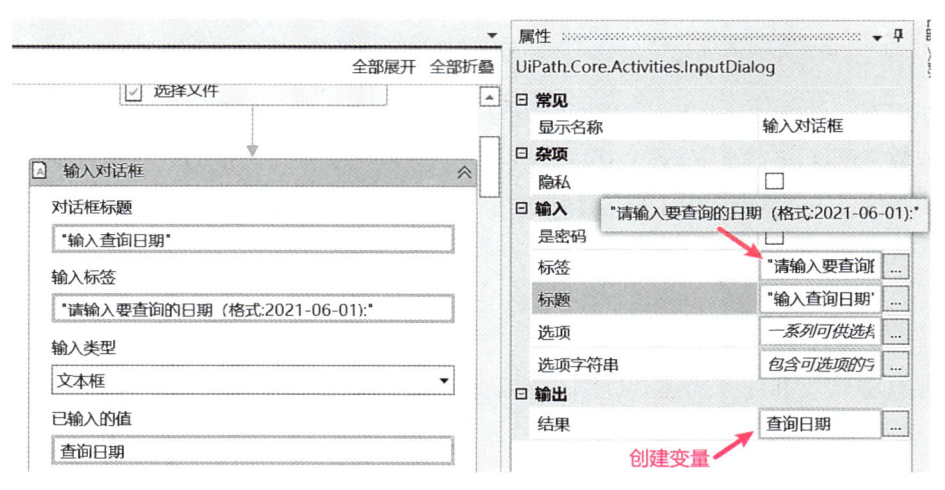

图 6-41　选择汇率文件及输入查询日期

在[输入对话框]活动下方添加"系统"—"文件"—"工作簿"下的[读取范围]活动；在工作簿路径中输入变量 file，工作表为"Sheet1"，范围为""；在属性面板"输出"—"数据表"栏创建变量 date_汇率列表，勾选"添加标头"，如图 6-42 所示。

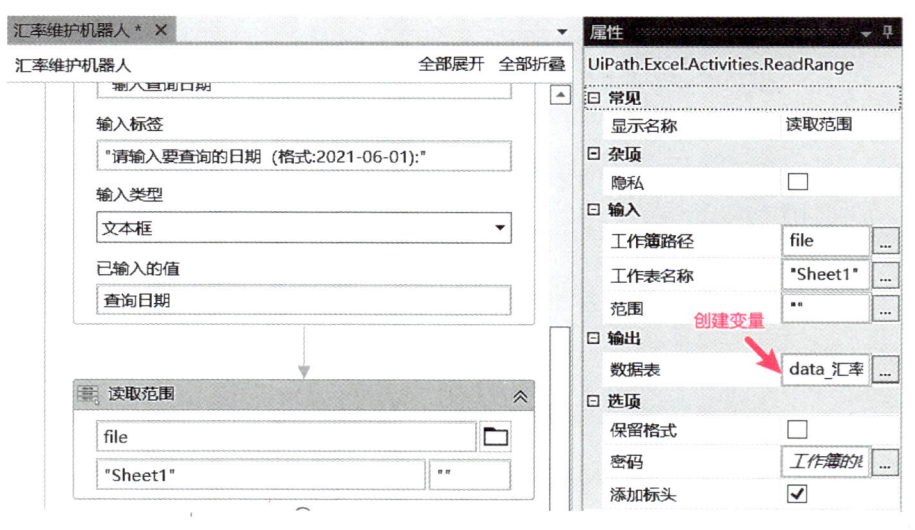

图 6-42　读取汇率列表

在[读取范围]活动下方添加[打开浏览器]活动，并添加[最大化窗口]活动，输入中国银行网址 https://www.boc.cn/，"属性"中的"浏览器类型"选择"Chrome"，在[最大化窗口]下方添加[单击]活动，手动打开中国银行网址找到"中国银行外汇牌价"并放置于 UiPath 设计器下方，单击"指出浏览器中的元素"，指定网页中"中国银行外汇牌价"的位置。手动点击网页中"中国银行外汇牌价",弹出新的网页标签。回到 UiPath 设计器,在[单击]活动下方添加[附加浏览器]活动,单击[附加浏览器]活动中的"指出浏览器中的元素",指出要附加的网页(弹出的新网页),并单击[附加浏览器]的"编辑选取器",如图 6-43 所示。

图 6-43 打开网页

打开编辑选取器,将 title 中的"网站"2 个字替换为"＊",并点击"确定"按钮,如图 6-44 所示。

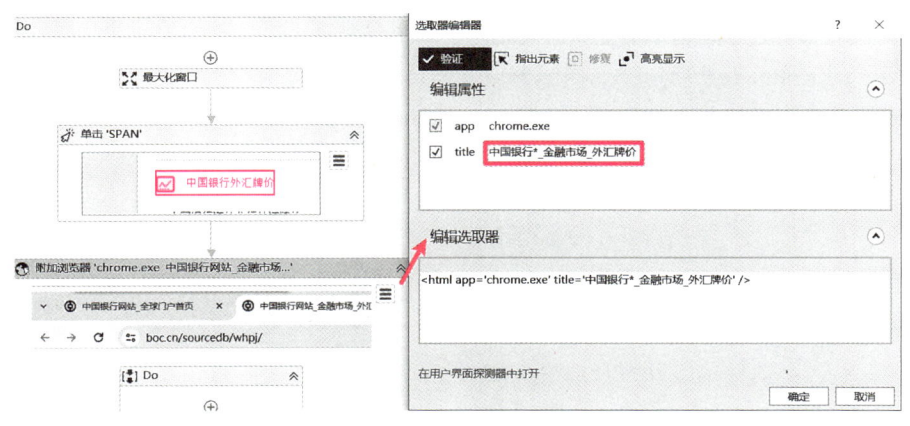

图 6-44 编辑选取器

在[附加浏览器]活动的"Do"中,添加 2 个[输入信息]活动;在"指出浏览器中的元素"中,分别指定网页上起始时间和结束时间输入框的位置;在属性设置"输入"—"文本"处输入变量"查询日期",对"选项"—"空字段"进行勾选,如图 6-45 所示。

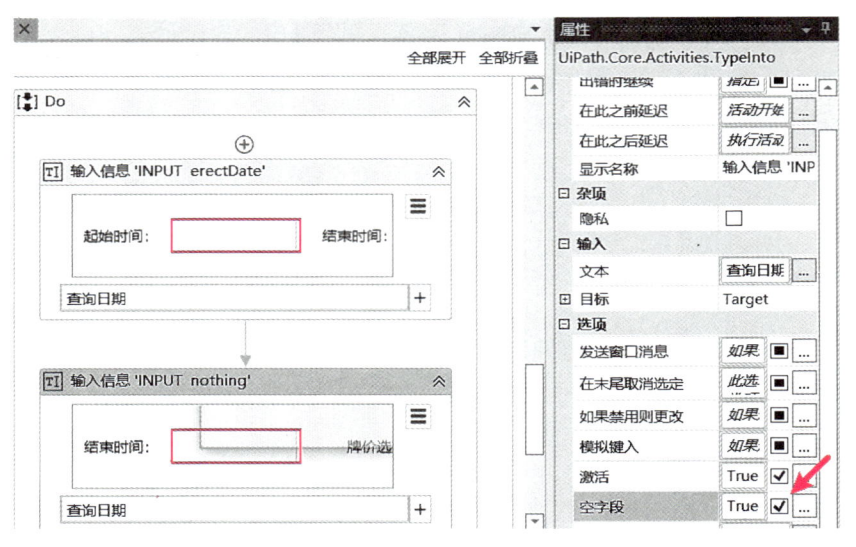

图 6-45　输入信息

在[输入信息]活动下方添加[对于每一个行]活动;在活动界面的"输入"中输入变量"date_汇率列表";在[对于每一个行]活动的"正文"中,添加[选择项目]活动,点击[选择项目]活动的"指出浏览器中的元素",指定网页中"选择货币"位置;在活动界面的文本框中输入表达式:row(1).ToString;在[选择项目]活动下方添加[单击]活动,指定搜索按钮位置,如图 6-46 所示。

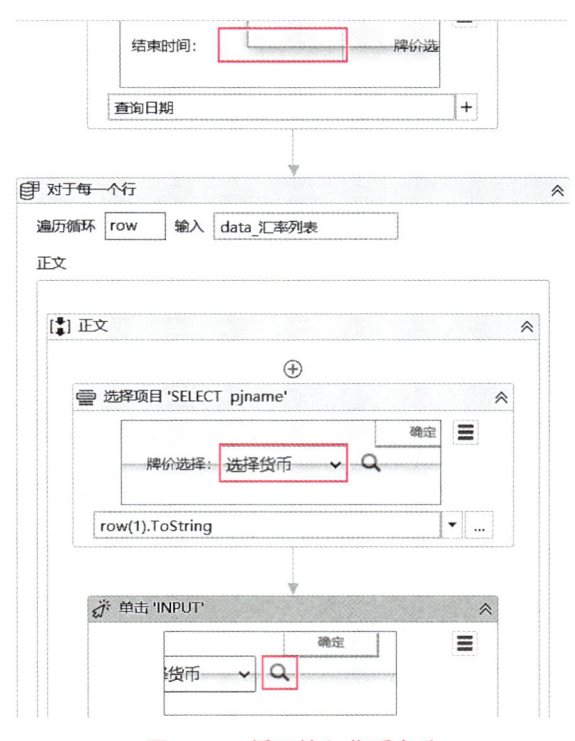

图 6-46　循环输入货币名称

在中国银行外汇牌价网页上手动输入查询起始时间、结束时间、查询币种,点击搜索,到达外币汇率查询页面。回到 UiPath 设计器,在[单击]活动下方添加[存在元素]活动;单击[存在元素]活动中的"指出浏览器中的元素",指定目标元素为网页第一行"中行折算价"的数值。在其属性"输出"—"存在"位置创建变量 yes_no,在"目标"—"超时"位置输入数值2000,表示可以延时 2 秒,防止页面刷新延迟,如图 6-47 所示。

图 6-47 判断是否存在汇率

在[存在元素]活动下方添加[IF 条件]活动,判断是否存在汇率数据,如果存在,抓取汇率数据并保存在变量中，以便后续调用；如果不存在，则输出"汇率不存在。"在[IF 条件]活动属性中，条件内中输入变量"yes_no"，"Then"中添加[获取文本]活动，获取网页中的汇率折算价文本，将获取到的文本存入变量"中行折算价"；在[获取文本]活动下方添加[分配]活动，将获取到的汇率数据换算成 4 位小数，四舍五入写入每一行的第三列 row(2)中，表达式为：row(2)＝(Math. Round(Double. Parse(中行折算价) * 100)/10000). ToString；在[IF 条件]活动的"Else"中，添加[分配]活动，表达式为：row(2)="未找到汇率！"，表示如果汇率不存在，则输出相应结果，如图 6-48 所示。

图 6-48　获取汇率文本

在[IF 条件]活动下方添加[分配]活动，输入表达式：row(0)＝查询日期，将查询日期写入数据表，如图 6-49 所示。

将[打开浏览器]活动折叠，在[打开浏览器]活动下方添加"文件"—"工作簿"下的[写入范围]活动。工作簿路径输入变量 file，工作表为"Sheet1"，起始单元格为"A2"，输入数据表变量 date_汇率列表。在[写入范围]活动下方添加[关闭应用程序]活动，点击"指出浏览器中的元素"，指明当前浏览器的界面。最后，添加[消息框]活动，提示"全部完成！"，如图 6-50 所示。

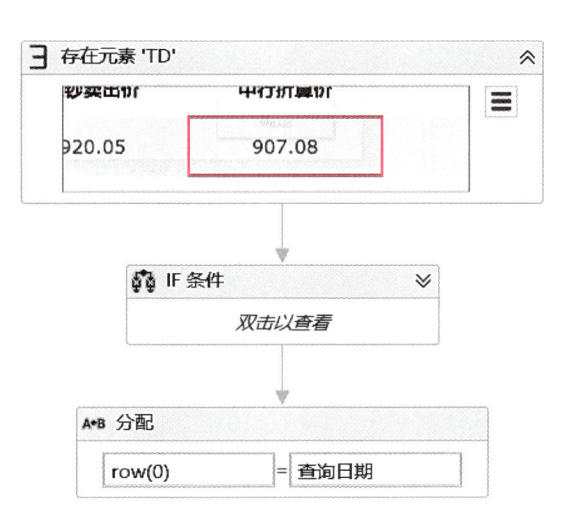

图 6-49　写入查询日期

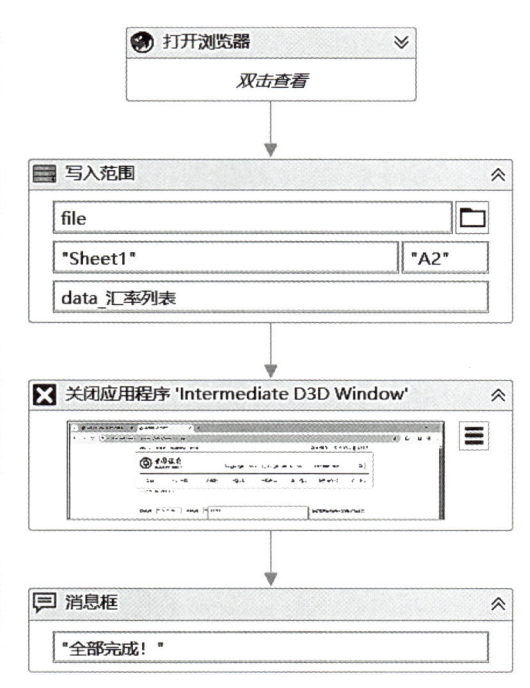

图 6-50　写入范围并关闭网页

课 后 练 习

一、单选题

1. 在某个机器人开发的过程中需要选择付款申请单所在的文件夹,下列关于添加活动的表述正确的是(　　)。

   A. 添加[选择文件夹]活动,并在属性"输出"—"选择的文件夹"处创建变量 Folder,如图 6-51 所示

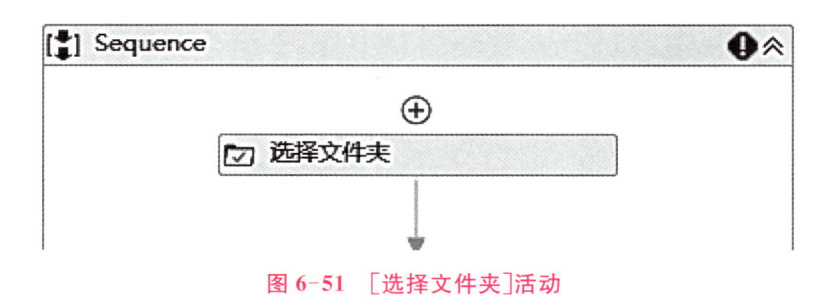

   图 6-51　[选择文件夹]活动

   B. 添加[读取范围]活动,并在工作簿路径中输入付款申请单的存放位置,如图 6-52 所示

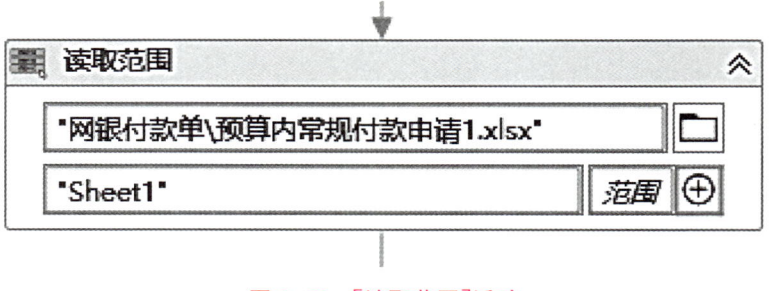

   图 6-52　[读取范围]活动

   C. 添加[读取单元格]活动,并在工作簿路径中输入付款申请单的存放位置,如图 6-53 所示

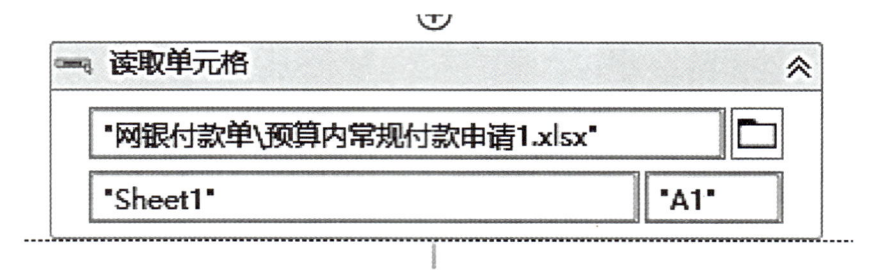

   图 6-53　[读取单元格]活动

D. 以上均错

2. 当网银付款机器人需要录入的付款申请单不止一份,需循环读取文件夹下所有的付款申请单,应使用( )活动。

   A.〔遍历循环〕 B.〔先条件循环〕
   C.〔后条件循环〕 D.〔IF 条件〕

3. 网银付款机器人在〔对于每一个行〕活动中添加〔输入信息〕活动来输入收款方的银行账号,如图 6-54 所示,其中获取银行账号的表达式正确的是( )。

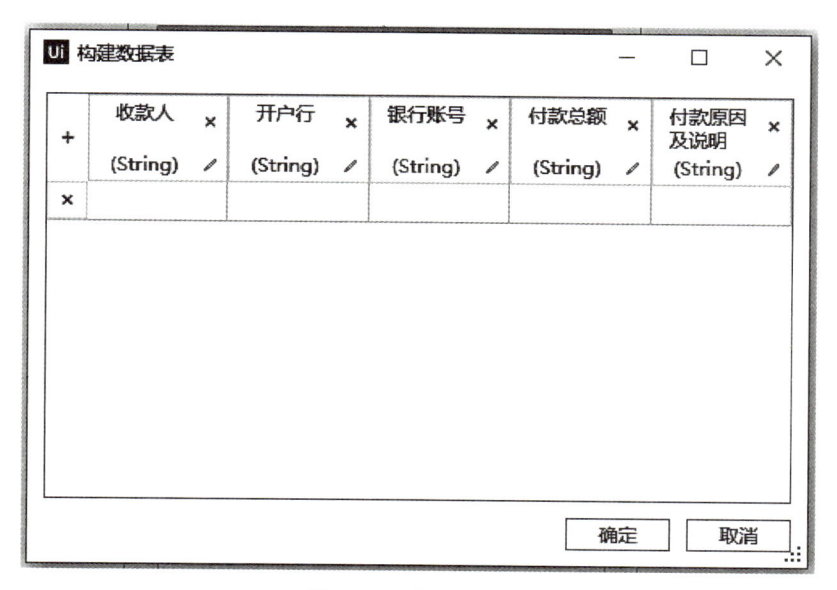

图 6-54 构建数据表

   A. row(1).ToString B. row(2).ToString
   C. row(3).ToString D. row(4).ToString

二、多选题

1. 在开发网银付款机器人程序时,开发人员按照以下步骤开发:①选择存放付款申请单的文件夹;②读取付款申请单中的信息;③使用 Chrome 浏览器登录网银系统;④开始信息录入。下列关于该流程的表述正确的有( )。

   A. 每个人开发的流程不一定完全相同
   B. 每一个活动的选择是唯一的,是不可改变的
   C. 登录网银系统的时候需要将 Chrome 浏览器中的 UiPath 扩展程序设置好
   D. 程序的结尾可以统计每次录入多少条信息,如果不做统计,不会影响程序运行

2. 在机器人程序开发的末尾添加一个〔消息框〕活动,内容为"机器人运行结束!",下列关于该〔消息框〕活动表述正确的有( )。

   A. 添加该活动是一个必需的步骤

B. 添加该活动不是一个必需的步骤

C. 该消息内容需要在英文双引号中输入

D. 该消息提示只能输入英文

3. 网银付款机器人如果需要获取指定文件夹下的指定文件路径的集合时,会用到表达式 Directory.GetFiles(Folder,"预算内常规付款申请*.xls*"),如图6-55所示,下列表述正确的有(　　)。

图6-55　"预算内常规付款申请"表达式

A. 表达式中的*为模糊匹配

B. 表达式的作用为从选择的文件夹(变量Folder)中获取文件名为"预算内常规付款申请*.xls*"的文件

C. 变量List的类型为:String[]

D. 表达式中的文本需要在英文引号中输入

4. 网银付款机器人开发过程中需用到的活动,下列选项中表述正确的有(　　)。

A. [单击]是模拟鼠标的活动

B. [输入信息]是模拟键盘的活动

C. [单击]是模拟键盘的活动

D. [输入信息]是模拟鼠标的活动

三、操作题

设计一个RPA机器人,从指定的邮箱上下载含有"付款申请单"的文件,保存在本地指定的文件夹内,根据下载的付款申请单,自动完成审核、数据输入和付款准备,提取付款申请系统的付款信息,并提交网银等资金付款系统进行付款操作。

思政园地

资料来源：节选自2024年1月18日发表于《人民日报》的文章《坚定不移走中国特色金融发展之路——论学习贯彻习近平总书记在省部级专题研讨班上重要讲话》。

"中国特色金融发展之路既遵循现代金融发展的客观规律，更具有适合我国国情的鲜明特色，与西方金融模式有本质区别。"在省部级主要领导干部推动金融高质量发展专题研讨班开班式上，习近平总书记从党和国家事业发展全局战略高度，深刻阐述了推动我国金融高质量发展的一系列重大理论和实践问题。习近平总书记的重要讲话，思想深邃、视野宏阔、论述精辟、内涵丰富，具有很强的政治性、理论性、针对性、指导性，对于全党特别是高级干部正确认识我国金融发展面临的形势任务，深化对金融工作本质规律和发展道路的认识，全面增强金融工作本领和风险应对能力，坚定不移走中国特色金融发展之路，具有十分重要的意义。

党的十八大以来，以习近平同志为核心的党中央加强对金融工作的全面领导和统筹谋划，推动金融事业发展取得新的重大成就，有力支撑经济社会发展大局。在领导金融工作的实践中，党中央把马克思主义金融理论同当代中国具体实际相结合、同中华优秀传统文化相结合，积极探索新时代金融发展规律，不断加深对中国特色社会主义金融本质的认识，不断推进金融实践创新、理论创新、制度创新，积累了宝贵经验，取得了重要的实践成果、理论成果，逐步走出一条中国特色金融发展之路。这条中国特色金融发展之路来之不易，是党中央立足当代中国实际、奋力开拓出来的，是对金融工作本质规律和发展道路认识的进一步深化，充分彰显了"两个确立"的决定性意义。

金融是国家核心竞争力的重要组成部分，金融高质量发展关系中国式现代化建设全局。让我们更加紧密地团结在以习近平同志为核心的党中央周围，全面贯彻习近平新时代中国特色社会主义思想，深刻领悟"两个确立"的决定性意义，坚决做到"两个维护"，锚定目标、坚定信心、开拓进取，坚定不移走中国特色金融发展之路，扎实推动金融高质量发展，加快建设金融强国，不断开创新时代金融工作新局面。

模块七 业务流程自动化实现

◇ 知识目标

1. 熟悉基本流程元素含义，熟悉常见的过程处理、判断处理
2. 了解事务的分类
3. 理解 RPA 效果的本质，熟悉定量效果的计算，定性效果的分析
4. 熟悉 RPA 流程常见实现方法
5. 了解基于事务的机器人企业框架

◇ 能力目标

1. 能够从六大维度分析业务流程自动化可行性
2. 能够进行事务分解
3. 能够区分 RPA 流程与人工流程
4. 能够根据需求制作业务流程图
5. 能够发掘流程自动化场景

◇ 素养目标

1. 具备良好的自动化流程设计思维能力
2. 具备基本的信息技术素质
3. 具备良好的学习能力和实操能力
4. 遵循诚实守信的职业道德

思维导图

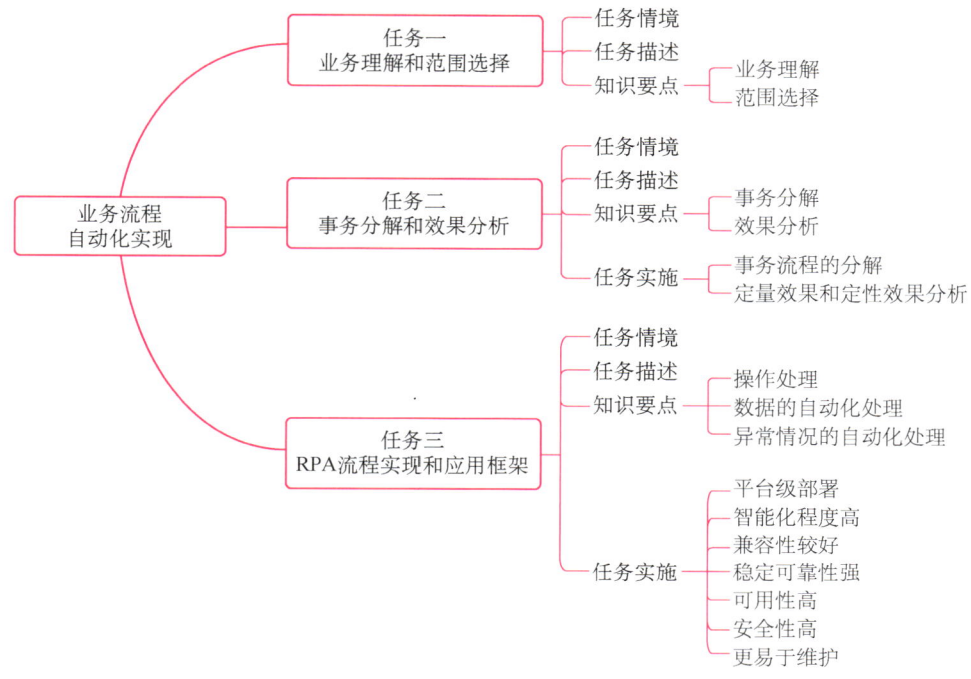

- 业务流程自动化实现
  - 任务一 业务理解和范围选择
    - 任务情境
    - 任务描述
    - 知识要点
      - 业务理解
      - 范围选择
  - 任务二 事务分解和效果分析
    - 任务情境
    - 任务描述
    - 知识要点
      - 事务分解
      - 效果分析
    - 任务实施
      - 事务流程的分解
      - 定量效果和定性效果分析
  - 任务三 RPA流程实现和应用框架
    - 任务情境
    - 任务描述
    - 知识要点
      - 操作处理
      - 数据的自动化处理
      - 异常情况的自动化处理
    - 任务实施
      - 平台级部署
      - 智能化程度高
      - 兼容性较好
      - 稳定可靠性强
      - 可用性高
      - 安全性高
      - 更易于维护

项目导读： 前沿资讯

资料来源： 节选自 2021 年 12 月 03 日发表于《人民日报》的文章《以创新提升企业综合实力》

近年来，我国数字经济发展较快，在国民经济中的地位进一步凸显，成为经济增长的重要推动力量。新的环境特征和新的需求特点给品牌建设带来了机遇，也提出了挑战，品牌发展呈现广阔前景。

润泽科技发展有限公司创立于 2009 年，以高效、高性能、可持续经营的理念，为客户提供更加专业、优质的数据中心基础设施服务。历经 12 年发展，公司凭借在设计、建设、运维等方面的成熟管理体系及实践经验，为社会和用户打造稳定、安全、可靠的大数据关键基础设施，为多地数字经济发展提供支撑。

在数字经济时代推进品牌建设，企业主要有以下 4 个侧重点：

（1）永葆初心。润泽科技自成立以来，便明确了"以数字服务战略，用战略赋能数字"为导向，聚焦国内数据中心关键业务，最终实现做更优质的数据中心服务商的初心。

（2）与时俱进。数字经济时代下，市场瞬息万变，面对消费者多样化的需求与激烈的市场竞争，品牌塑造要抓住时代机遇，与时俱进，创新性地借助数字化技术和手段，精准传播品牌信息。

（3）丰富内涵。作为一家科技型企业，我们坚持以用户为中心，不断打造高水准的大数据中心关键基础设施，不断丰富企业的品牌内涵，传递价值，延续品牌生命力。

（4）传承创新。一方面，要坚守品牌的文化基因，传承品牌核心价值理念；另一方面，也要关注现实需求，不断推进在服务、品牌营销、经营方式等方面的创新。

未来，润泽科技将继续坚持技术创新与服务创新，不断提升企业的综合实力，提高品牌的美誉度和影响力，把握大数据中心发展机遇，在推动经济高质量发展中作出新的贡献。

讨论题：数字时代如何提升企业综合实力？谈一谈自己的感悟。

任务一　业务理解和范围选择

任务情境

数字化转型（digital transformation）通过利用现代技术和通信手段（如 5G、云计算、大数据、物联网、人工智能、区块链等），提升运营效率和用户体验，进而推动企业商业模式变革。在数字化时代的背景下，企业进行数字化转型是必然的趋势。RPA 技术基于本身的特点和优势，能够代替大量重复、有明确规则的低附加值工作，是企业数字化转型过程中不可或缺的环节。企业实施 RPA 是一个系统化的过程，需要综合考虑所有环节，如业务流程自动化的实现过程、机器人的部署、机器人日常运维等工作。

业务流程自动化（business process automation，BPA），也称业务自动化或数字转换，是指利用数字化技术，对完成一种特别功能或工作流的活动、服务进行自动化处理，是组织通过技术简化其运营的一种方式。业务流程自动化是在原有数据化的基础上，对数据结果和业务环节依据事先设定好的规则和权限进行处理，不需要每一个环节都有人工介入，以系统自动流转实现智能触发业务步骤，最终实现系统全流程的自动化运行。

正保集团对集团内部业务实施数字化转型，准备引入 RPA 财务机器人。财务部实习生小明负责部署机器人。在部署机器人之前，小明需要对业务流程进行深入理解，以确保 RPA 机器人能够顺利应用，实现预期效果。通过深入理解业务，企业可以更好地把握商机、优化资源、提高效率，实现可持续发展。随着技术的不断发展和应用，业务理解将更加智能化、实时化和可视化，为企业提供更强大的决策支持和竞争优势。

任务描述

长久以来，企业业务流程的效率问题一直困扰着企业的管理与发展。面对不断攀升的人力成本，企业需要更多自动处理软件来解放人力。RPA 的主要优势是提高工作质量和节省工作时间。通过使用 RPA 取代人工劳动，员工可以有更多的时间专注于更高价值的工作。

小明要对企业现有业务流程进行分析，了解各个环节的具体操作和流程规则。识别业务流程中的瓶颈和问题，并提出优化建议，确保 RPA 机器人的应用能够带来实际效益。根据业务流程分析结果，确定适合引入 RPA 机器人的具体业务场景和任务。准备 RPA 机器人所需的数据和信息，确保 RPA 机器人能够准确执行任务。对相关人员进行培训，测试 RPA 机器人的执行效果，及时调整和优化。

知识要点

业务流程自动化可以从以下六个维度来实现，包括业务理解、范围选择、事务分解、效果分析、流程实现和应用框架。

一、业务理解

实现业务流程自动化的第一步是进行业务理解，对业务流程的理解程度将直接影响自动化流程的实现难度。业务理解部分的分析不仅有利于流程自动化，也有利于流程管理本身，明确每一个流程元素，特别是每一个流程处理的逻辑，将有助于更好地实现自动化流程，并发现更多自动化的高效方法和扩展机会。

业务流程图是表达各单位内部的作业顺序和各人员之间的业务关系图表。业务流程图用规定的符号和线条来表示具体的作业处理过程，帮助管理人员分析业务流程当中的不合理的流向。业务流程图是对业务本身的一种梳理和总结，绘制出一份高质量的业务流程图，才能从整体上了解业务流程，进而发现流程的不合理之处，并对此加以优化改进。

1. 流程基本元素

企业由不同的部门组成，不同部门之间的业务也不一样，如果没有一个规范的操作体系来指导这些业务的执行，那企业管理就容易出现混乱的现象，业务目标也很难顺利达成。而业务流程就是为达成业务目标而设定的一系列标准化的步骤，可以体现出一项工作"先做什么，后做什么，由谁来做"的关系。流程为业务提供了标准化的程序，明确了每个节点的负责人，确保业务有序、顺利地开展。流程包括系统、文档、处理三个最基本的元素，如图 7-1 所示。

图 7-1 流程元素

1）系统

系统是由相互联系、相互作用的若干要素组成的表现为新功能的有机整体。系统并不仅仅是一些事物的简单集合，而是一个由一组相互连接的要素构成的、能够实现某个目标的整体。流程自动化的主要方式就是通过模拟人的操作与各种不同的系统进行交互。通常系统的使用有两种方式,即通过桌面应用程序和通过浏览器。这两种方式的工作流程其实并没有太大区别,都是需要通过输入用户名及密码才能进行登录,并在使用之后需要退出账号。所以,在业务理解过程中,系统的范围比系统本身更加重要。

系统在流程图中使用虚线绘制,从而明确其他流程元素是否是在系统内完成的,以及整个流程是在何时进入和退出系统的,如图7-2所示。

系统交互的目的是获取系统数据或是写入系统数据。通常一个系统中包含多种类型数据,但在业务流程图的绘制中,仅需体现在该业务流程中使用到的数据。

数据在业务流程图中使用圆柱体绘制,把它放在表示系统的虚线范围内,并且一般不需要和其他任何元素连接。因为在流程自动化的实现中,即使一个处理环节使用到了某个数据,一般也不是通过直接访问该数据,而是通过一系列系统所需要的操作获得,如图7-3所示。

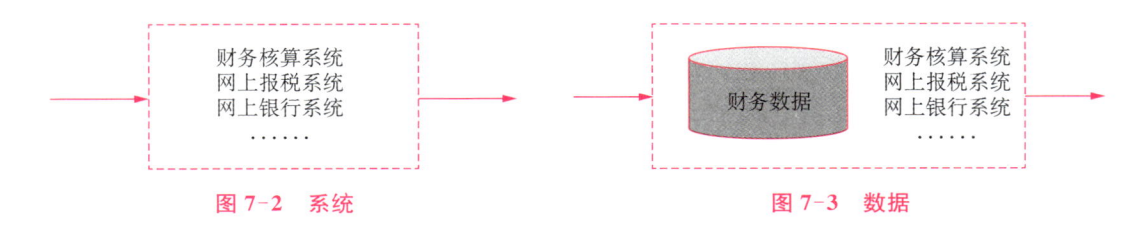

图7-2 系统

图7-3 数据

2)文档

文档通常是业务流程中不可或缺的部分,它可以作为流程整体的输入或输出,也可以在流程中的两个处理之间起到连接作用。基于流程自动化软件的支持以及流程中人机交互的需要,在自动化流程中的文档通常为表格形式的Excel文件。文档在业务流程图中表示为一边为波浪线的近似矩形。文档至少包含一个向外的箭头用来连接针对文档的处理,如图7-4所示。

3)处理

处理是自动化流程中最核心的实现对象,也是业务流程图中最重要的部分,可以简单理解为对数据的转化。通过明确输入项目,输出项目以及处理过程,从而定义过程开始时数据的状态,过程结束时数据的状态,以及数据是如何从开始状态转化到结束状态。处理包括过程处理和判断处理。

(1)过程处理在业务流程图中表示为一个矩形,并且包含一个向内的箭头和一个向外的箭头用来连接过程前后的文档或其他处理,如图7-5所示。过程处理之后的处理是固定的。

图7-4 文档

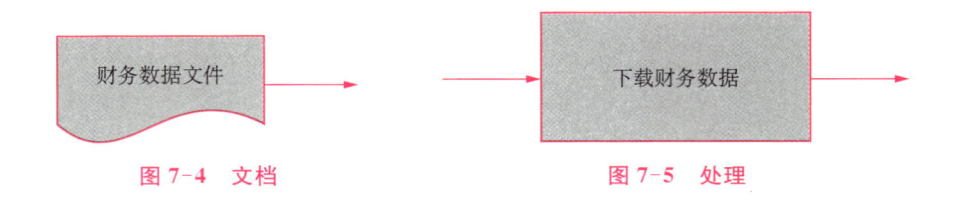

图7-5 处理

（2）判断处理在业务流程图中表示为一个菱形，并且包含至少一个向内的箭头和两个向外的箭头，用来连接判断前后的文档或其他处理。需要在两个向外的箭头上标注分歧的判断内容，如图 7-6 所示。判断处理之后的处理会根据判断的结果而发生变化。

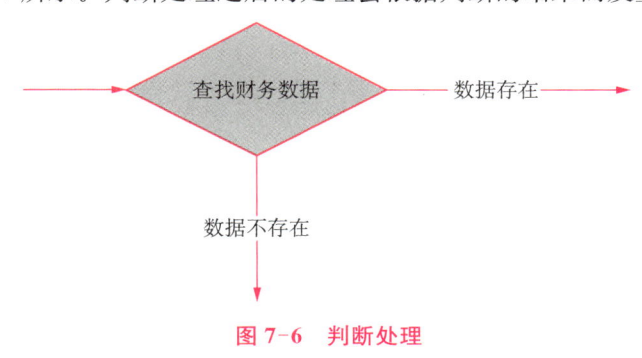

图 7-6　判断处理

2. 流程的处理场景

把三个最基本的流程元素互相结合使用，就可以涵盖日常业务流程中几乎所有的场景。根据文档与系统交互方式的不同，流程的处理场景可以分为以下七种。

1）从文档到文档的过程处理

从文档到文档的过程处理，即从系统导出，CSV 文件，根据条件，读出个别项目信息，进行计算等处理后，填写到 Excel 表格中，作为下一步自动化或人工处理的数据依据。其 RPA 流程图如图 7-7 所示。

图 7-7　从文档到文档

2）从文档到系统的过程处理

从文档到系统的过程处理，即从提供的 Excel 表格中读取指定的数据项目，通过登录系统，并跳转到指定的功能界面，根据界面的输入要求写入到系统中，并且保存。其 RPA 流程图如图 7-8 所示。

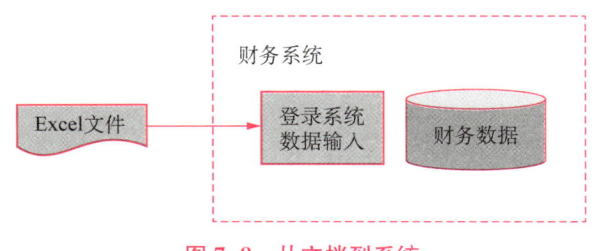

图 7-8　从文档到系统

3）从系统到文档的过程处理

从系统到文档的过程处理，即登录系统，跳转到指定的功能界面，输入条件下载所需要的数据文件,在对话框中指定保存地址,保存文件,退出系统。其 RPA 流程图如图 7-9 所示。

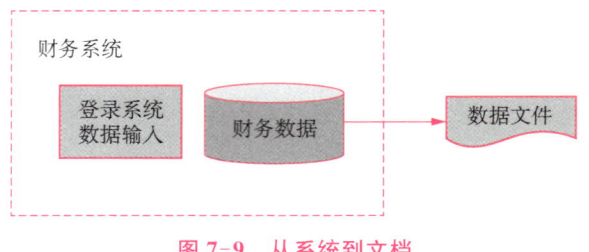

图 7-9　从系统到文档

4）从系统到系统的过程处理

从系统到系统的过程处理,即登录系统,跳转到指定的功能界面,输入检索条件检索数据,取得检索到的数据内容后,跳转到系统的另一个功能界面,将刚才获得的数据内容进行输入和处理。其 RPA 流程图如图 7-10 所示。

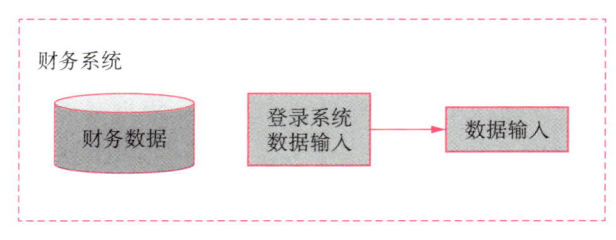

图 7-10　从系统到系统

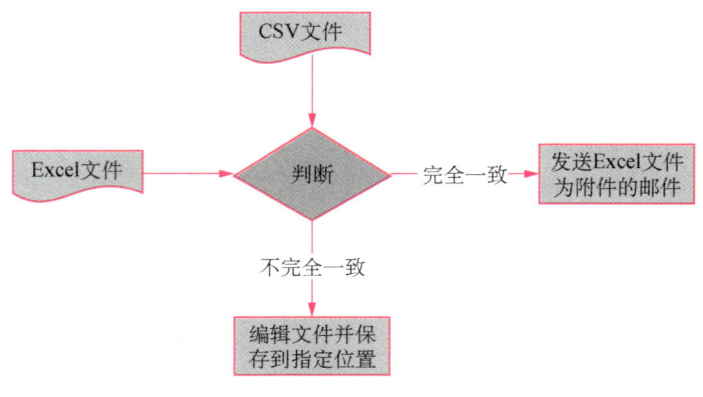

5）文档与文档的判断处理

文档与文档的判断处理,即读取从系统中下载的 CSV 文件,与本地的 Excel 文件进行个别项目的有条件比对,当发现完全一致时将 Excel 文件作为附件发送到指定邮箱。如果发现个别项目不一致,则将双方的差异记录到 Excel 文件数据的最后一列,将文件保存到指定位置,后续交由人工处理。其 RPA 流程图如图 7-11 所示。

图 7-11　文档与文档的判断处理

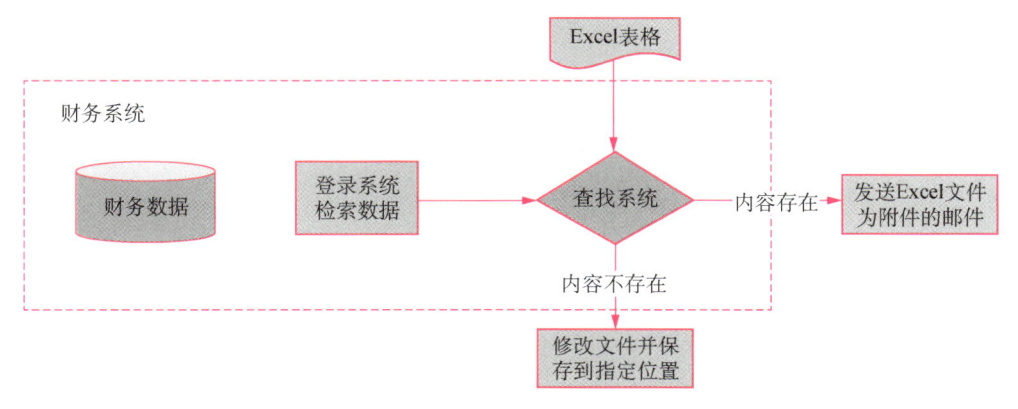

6）文档与系统的判断处理

文档与系统的判断处理，即读取 Excel 表格中的数据并登录系统，跳转到指定的功能界面，根据某列数据内容进行逐一检索，当全部检索内容都存在的时候，将该 Excel 表格作为附件发送邮件到指定邮箱；否则，在所有未检索到的项目的 Excel 表格最后一列进行记录，将文件保存到指定位置，后续交由人工处理。其 RPA 流程图如图 7-12 所示。

图 7-12 文档与系统的判断处理

7）系统与系统的判断处理

系统与系统的判断处理，即分别登录两个系统，在两个系统中分别跳转到指定的功能界面，从两个界面中分别获取数据并进行比对；如果没有区别则发送邮件报告，否则将两系统中的界面进行截屏，将图像文件保存到指定位置。其 RPA 流程图如图 7-13 所示。

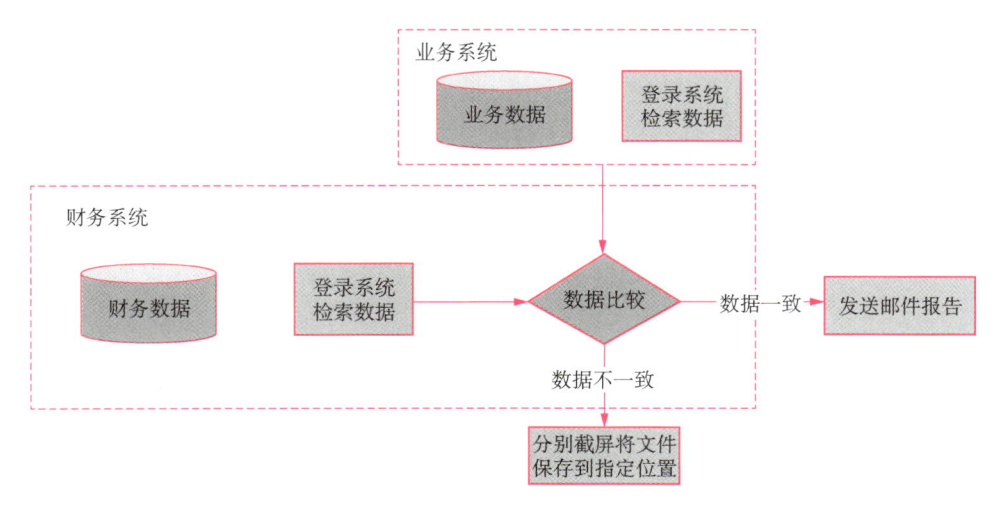

图 7-13 系统与系统的判断处理

二、范围选择

我们在进行充分的业务理解之后需要进行 RPA 的范围选择，进而明确那些可以进行自动化转型的处理。范围选择是实现自动化转型的关键步骤,也可以和业务理解同时进行,从而降低不必要的分析设计成本。范围选择的环节如图 7-14 所示。

图 7-14　范围选择的环节

1. RPA 适合度分析

一个业务处理的自动化难度取决于该业务处理的 RPA 适合度。RPA 适合度较高的业务处理通常具备数据格式规范以及工作流程逻辑明确的特点,而 RPA 适合度通常可以从业务可行性和系统可行性两方面进行判断。

1) 业务可行性分析

业务可行性的分析需要确认该处理是否包含必须由人确认或是必须由人进行判断的部分。当出现此类情况时,会降低处理的业务可行性,使得该处理不适合被选择为 RPA 的实现对象。RPA 技术从理论上来讲适用于大部分成熟行业的业务流程,由于当前阶段的 RPA 技术应用总体尚处于场景探索、需求挖掘和产品匹配的早期应用阶段,从目前的技术实践经验来看,现有的 RPA 技术主要适用于高重复性、逻辑明确且稳定性要求相对较低的流程,高重复性、逻辑明确、稳定性三项也是目前检验 RPA 技术可行性的基础项和主要条件。从开发来讲,一个流程的实现需要相应的时间成本、开发成本和人力成本,若某项业务流程只是一次性的或是使用频率极低,那对应的人力成本反而显得不太重要;相反若一个业务流程是高重复性的,那对应的各项成本的节缩和对效率的要求就显得非常重要,RPA 在替代人力和减少重复开发上发挥的重要作用也显而易见。同时,RPA 机器人可以自动化地沉淀各项业务信息流,以帮助业务团队在最短时间内搜集确认测试数据,缩短开发周期。RPA 业务逻辑必须明确这要求该项业务流程必须有一定规则。若一个业务流程散乱无章,需要人为或者深层经验去主观校审,则其本身不适用于 RPA 技术。RPA 业务强调稳定性。RPA 技术可以被看作是一项操作软件,在实验业务流程自动化的过程中需要反复性地去执行多项软件的功能,也就是跨不同软件去实现业务信息流的交互,如客户端、浏览器、网站等。跨软件执行的过程需要各界面的元素或操作点位匹配到 RPA 中将要操作的组件,所以一个稳定的流程实现可以降低维护成本。

2) 系统可行性分析

系统可行性的分析需要确认该处理所利用的系统和软件是否可以通过 RPA 进行操作以及通过 RPA 进行操作后的效率是否仍满足该业务的要求。系统可行性必须考虑客观环境是否支持。很多项目场景,如银行对账流程,需要客户有外网和内网互相传输信息的能力,以保证 RPA 机器人顺畅运作。另外,还要对系统流程自动化支持性进行测试。在实施 RPA 机器人流程自动化项目过程中,考虑到业务同事的理解和他们对日常工作的处理,RPA 机器人对于业务流程的处理基本会保持一致。所以流程实施前,对流程涉及的所有系统,如用友、金蝶、ORACLE、SAP 等,或者各业务系统机器人是否可以模拟人工进行操作,也就是系统自动化支持测试,就显得尤其重要。如果 RPA 能够执行全部的步骤,那流程应该往全自动的方向设计。反之,则要考虑人机交互的半自动方案或者考虑其他能实现全自动方式的解决方案。最后,还要考虑方案的稳定性和效率是否满足需求。根据企业提出的业务场景,除了经验积累下来的方案设计,我们还需要对方案做反思和思考,提出的建议方案要稳定、有效率地实现需求,以有效节省人工重复烦琐的操作为最终目标。

2. 数据、流程定型化

在分析了业务可行性以及系统可行性之后,基于 RPA 擅长与不擅长的特性,RPA 的实现难度受数据定型度和流程定型度的影响。数据定型度和流程定型度在一定程度上都可以通过调整业务流程的方式进行改善。

1) 数据定型化

数据定型化的工作,通常是把人工也能处理的非结构化数据,通过调整格式和规范内容等手段,转化为结构化的数据。数据定型化后的文档根据需要也可以是非结构化的文件,如 Word、PPT、文本文件等。RPA 的流程处理基于结构化数据,所以理论上可以达到 100% 的准确性。同时,RPA 软件机器人模拟人工对键盘与鼠标的操作,执行基于一定规则的大批量、可重复的任务,实现工作流程的优化,可有效解决企业信息资源管理系统(如 ERP、CRM 等)及办公软件(如 Excel、Word 等)之间的数据跨系统迁移等问题。

2) 流程定型化

处理定型化的工作主要体现在增强流程中处理的逻辑性,减少人为或不确定的因素。如果工作需要过多的人工判断和干预,则很难对流程进行定型化处理。RPA 特别适合那些已经在企业中成熟稳定地运行了很长时间的业务流程,这些业务流程经受了各种异常情况的检验,而且相关业务方非常了解处理细节。如果业务流程经常变化,对于员工来说可能是简单的,但是对于 RPA 来说,就会增加迭代工作,以及相关的测试和部署工作。

3. 人机协作设计

RPA 机器人通常是通过对大量数据进行分析、总结事物发生发展规律而形成自动化流程,在遇到新任务时,按照前期的流程设定对任务进行处理;但相反,如果是精神层面及创意类型的工作,在面对新领域进行新探索、新创作、新发现时,作为人的感性思维就显得格外重要。如此说来,RPA 数字劳动力虽说会取代人力工作中乏味、重复、非技术类的工作流程,但人类的相互协作仍是必不可少的,实现人机协同才是 RPA 助力企业数字化转型的真正目的。

自动化流程与完成度较高的传统 IT 系统相比，还需要不断地完善。因此，人机协作的交互性需要用户在使用过程中根据工作环境等因素不断地调整。人机交互的方式大致有文档交互、表单交互、邮件交互、平台交互等方式。在流程自动化转型的过程中，应该更多地从用户需求以及解决问题的角度出发，而不是从技术应用的角度去设计人机协作模式。把能够执行自动化流程的 RPA 软件机器人当作是一种新型的人力资源，从而考虑出各种资源之间如何高效配合，是设计人机协作模式的核心思想。

现在，RPA 机器人可以通过智能化技术，实现更高级别的人机协作。例如，机器人可以通过自然语言处理（NLP）技术，理解人类的语言和意图，并自动执行任务。此外，机器人可以通过图像处理（OCR）技术，自动处理图像数据，并完成相关任务。

任务二　事务分解和效果分析

任务情境

在通过业务理解形成业务流程图，并且基于流程自动化的特点进行范围选择之后，为了实现具体的流程自动化，需要进行事务分解。

任务描述

事务分解的方法有一定的灵活性，根据实际场景以及用户执行习惯的不同，相同的业务流程的事务分解结果也不尽相同，小明需要根据实际情况灵活掌握。事务分解的环节如图 7-15 所示。

图 7-15　事务分解的环节

知识要点

一、事务分解

在数据流程中，事务是一个最小的工作单元，它是一个操作序列，这些操作要么都执行，要么都不执行，不论成功与否都作为一个整体进行工作。事务具有四个特性（ACID）：①原子性（atomicity）：事务是用户定义的一个数据库操作序列，这些操作要么全做，要么全不做，是一个不可分割的工作单位。②一致性（consistency）：事务执行的结果必须是使数据库从一个一致性状态变到另一个一致性状态。一致性与原子性是密切相关的。③隔离性（isolation）：一个事务在执行的过程中不能被其他事务干扰。④持续性/永久性（durability）：一个事务一旦提交，它对数据库中数据的改变就应该是永久性的。要进行业务流程的事务分解，需要了解基于事务的流程分类，最终实现基于事务的流程分解。

1. 单一事务流程

单一事务流程仅包含一个事务，是流程自动化中应用最广泛的流程。由于单一事务流程有利于设计和维护，在多数情况下，应该尽可能地设计单一事务流程。单一事务流程如图7-16所示。

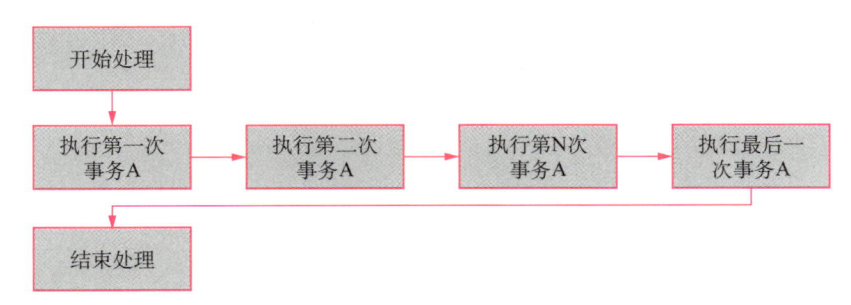

图7-16 单一事务流程

2. 连续事务流程

连续事务流程包含两个或两个以上因为重复次数不同等原因无法合并的事务。连续事务流程如图7-17所示。

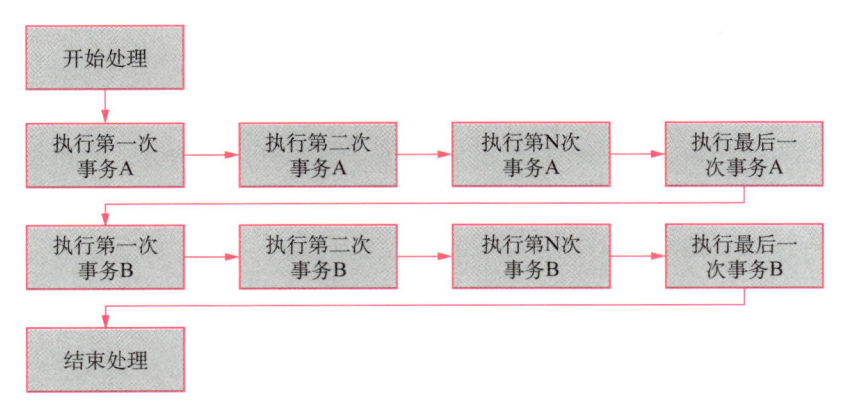

图7-17 连续事务流程

二、效果分析

在对业务流程图中各处理进行事务分解之后，在真正实现自动化之前，应通过对每个流程进行效果分析，判断将该业务流程进行自动化转型之后可以获得的回报。只有那些在自动化转型之后可以获得回报的流程才有流程自动化的现实意义。效果分析的内容如图7-18所示。

效果分析

图 7-18　效果分析的内容

任务实施

一、事务流程的分解

事务流程的分解大体分为三个步骤：确定事务、确定事务的开始和结束、调整事务。

1. 确定事务

确定事务的主要方法是关注业务流程中的多次处理，并且尽量明确它们的重复次数。

2. 确定事务的开始和结束

确定好单一事务流程的事务部分之后就可以对事务的开始和结束进行选择，通常只把与事务相关的处理加入单一事务流程中。一个业务流程图中的所有处理都应该为至少某一个事务服务，无论是作为准备的部分、事务的部分或是结束的部分。

3. 调整事务

调整事务，即验证事务分解的正确性以及发现其他可能的分解方式。拥有相同重复次数的连续多次处理可以合并为一个事务；在不影响业务流程结果的前提下，调整一部分多次处理的执行顺序，也可能实现流程合并的效果。

二、定量效果和定性效果分析

1. RPA 效果的本质

在进行效果分析之前，需要了解 RPA 效果的本质。首先，不要把 RPA 视为应用工具，而是要视为可以助力企业业务更新的手段。可以说，在 RPA 导入的过程中，受益最大的还是业务流程本身。其次，实施 RPA 不是既存不合理业务的延续策略，而是业务标准化合理化的路径。自动化流程的设计，同时也是对人工流程合理化的检查。最后，从整体来看，实施 RPA 不是一时的效率化或节约成本的对策，而是一种长期持续的业务改善以及管理模式的优化。

RPA 的回报呈现长尾型的特点。在自动化转型前期，每个自动化流程都拥有非常明显的事务特征并且 RPA 回报较高。在自动化转型的后期，虽然每个流程的回报可能不高，但是由于数量众多，并且自动化环境较初期有大幅度的改善，自动化转型成本降低的同时，协同效应也逐渐体现。

评判 RPA 效果的方法大体可以分为定量效果和定性效果两类，前期的 RPA 导入更关注定量效果，而后期的 RPA 导入则更关注定性效果。

2. 定量效果

RPA 的定量效果可以简单理解为流程自动化实现之后可以节约的人工成本回报，即被自动化实现的人工流程原本的成本与自动化实现过程中所需要的成本之差。衡量 RPA 的定量回报通常使用投资回报率（ROI）指标。投资回报率的计算公式为：

$$ROI = \frac{成本降低 + 收入增长}{总成本}$$

ROI 通常是 RPA 项目中的一个关键指标。对企业运营者而言，在评估 RPA 项目是否值得去做时，计算 ROI 指标非常重要。如果想要获得可观的经济效益和商业优势，就要在部署 RPA 时控制好总成本。然而，项目实施过程中，可能会遇到一些突发情况，导致出现预算超支、成本增加，从而影响 RPA 项目的 ROI。企业可以从以下两个方面控制 RPA 项目的成本投入。

1) 选择成熟的 RPA 产品

成熟的 RPA 产品有着完善的定价体系，针对大、中、小型公司有对应的产品套件及服务方案。企业运营者唯一要考虑的是企业特定流程中对于 RPA 产品的使用需求。企业可以向 RPA 厂商征求意见，针对未来的应用拓展做出部署规划。此外，随着 RPA 项目的推进，企业需要进一步优化测试环境。这就需要与企业 IT 部门、技术架构师等进行协调，对 IT 基础设施做出相应更改。而成熟的 RPA 产品具有很好的稳定性、拓展性和适应性，可以在不改变企业原有环境的基础上使用，为企业节约 IT 环境成本。

2) 与技术强的 RPA 厂商合作

开发成本涉及流程开发的复杂程度、需求的实现程度等影响因素，因此可能出现变量，较难估算。这部分成本是否能降低，取决于各厂商的 RPA 技术实力的强弱。技术强的 RPA 厂商可以使 RPA 产品用起来足够简单，降低人员培训、团队建设及后期的运维成本。RPA 厂商凭借其过硬的服务和技术实力，还可帮助企业制定科学合理的部署方案，以合理的投入获得最大回报，从而在竞争中保持优势。

3. 定性效果

1) 从用户角度

定性效果主要体现为员工工作负担的减少，包括业务效率和作业精度的上升、工作时间的缩短、工作压力下降、减少工作高峰期等。定性效果还体现为更好工作结果的产出，如提高工作报告的效率、实时反应最新情报、改善工作流程等。

2) 从部门的角度

RPA 自动化流程的实施有利于部门工作的顺利开展，提升工作效率。

3) 从业务流程角度

RPA 的有效实施能改善业务流程，实现精益管理，突破流程瓶颈。

任务三　RPA 流程实现和应用框架

任务情境

RPA 的实施策略对其稳定运行和后续运维有着决定性影响。小明要辅助团队设计一套优秀的实施方案，不仅能够确保 RPA 的稳定运行，还能让后续的运维和优化工作变得更加简便。

任务描述

在进行流程自动化的框架设计与开发的过程中，应当遵循四大原则：安全、灵活、稳定、高效，同时也要考虑到业务标准化对未来的可延展性需求。在流程执行前要进行大量的环境检查和分析，包括输入文档、配置文件、初始运行环境状态等。在流程执行中要根据流程运行涉及的系统、流程执行节点、流程长度等因素将整个流程进行切分，确保不同功能模块的低耦合性。要充分考量未来业务增长或拓展，预留衔接位置。要梳理常见业务异常状态和可预见的系统异常状态，将其按照异常类型、后续影响、特殊性等维度进行分类。在关键节点进行异常捕获，根据异常的不同划分进行不同的自动化流程指向，确保异常发生时能及时停止、及时跳过当前子流程并继续运行或者重新尝试执行。在流程执行后要按需进行执行结果的反馈、运行环境的恢复以及所有运行相关数据的备份归档等，以便后续流程的运行以及历史记录的追溯。

知识要点

自动化流程的实现要基于自动化处理的特点并充分理解人工流程中的每一个处理逻辑。自动化流程的设计实现过程主要体现在人工处理与自动化处理的差别上，这些差别主要可以分为操作处理、数据处理、异常处理三类。流程实现如图 7-19 所示。

图 7-19　流程实现

一、操作的自动化处理

操作的自动化处理如表 7-1 所示。

表 7-1　操作的自动化处理

操作处理	人工处理	自动化处理
启动应用程序	鼠标点击应用程序图标	打开应用程序或启动进程的控件
网页迁移	鼠标点击网页中的按钮或链接	模拟鼠标点击网页中的按钮或链接。在明确网址的情况下,使用导航活动,将网址以及所需要参数直接迁移页面
Excel 操作	打开 Excel 文件。然后通过鼠标和键盘使用 Excel 的软件功能来完成处理	使用 Excel 的各种控件,通过各种参数的设置直接完成对 Excel 文件内容的读取和编辑(不需要打开 Excel 文件)
邮件操作	通过鼠标和键盘的一系列操作调用其中的功能	直接使用专门调用 Outlook 等邮件管理软件功能的活动。使用 POP3 以及 SMTP 的活动,通过设置邮件服务器等参数进行邮件的获取和发送操作
对话框操作	使用复制、粘贴等手段,代替作业量大的输入	采用直接输入操作的方式,并且能够保证输入的内容正确无误

二、数据的自动化处理

数据的自动化处理如表 7-2 所示。

表 7-2　数据的自动化处理

数据处理	人工处理	自动化处理
数据库操作	通过使用数据库作为数据存储的应用软件来完成数据库内容的访问与修改	通过设定好的数据库用户名和密码直接连接到数据库本身
文本文件	通过打开文本文件进行编辑,一般还会配合剪贴板的功能进行复制与粘贴的操作	不打开文本文件的情况下直接对其内容进行写入或读取的操作
压缩文件	使用鼠标等与压缩软件进行界面交互	可以模拟人工进行界面交互。启动进程的活动,通过命令行的手段直接调用压缩软件
结构化数据文件	CSV 文件、XML 文件及 JSON 文件等通过相对应的解析软件进行操作	模拟人工操作的方法对结构化数据文件的内容进行遍历和处理。直接对结构化数据文件的内容进行遍历和处理

三、异常情况的自动化处理

异常情况的自动化处理如表 7-3 所示。

表 7-3　异常情况的自动化处理

异常情况	自动化处理
对话框通知	多用于包含人工参与的自动化流程中； 可以以最直观快捷的方式通知到用户异常的情况，并且根据具体情况提供有效的建议，并在对话框被确认之后继续自动化处理； 可以针对异常处理所需要的信息设计对话框的表单，这样用户直接在表单上进行所需信息的输入就可以解决异常，从而继续自动化处理
邮件通知	可以帮助用户准确地确认流程的开始和结束时间，留存记录，抄送相关的人员； 用户可以通过邮件内容或附件确认流程的详细执行结果
记录日志	可以将处理进行过程中的即时信息记录下来，帮助用户或外部支持人迅速对异常发生的原因进行定位，并找到解决方案
重试处理	针对在处理过程中偶发的系统异常进行重试，重新执行当前事务

任务实施

企业级应用也称企业软件（enterprise software）或者企业级应用软件，是指支持企业、事业单位或者政府等机构各项业务运作的软件系统。除了支持机构内部的协同工作，企业软件也支持企业与其供应商、业务伙伴和用户的协作与协调。企业级应用可以按功能划分为财务会计、ERP（企业资源规划）、CRM（客户关系管理）、SCM（供应链管理）、HRM（人力资源管理）、BI（商业智能）、CMS（内容管理系统）和企业通信工具等；企业级应用也可以针对不同行业，如制造业、零售业、医疗业等形成行业解决方案。通信与信息技术的不断突破，使得当代企业级应用不再是一个个相互独立的系统。企业一般都会部署多个彼此连接的、相互通过不同集成层次进行交互的企业级应用，同时这些应用又都有可能与其他企业的相关应用连接，从而构成一个结构复杂的、跨越 Intranet 和 Internet 的分布式企业应用群集。企业应用场景越发多元，也使得企业级应用越发复杂。大型企业级应用的结构复杂，涉及的外部资源众多、事务密集、数据量大、用户数多，有较强的安全性考虑。作为企业级应用，不但要有强大的功能，还要能够满足未来业务需求的变化，易于升级和维护。所以，企业级应用不只是涉及软件应用本身，更是为商业组织、大型企业而创建并部署的整体解决方案。而能够开发企业级应用的厂商，也意味着其应用开发能力的非同凡响。

RPA 带来的快速降本增效，已经在很多政企组织的各种应用场景中得到印证，并已成为其业务流程管理不可或缺的一部分。对于这些组织而言，RPA 的开发与应用不是难题，难的是大量 RPA 应用后的管理。一方面是如何更高效地管理成百上千的 RPA 机器人，另一方面是如何让这些 RPA 机器人发挥最大的功效。企业级的 RPA 具备以下 7 个特征。

一、平台级部署

企业级应用会面向众多企业用户，对访问速度和数据安全性的要求非常高。很多企业出于数据保密需求，只能在内网环境使用 RPA，这就要求云化的 RPA 平台也能做到本地的平台级部署，即在企业内部服务器和电脑上安装并运行 RPA 平台。部署项目包括在电脑上部署 RPA 流程开发平台和机器人，以及在后台服务器上部署控制中心和人工智能的相关服务。

二、智能化程度高

在很多业务场景中，员工需要处理大量的办公文档、文本、图片、报表等非结构化数据，传统 RPA 处理这些问题的能力不足。企业级 RPA 更加智能，结合 OCR（光学字符识别）、NLP（自然语言处理）等技术解决非结构化数据难题，进而胜任更多业务流程场景，提升企业自动化能力。

三、兼容性较好

不同行业的企业应用，其语言与架构差异性巨大。企业级 RPA 有较好的兼容性，能够跨系统完成各种部署，不仅能够在 Windows、Linux、Mac 等常见系统上运行，而且适配国产操作系统。此外，企业级 RPA 还有适配海外与国产的各种企业软件的能力。

四、稳定可靠性强

RPA 平台的稳定性，关系着各个业务流程能否正常运行，也是各种业务顺利执行的关键。企业级 RPA 可以通过强大的容错能力和异常处理机制，随时处理可能出现的各种软硬件问题，进一步保证各种复杂环境下 RPA 流程的稳定性。

五、可用性高

业务流程自动化必须具备高可用性才能发挥它的最大价值。高可用性，即在出现异常和故障时也能保证一直可用。企业级 RPA 平台支持服务器的高可用性部署、大批量部署机器人以支持服务器横向扩展，以适应机器人数量不断增多的情况。同时在处理数据冗余方面，也支持数据库的主从模式，提升数据安全，实现数据库的高可用性。

六、安全性高

企业的自动化运维，不仅要通过流程自动化技术重新分配规则明确、重复性高的工作，更要保证自动化业务的数据安全。不能保障数据安全与可用，再好的流程优化解决方案也没有意义。因此，数据安全是企业级 RPA 的重要指标之一。

七、更易于维护

业务高速发展的企业,数字化升级速度也会很快。信息系统的升级与改变,是影响 RPA 稳定性的因素之一。企业管理软件改变,RPA 流程也就需要相应调整。RPA 流程可读性非常重要,维护人员需要读懂流程,从而有效提升维护效率。企业级 RPA 流程基于可视化控件开发,提供可视化调试等多种易用功能,进而降低维护和改造流程的难度。

课后练习

一、单选题

1. 下列关于RPA认知的表述中,不正确的是( )。
   A. RPA能够协助人工完成高重复、标准化、规则明确的操作
   B. RPA通过重新定义工作内容让员工执行高价值的工作,从而提高生产力
   C. RPA模拟的是人工操作,因此不会达到优化企业内部流程的效果
   D. RPA是数字化工具,是新概念的劳动力,也可称为数字化员工

2. RPA技术开始在各行各业中被广泛应用,其影响因素主要是( )。
   ①可以协助员工处理规则明确的业务;②开发周期短;③提高员工工作效率。
   A. ①②　　　　　B. ②③　　　　　C. ①③　　　　　D. ①②③

3. 下列不属于业务流程中的基本元素的是( )。
   A. 系统　　　　　B. 文档　　　　　C. 处理　　　　　D. 决策

二、多选题

1. 下列关于RPA技术的表述中,错误的有( )。
   A. RPA技术目前还属于设想阶段
   B. RPA技术可以用于大量重复且有清晰规则的业务中
   C. RPA技术可以应用于任何的业务中
   D. 企业一般将RPA技术用于财务决策

三、判断题

1. 企业财务工作涉及大量数据的计算、核对和验证等,如果人工操作出错率高、人工成本大,有开发机器人的必要性。( )
2. 在确定RPA的适合度时,通常应当考虑业务的可行性以及系统的可行性。( )
3. 企业财务工作涉及大量数据的计算、核对和验证等,如果人工操作出错率低、人工成本小,则没有开发机器人的必要性。( )
4. 企业RPA的实现难度通常不受数据定型化和处理定型化因素的影响。( )

四、简述题

简述理解业务流程的实现过程。

思政园地

资料来源：节选自 2024 年 03 月 18 日《人民日报》的文章《数字科技是发展新质生产力的重要引擎》。

2024 年政府工作报告将"大力推进现代化产业体系建设，加快发展新质生产力"列为今年政府工作任务之一。

新质生产力是创新起主导作用，摆脱传统经济增长方式、生产力发展路径，具有高科技、高效能、高质量特征，符合新发展理念的先进生产力质态。

从产业互联网发展和实践角度看，数字科技是推动新质生产力发展的重要引擎。数字科技平台企业既有积累多年的技术优势，又有贴近产业、服务用户的丰富经验。因此，这些企业要担当创新"排头兵"，持续攻坚核心技术，推动技术成果转化，助力产业高质量发展，促进新质生产力形成。

推动数字科技不断创新

发展新质生产力，科技创新是核心驱动力。为此，数字科技平台企业要推动数字科技不断突破、创新，更好地为新质生产力形成助力。近年来，中国的数字科技在很多关键领域实现了自主创新，甚至达到世界领先水平。这为行业变革提供了强劲动力。

过去，我国企业对海外数据库厂商的依赖度很高。但随着国内互联网行业发展，一些企业也开始自研数据库系统。

以腾讯为例。最初，公司研发数据库只是为了支持内部的核心应用，以分布式技术支撑海量的并发请求。后来，腾讯逐渐开放能力，服务企业客户的更多场景。多年的持续深耕，让腾讯云数据库（TDSQL）的性能和稳定性，达到了全球领先水平。在去年的 TPC-C 基准测试中，腾讯云数据库创下每分钟 8.14 亿笔交易的世界纪录。它已经稳定支撑了 30 多家金融机构的核心系统替换，服务了中国十大银行中的 7 家，以及 4 000 多家中国企业，未来还有望进一步进军全球市场。

国产自研数据库对于金融、公共服务、电信等很多行业的高质量发展，都起到了重要推动作用。它不仅帮助这些行业打造了更加安全可控的业务，也实现了更低成本、更快速的服务响应。同时，它还通过分布式基础架构，为这些行业的灵活创新奠定了数字基座。

在数字科技新兴领域，中国企业也在全力抢占制高点。比如 AI 大模型，它是未来产业竞争的关键领域。当前，众多中国头部互联网公司都在积极发力自研大模型。这些国产大模型拥有更强的中文处理能力，可进一步推动中国人工智能行业高质量发展。

助力新兴产业发展壮大

发展新质生产力，培育新产业是重点任务。数字科技要以数实融合为导向，在培育新产业、以科技创新推动产业创新的过程中发挥积极作用，促进新质生产力发展。

近年来，在一些数字科技平台企业的助力下，很多传统产业旧貌换新颜，转型升级之路步稳蹄疾。

比如与腾讯云合作的广汽集团,借助高精地图、数字孪生、游戏引擎等技术,研发了自动驾驶虚拟仿真平台。平台可支持数千辆"自动驾驶车辆"和数十万辆"交通流车辆",在虚拟城市空间同时运行,每天完成百万千米的模拟测试。平台的上线,不仅有助于推动自动驾驶技术研发的降本增效,也避免了实际道路测试可能引发的安全隐患,还促进了智能汽车产业的发展。

不仅是广汽集团,通过与数字科技平台企业合作,抓住智能网联转型机遇,很多智能电动汽车企业乘势崛起,开始在世界舞台崭露头角。在全球,每十辆智能电动汽车的售出,就有一辆是中国制造。

当前,我国正站在新一轮科技革命和产业变革的关键节点。培育发展新质生产力,是抢占未来竞争制高点的关键。数字科技平台企业应积极发挥创新引领作用,向上突破关键技术的"天花板",向下扎根产业场景的"试验田",在实践中不断提升能力,为培育发展新质生产力探索新路径。

模块八 RPA 财务机器人的部署与运维

知识目标

1. 熟悉机器人部署的方案、出厂配置的要求
2. 熟悉机器人部署的安全策略、机器人上线需要的准备事项
3. 熟悉机器人实现的组成部分、机器人排班管理
4. 熟悉机器人事故处理机制、机器人变更管理
5. 熟悉机器人的绩效评价

能力目标

1. 能够制定机器人的部署方案
2. 能维护机器人的运行调试

素养目标

1. 增强职业素养意识
2. 培养信息职业素养
3. 具备良好的学习能力和实操能力
4. 遵循诚实守信的职业道德

思维导图

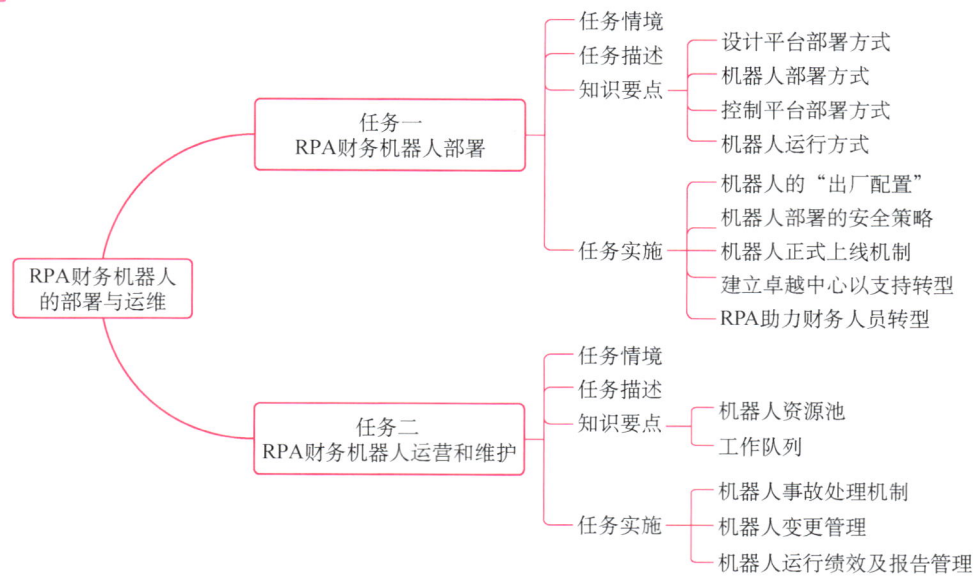

RPA财务机器人的部署与运维
- 任务一 RPA财务机器人部署
  - 任务情境
  - 任务描述
  - 知识要点
    - 设计平台部署方式
    - 机器人部署方式
    - 控制平台部署方式
    - 机器人运行方式
  - 任务实施
    - 机器人的"出厂配置"
    - 机器人部署的安全策略
    - 机器人正式上线机制
    - 建立卓越中心以支持转型
    - RPA助力财务人员转型
- 任务二 RPA财务机器人运营和维护
  - 任务情境
  - 任务描述
  - 知识要点
    - 机器人资源池
    - 工作队列
  - 任务实施
    - 机器人事故处理机制
    - 机器人变更管理
    - 机器人运行绩效及报告管理

项目导读： 前沿资讯

资料来源： 节选自《人民日报》2023年09月26日第05版（人民时评）《促进数字技术和实体经济深度融合》

习近平总书记向2023中国国际智能产业博览会致贺信时指出："中国高度重视数字经济发展，持续促进数字技术和实体经济深度融合，协同推进数字产业化和产业数字化，加快建设网络强国、数字中国。"近年来，我国产业数字化进程提速升级，数字产业化规模持续壮大。《数字中国发展报告（2022年）》显示，2022年，我国数字经济规模达50.2万亿元，总量稳居世界第二。数字经济与实体经济的"双向奔赴"，不断催生新产业、新业态、新模式，为经济社会发展注入了澎湃的新活力、新动能。

以数字化赋能，提升商品和服务的供给质量，可以促进供需在更高水平上实现动态平衡。通过"线下生产＋线上数据分析"模式，传统产业能够在规模化生产之外，探索开展个性化定制服务。比如，先生产小批量产品投放市场，再通过数据分析细分需求决定是否扩大生产。这种"轻资产、快反应"的柔性供应链模式，增加了产品研发、制造和流通的弹性，能帮助解决传统供应链模式下机会成本高、运转周期长等问题。这样的生产变革，能够通过精细化运营实现供需精准匹配，是一种更加适合中小企业数字化转型的模式，能让中小企业以"小单快返"的新模式轻装上阵，形成独特的竞争优势。

以数字技术驱动，提高整个产业链条的协作化程度，能促进传统产业联动转型、跨界合作。为了缓解中小企业数字化转型的"阵痛"，一批工业互联网企业积极利用新兴技术手段，共同培育行业数字化新生态。比如，有的云平台为超过5万家中小微企业提供从研发到生产的全周期服务，突破原有组织、技术、时间与空间的限制，让隶属于不同组织的工程师协同推进这些中小企业的数字化转型，有效解决他们缺资源、缺技术、缺人才、缺方案等难题。

借助数字化力量对传统产业的生产流程进行智能化升级改造，能为实体工厂带来质的改变。比如，浙江省杭州市一家电梯工厂实现智能升级后，目前已经可以做到2分钟生产1台电梯。在生产端，可通过数字平台对产品进行从设计到发运的全过程在线质量监测和管理，实现制造效率、质量等级与环保效益的多重提升；在售后端，可借助"工程大脑"，应用先进的物联网技术，实时对电梯的运行状态进行精准捕捉，以最快速度维修，确保电梯正常运行。积极应用数字技术，既能推进企业设计、生产、制造、运输、服务、售后等全流程变革，也有助于推动企业向智能化、高端化、绿色化转型升级，创造新的发展空间。

当今时代，数字技术日益融入经济社会发展各领域全过程。数字经济是把握新一轮科技革命和产业变革新机遇的战略选择，已成为推动传统产业转型升级、促进高质量发展、持续提升民生福祉的新引擎。促进数字技术和实体经济融合走深走实，就能不断催生具有旺盛生命力的新事物、新技术，推动经济社会发展不断迈上新台阶。

讨论题： 谈谈数字技术给你的生活带来的变化？

任务一　RPA 财务机器人部署

任务情境

RPA 的整体部署方案涉及设计平台 Studio(设计器)、机器人 Robot(执行器)、控制平台 Orchestrator(管理器)三层架构,如图 8-1 所示。

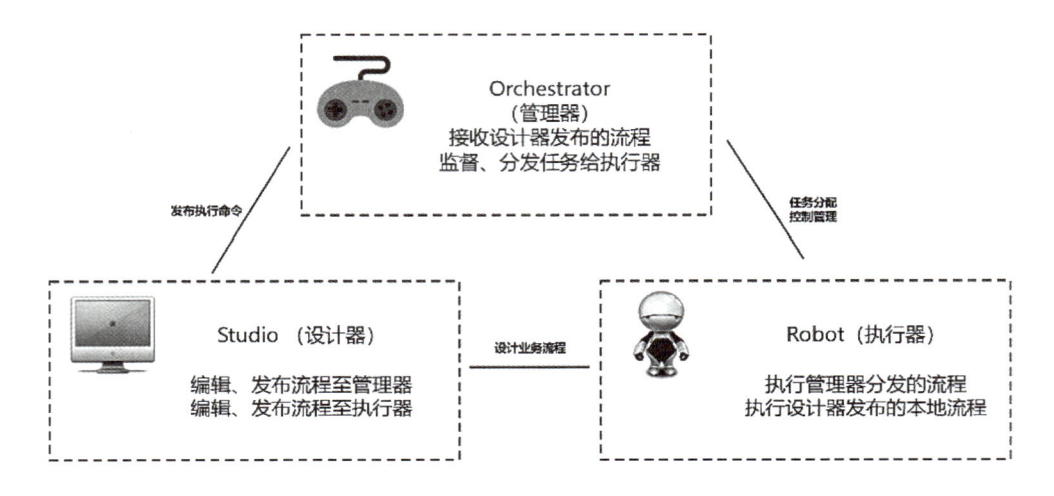

图 8-1　RPA 整体部署方案

设计平台 Studio(设计器):负责机器人的脚本开发,基于具体的业务流程自动化需求,通过编码开发、低代码图形化界面编排、流程界面录制等方式,生成机器人运行脚本。RPA 机器人的设计需要建立在对业务流程梳理和优化的基础上,决定了机器人上线后需要执行的具体任务。

机器人 Robot(执行器):负责根据设计脚本,执行具体业务流程,完成任务。机器人可以根据工作模式分为无人值守、有人值守两种模式,无人值守是指 RPA 在后台运行,无需业务人员操作,可以自动完成任务;有人值守是指需要业务人员参与到流程当中触发任务或执行部分流程,采用人机协同的方式完成任务。

控制平台 Orchestrator(管理器):负责对机器人进行控制管理,包括任务分配、任务启动和停止、运行状况监控和统计、权限控制、机器人集群任务协同等,保证机器人的高效、稳定运行。

目前主流厂商的 RPA 平台就是由设计平台、机器人和控制平台这三个标准套件组成的,这三个核心套件形成了 RPA 产品的基本要素。其他如 AI 平台、人机交互、流程挖掘、自动化中心等都是 RPA 财务机器人衍生出来的周边产品。

任务描述

理解 RPA 机器人整体部署的方式。

知识要点

一、设计平台部署方式

设计器与机器人部署方式类似，大部分厂商都支持 1 台电脑部署一个设计器。个别厂商提供了基于云上的设计器，无需安装就可以直接通过网页开发流程。

二、机器人部署方式

机器人部署方式有以下 4 种。

1. 物理机部署

机器人部署在电脑终端或服务器上，通常每台电脑可以部署 1 个机器人。如果是要外接设备，如 Ukey、打印机、扫描仪等，推荐用物理机部署方式。目前，也有一些 Usbhub 可以集中插 Ukey，然后将 Usbhub 连接到网络上。

2. 虚拟化部署

通过桌面虚拟化技术，将机器人部署在 Windows 虚拟机上，通常每台虚拟桌面可以部署 1 个机器人。

3. 云桌面部署

通过云桌面技术，将机器人部署在 windows 云桌面上，通常每台云桌面可以部署 1 个机器人。一般情况下每台云桌面机器人需要有一个云桌面终端来维护云桌面可用状态。

4. 高密度机器人部署

高密度机器人可以部署在物理机、虚拟机或云上，但需要 Windows Server 系统，可以在单机上同时运行多个机器人，相互无影响。

三、控制平台部署方式

控制平台有多种部署方式，常见的部署方式有集中式部署、分布式部署、混合式部署和云部署 4 种。根据部署地理位置的不同，部署方式可分为私有化部署和公网部署。

1. 集中式部署

集中式部署是指机器人和 RPA 服务器部署在同一个网络，由总部统一管理，利于管理和维护，自动化场景不涉及多个分支机构或可以集中在总部处理，如图 8-2 所示。

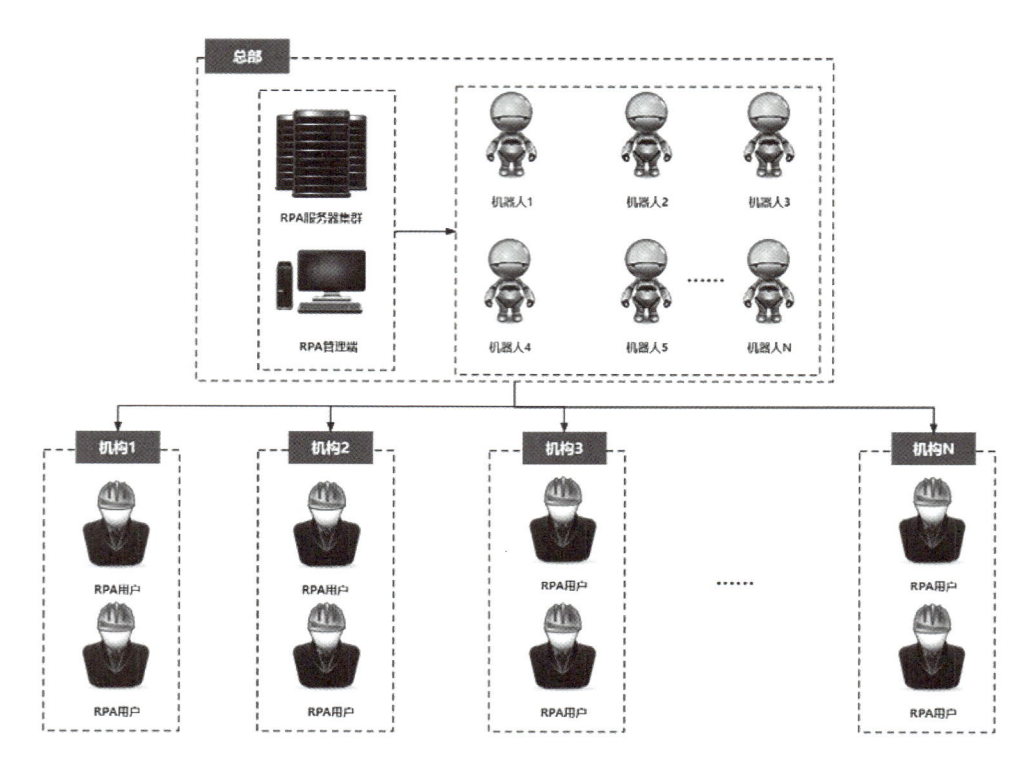

图 8-2　集中式部署

2. 分布式部署

分布式部署是指 RPA 服务器在总部,机器人分布在各个分支机构或不在 RPA 服务器网络,如图 8-3 所示。一般是机器人自动化场景涉及业务无法集中在总部处理,必须在各分支机构运行,总部只做管理动作。

3. 混合式部署

混合式部署是指服务总部和分支机构都部署了机器人,总部及分支机构都有自动化应用场景,如图 8-4 所示。目前大型集团未来都会往混合式部署演进,会有更多的分支机构开始自行设计流程,一些本地化的场景也只能在当地部署机器人。

4. 云部署

云部署是指 RPA 服务器或机器人部署在云端,使用人员通过互联网访问 RPA 平台管理和使用,如图 8-5 所示。机器人也需要通过互联网访问 RPA 服务器。有时为了满足业务外包要求,机器人也会部署在企业外部的公有云环境中,这就需要机器人通过 VPN 或远程桌面来操作部署于企业内网的应用系统,同时需要为机器人提供远程的部署和监控能力。

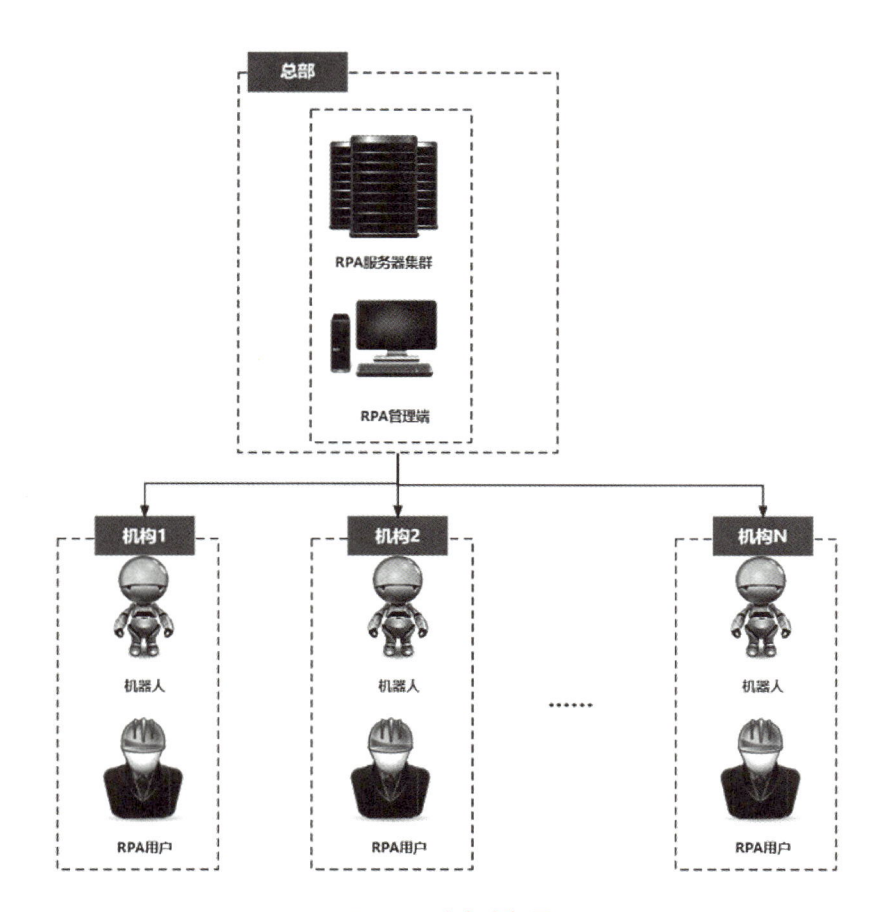

图 8-3　分布式部署

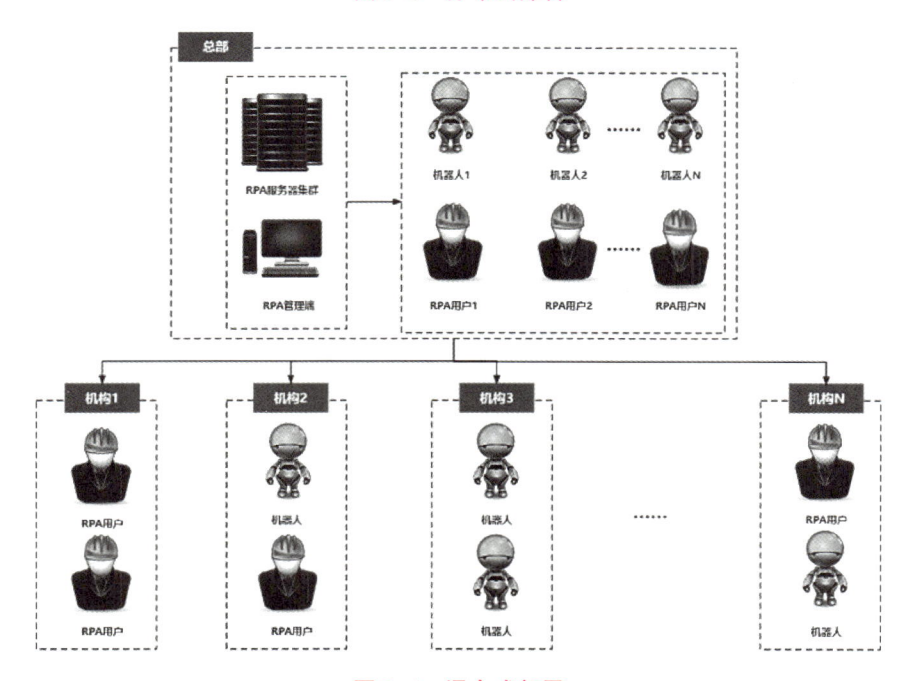

图 8-4　混合式部署

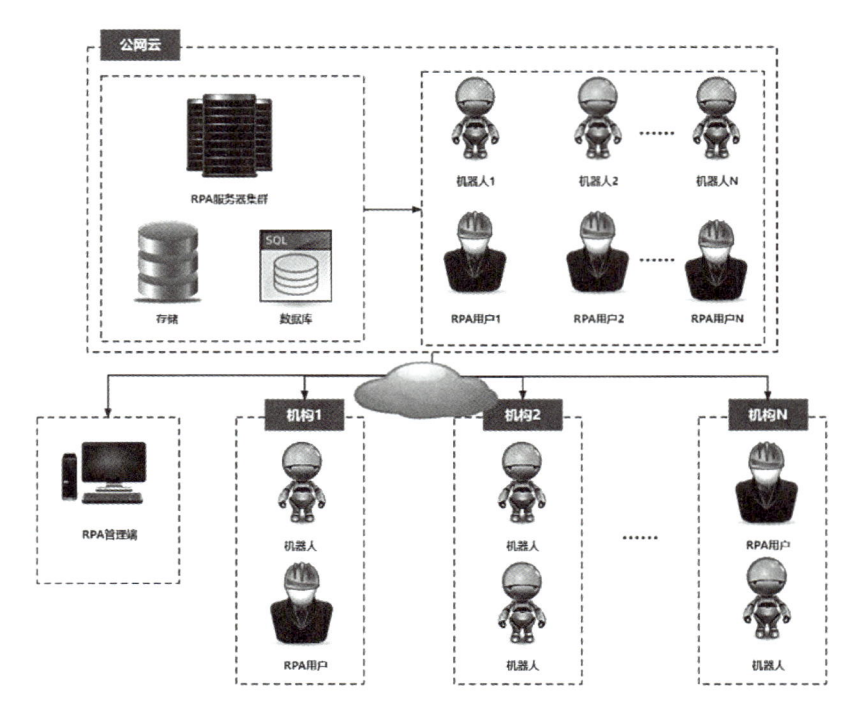

图 8-5　云部署

四、机器人运行方式

机器人的运行方式分为两种：全自动型机器人和人机交互型机器人，通常称为无人值守型机器人（Unattended RPA）和有人值守型机器人（Attended RPA）。

无人值守机器人不需要财务人员的干预，机器人的启动和运行均无需人工介入，全程自动化操作。而有人值守机器人则是在流程执行环节的某个节点或者是多个节点都需要财务人员的参与，参与的方式有信息确认、数据录入、指令发布等。

1. 无人值守型财务机器人

无人值守型机器人由机器人自行触发，以循环批处理模式连续不间断地执行某个业务流程。机器人可以全天候 24 小时不间断地运作。可通过控制平台访问无人值守型机器人，也可在控制台中实时查看、分析、部署调度、监控和修改无人值守型机器人。

无人值守型机器人常用于可以在后台执行的业务场景，以实现大量财务数据的采集和分析。例如，发票查验机器人可设计为无人值守型机器人，可以 24 小时不间断地在后台查验发票的真伪；电商平台交易数据处理机器人也可设计为无人值守型机器人，可以 24 小时不间断地将电商平台交易数据自动下载并录入到企业内部的 ERP 系统中。

2. 有人值守型财务机器人

有人值守型机器人，则是在流程执行环节的某个节点或者是多个节点需要人工的参与。出于财务谨慎性和严谨性以及财务实际业务的复杂性考虑,目前财务机器人的实际应用案例中,绝大部分的财务机器人都是有人值守型,如前文提及的银行余额调节表机器人、费用汇总机器人和自动开票机器人等,均在不同的流程节点有财务人员的人工参与和确认。

无人值守型机器人和有人值守型机器人并非是完全独立的。在同一个控制平台下,无人值守型机器人和有人值守型机器人可以实现协同作业,两种方案组合部署,既可以简化业务流程,又可以在一定程度上保证业务流程的准确性和严谨性,提高整套财务机器人解决方案的整体效率和准确率。

任务实施

一、机器人的"出厂配置"

自动化的流程在运行时往往需要特定的环境,假使机器人都是针对固定流程进行基础配置的,当出现机器人需要增加资源时,就需要重新部署并配置对应的生产环境。为避免该问题造成的资源浪费,应该在开发流程前进行机器人"出厂配置"的标准化,针对客户的需求与现有配置的实际情况,形成一部全流程通用的配置说明书。在每次制造新的机器人时,只需要按照说明书标准进行配置,即可满足大部分通用全流程的运行。这样,机器人就从繁杂的"原料"成为可利用的资源,只要有需求就可以直接拿来使用。

二、机器人部署的安全策略

随着数字化转型的深入,大多数企业已不再纠结于是否应该开展数字化转型,而是将更多的注意力放到了如何顺利推进并加速数字化转型的问题上。RPA作为加速企业数字化转型的有效技术之一,在企业领导者中越来越受欢迎。RPA可以快速部署以自动执行重复性任务,帮助企业节省时间和成本。虽然RPA能够为企业带来诸多好处,但仍有企业领导者担心其安全问题。例如,RPA机器人处理敏感数据并将其从一个系统转移到另一个系统,在这个过程中,数据是否会受到威胁。为了保证RPA机器人实际运行过程中的安全性,可以从图8-6中的八个安全维度考虑机器人的流程设计与开发。

对此,综合考虑以上安全维度,为了提高数据安全性和访问安全性,在使用RPA时应注意以下8点。

1. 参数配置安全

当业务信息输入全部数据化后,在RPA操作数据之前可以对其进行数据加密,目前比较流行的智能加密技术是同态加密。同态加密提供了一种对加密数据进行处理的功能,其他人可以对加密数据进行处理,但是处理过程中不会泄露任何原始内容。同时,拥有密钥的用户对处理过的数据进行解密后,得到的将是处理后的结果。

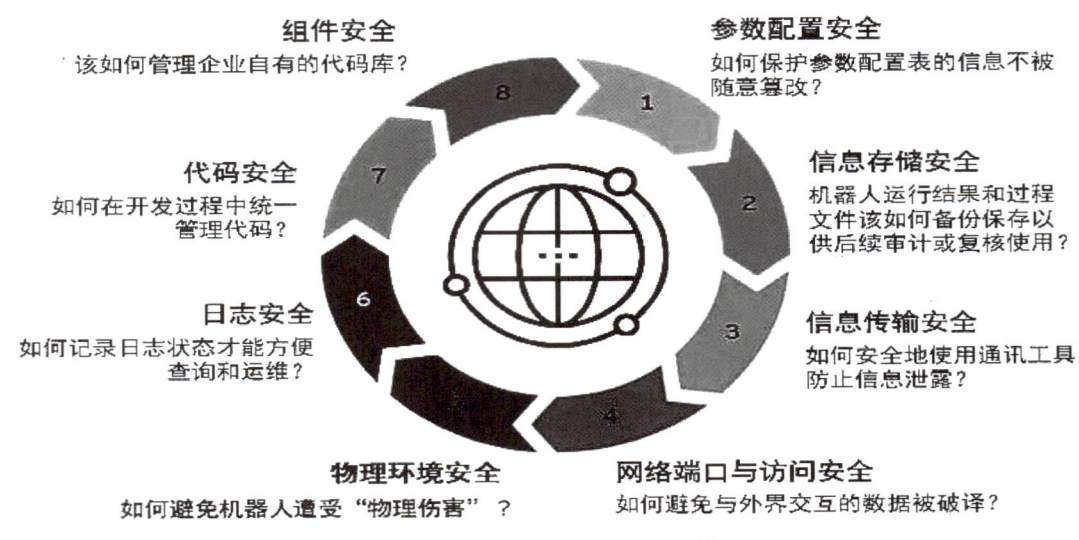

图 8-6　RPA 机器人部署的安全策略

2. 信息存储安全

对于所有输入、过程和结果的文件，需要按照统一标准的方式进行备份，为事后核查及审计提供支持。

3. 信息传输安全

不同的部门在使用 RPA 时都应该分配相应的操作权限。例如，部署和维护人员可以单独设置权限，实际运营和操作人员设置另外一种权限。这样做的好处是，可以使整个工作流程和团队工作分配更加明确，同时减少了数据操作失误的风险。

4. 网络端口与访问安全

基于角色的访问控制是一个内置的身份验证系统，该系统允许公司将 RPA 机器人访问权限设置为授权用户，并将员工之间的职责分开。基于这种类型的控制，可以在查看、创建或修改模式下为 RPA 系统的各个用户提供不同级别的访问权限；这些部门通常基于员工在组织中的角色、职位和权限。基于数据的访问控制，可用于设置对受保护的数据资源访问，并允许对每个资源进行详细的访问控制，如时间段、文件夹等。

5. 物理环境安全

如果使用实体计算机作为 RPA 机器人载体，需要确保这些计算机或者相应的 Ukey 集中器等物理设备的安全，保障畅通的网络环境，同时，还要限制不相关人员的进出，以减少潜在的危险。在选择 RPA 操作人员和管理员时一定要三思而后行。

6. 日志安全

RPA 平台会提供完整的操作日志，跟踪、记录机器人和用户在自动化系统中执行的每一步操作。平台可以按照用户的要求生成日、周、月形式的操作日志报告。这些日志除了有助于优化自动化流程效率，还可以帮助用户直观地看到 RPA 的异常操作。

7. 代码安全

目前主流的 RPA 厂商的开发代码都会做定期的检测，统一管理监控代码开发，防止代码版本错乱、代码被意外修改、代码丢失、黑客入侵等问题。

8. 组件安全

在金融服务、能源、零售和医疗保健等行业，用于保护数据的技术已被整合到 RPA 技术中。选择最新标准传输层安全性协议的 RPA 产品也很重要，将此类技术集成到 RPA 中，可使组织更好地保护自己免受高级内部和外部 IT 威胁的侵害。

三、机器人正式上线机制

1. 加强企业的 RPA 培训

数字思维和技术手段，会成为员工的重要力量。RPA 行业知识、操作知识都会在员工的应用中发挥出更大的作用，深入到实际工作当中，帮助部门提升工作效率，降低重复劳动对精力的消耗。另一个需要注意的问题是引入 RPA 带来的自动化焦虑。机器人和人工智能使得许多对技能要求比较低的岗位面临被替代的风险，传统的职场环境必然会被颠覆，财务人员也要更早开始思考提升与转型。对企业而言，引入 RPA 后如何最大限度地降低甚至消除员工的焦虑，维护组织稳定是非常重要的。

2. 建立专门的实施团队

建立一支熟知 RPA 机器人技术的人才队伍，减少企业对 RPA 顾问的依赖，确保未来 RPA 机器人在公司的深入推广与应用。RPA 作为数字化劳动力，可以用于任何规范化流程中。它为企业带来的效益应从企业整体层面来衡量，而非财务部门本身。因此 RPA 的实施应得到企业管理层的认可与支持，由财务部门主导，IT 部门积极参与并配合实施，基层员工也应参与其中，在了解 RPA 优势的同时积极应对 RPA 给自身工作带来的挑战。

3. 业务部门与 IT 团队的沟通协作

当机器人自动化项目遇到问题时，一个关键的原因通常是 IT 和业务领导者之间的不一致。由于业务用户了解流程并对运营绩效负责，因此他们必须确定要自动化哪些流程，并应密切参与 RPA 开发。就 IT 而言，它必须贡献其先进的技术知识和经验，并确保机器人的端到端性能。每当应用程序发生变化时，也需要密切协作，以便机器人可以适当更新。

四、建立卓越中心以支持转型

卓越中心（center of excellence，CoE），是企业为实施 RPA 专门成立的跨部门指挥中心。企业在 RPA 实施初期，想要为 RPA 后续大规模部署打下良好基础，构建一个适应企业 IT 整体规划且职责明确的 CoE 是必不可少的。

卓越中心主要负责：

（1）支持：卓越中心应为业务部门提供有关自动化开发专业知识、流程再造和卓越操作自动化的支持。

（2）指导：集中掌握标准、方法、工具以及知识存储库。

（3）共享学习：培训、认证、技能评估、团队建设与角色正式化等。

（4）度量：卓越中心需要展示流程自动化项目正在交付预期价值。

（5）治理：卓越中心应确保企业投资的项目是有价值的，并逐步推行。

五、RPA助力财务人员转型

RPA能够将财务人员从机械的财务处理工作中解放出来，有利于减轻其工作负担，财务人员面临转型。

由普通财务会计向管理会计转变。财务人员除了继续深入跟进新经济政策、财税知识，还应主动学习新的商务模式与价值体系，高度关注互联网模式下信息技术、大数据应用和人工智能，拓宽个人的知识面，树立既能"低头干活"，又能"抬头看路"的管理会计思维；通过职业判断，充分利用财务信息，提高分析问题能力、解决问题的能力。

由基础核算人员向复合型人才转变。未来，基础会计核算人员岗位很可能被全部取代。为应对挑战，基础会计人员应加强其他业务知识的学习，不局限于会计领域，实现向具有专业知识、良好的职业判断能力、良好的计算机操作能力等复合型人才转变，通过岗位调整，为企业创造更大的价值。

任务二　RPA财务机器人运营和维护

任务情境

对于大型企业来说，为保证RPA机器人实施项目的持续改进，建立RPA卓越中心（CoE）协助企业内部培养独立自主的、可扩展的RPA专业技能，对机器人进行运营和维护。它能将RPA深入有效地嵌入到组织内部，让客户从中学习，并在未来部署中不断传播在此累积的知识和资源。小明作为RPA卓越中心（CoE）实习成员，全程参与卓越中心的建立与管理。

任务描述

理解RPA机器人卓越中心辅助RPA项目运行与维护基本过程步骤。

知识要点

一、机器人资源池

机器人资源池(robot resource pool)一般是指可以投入到实际流程执行的机器人终端集合,如图 8-7 所示。机器人资源池一般也会包含有动态机器人调度功能,但是前提必须是在相同或者兼容的环境中运行。按业务流程对机器人进行资源池化的归类管理,根据业务场景所需的应用环境、网络环节、业务量峰值、执行时间等统筹规划资源池中机器人的数量,达到统一调度、自动规划执行、共享使用的最优管理模式。

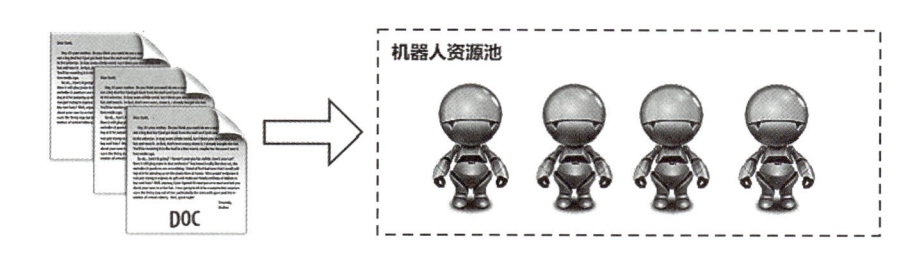

图 8-7　机器人资源池

1. 机器人调度管理

(1) 专职机器人:适用于数据量大、执行频率高、有环境要求的场景。

(2) 共享机器人:流程执行从资源池选择一台资源最优的且空闲的 RPA 机器人执行任务。

2. 资源池绩效管理

(1) 资源池状态:实时展现资源池负载情况,查看当前是否存在队列堆积,是否影响业务流程执行。

(2) 数字员工绩效管理:时间维度、任务计件。

二、工作队列

工作队列(work queue)是一种企业级任务管理协同机制。在 RPA 领域中,工作队列通常指将单一工作任务放入工作队列池,再按需执行的过程。这些单一的工作任务,可以是一笔工单、一笔业务数据或一条数据记录等。由于是基于一笔笔具体的工作任务,工作队列中的颗粒度相较于机器人资源池更细。

工作队列的应用包含两部分:第一部分——将工作放入队列,第二部分——从队列拿工作。

将工作放入队列,如图 8-8 所示。

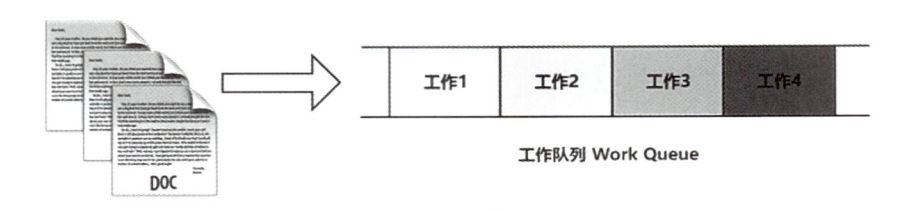

图 8-8　将工作放入队列

从工作队列拿出工作一般分为两类,单机器人读取和多机器人协同读取。

(1) 单机器人读取,如图 8-9 所示。

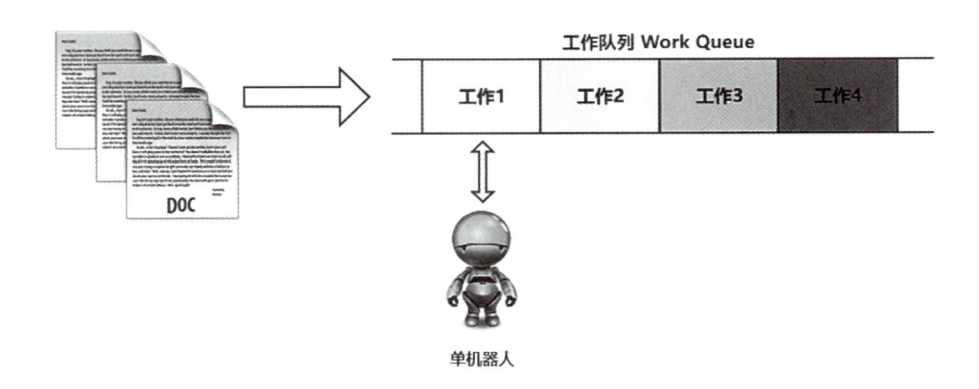

图 8-9　单机器人读取

单机器人读取工作队列的原因有以下几点:第一,为了精确追踪业务指标(某一笔交易从什么时候开始被机器人执行、什么时候结束的、结果是如何);第二,为了标记流程中间过程步骤状态。

(2) 多机器人协同读取,如图 8-10 所示。

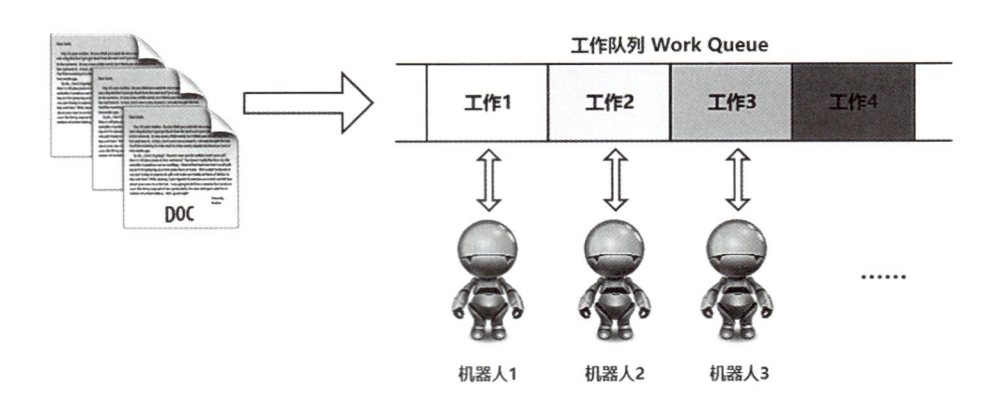

图 8-10　多机器人协同读取

多机器人协同读取有以下4个优势:第一,业务分流:不论业务增长有多快,都可以轻松扩展机器人资源,避免重负荷工作全部由单一机器人实现。多个机器人读取最新的工作任务,或者根据标签挑选符合要求的工作任务。第二,多机器人协同:某一个机器人出现意外,不影响整体任务作业;可以按需及时动态增删工作流程的工作机器人数量。第三,中间过程标记:不论是哪个机器人处理的某笔业务,该笔业务前三步已经被执行过了,那么下一个接手该工作的机器人就可以直接跳至第四步去执行。第四,时间窗口或业务笔数等特殊需要:某业务只能在特定的时间窗口执行,需要在那个时间窗口部署多个机器人。

任务实施

一、机器人事故处理机制

RPA支持的重点是使用机器人的用户,确保他们能够轻松获得与机器人计划相关的适当级别的支持。这些支持包括用户如何提出潜在的问题,如何提出改进建议和要求。通过机器人事故处理机制,明确事故原因。

在RPA自动化流程运行中,通常会有三种异常情况:业务异常、应用异常和机器人异常。

1. 业务异常

业务办理过程中可能存在一些数据异常或者超越既定业务规则的情况。通常,业务人员需要采用特别的手段进行处理。在RPA中,通常采用拟定新的业务解决方案或流程规则判断、分支条件以及人机交互(将错误的数据交给人类员工处理,机器人只处理正常的数据)的方式来解决。

2. 应用异常

RPA运行时会出现某个应用程序中断、网站的某个页面打不开、应用出现异常报错的情况,而设计人员在设计时通常很难预测到这类异常。所以,设计人员需要在RPA程序中引入错误捕捉和处理机制。通过错误捕捉技术抓取自动化程序中的运行错误,做特殊处理,而不中断RPA机器人的运行。这些处理手段包括截取界面的错误信息、触发某种补偿任务、发送邮件通知相关人、记录错误日志等。

3. 机器人异常

当RPA平台中的某个机器人出现运行错误,导致自动化处理流程中断,我们可以采用负载均衡和机器人动态控制机制,将自动化任务分配给其他没有问题的机器人来处理。即便整个RPA平台出现了问题,我们也可以通过高可用(high availability,HA)和灾备(disaster recovery,DR)机制来解决这类异常问题。

RPA运维团队通过以下4点来维护机器人的稳定运行。

1. 运行日志

记录机器人运行的日志信息是非常有必要的。运维人员可以根据之前记录的日志信息分析出导致异常现象出现的原因。技术人员也可以根据日志信息快速定位到自动化程序中的错误,通过修改自动化程序,增加分支处理流程,增加异常处理手段,不断增强自动化流程的稳定性。在自动化流程运行中,通常需要记录三类日志信息:正常的执行过程记录、警告信息、错误信息。

(1) 正常的执行过程记录。正常执行过程的日志记录信息通常用于后续的合规和审计处理,以及对机器人处理过程的追踪和监控。

(2) 警告信息。警告日志信息可以尽早为 RPA 运维人员提示运行风险,使运维团队及时采取适当的手段避免异常发生。

(3) 错误信息。错误日志信息描述了自动化流程运行中已经发生的问题。机器人运维人员可通过监控系统捕获这些异常,并及时修复和处理这些异常情况。

2. 认知态度

虽然机器人初期运行时会遇到种种问题,但业务用户需要有一定的同理心去理解这种现象,就像一个新员工刚刚接受一份新的工作时,有些磕磕绊绊,手忙脚乱的现象也是正常的。但是,经过一段时间的学习之后(对于问题的修复),新员工就会随着经验的积累(自动化程序的健壮性)逐步减少工作中的错误。

3. 管理手段

在技术上,机器人运行稳定性的提升和改进也是 RPA 运维团队的重要职责之一。如同员工不断优化自己的操作处理方式,不断改进与上下游的协作关系一样,机器人也需要不断优化运行周期、触发动作、与人的协作方式等。

在业务上,就像业务主管对手下员工进行监督一样,业务主管也需要对机器人处理的业务信息进行监控。例如,是否有超规格的业务数据出现,业务流量的突增或突减等。

以前如果出现这些情况,员工可以及时报告自己的领导,但如今机器人需要实时地展现并反映这些问题,提交给运维人员,经修复处理达到某一预设的业务规则后,及时反馈给业务主管。反过来,业务主管也应当及时发现机器人运行中的问题,上报给运维人员或者调整业务处理策略。

4. 技术支持

保障 RPA 稳定运行的一项重要工作就是 Hypercare,即"超级关怀"。Hypercare 通常是在 RPA 上线后的 1~6 个月有效,可依据机器人执行任务的频率缩短或延长。Hypercare 的目的是保障机器人的稳定运行,提高业务用户的满意度,避免由于 RPA 运行初期的稳定性问题给业务部门带来负面情绪。初期的 Hypercare 团队基本上是来自 RPA 的实施团队,他们对这些上线的业务流程和实施过程最为了解,由他们来提供即时技术支持,可以确保 RPA 流程在初期的稳定运行。

一旦 RPA 完成部署上线,运维团队就应根据业务和 IT 部门共同制定的目标,以及预定义的 Hypercare 退出标准,来编制 Hypercare 的执行计划,其中包括检查周期、检查方式、检查清单、信息仪表盘、错误修复流程指南、快速部署上线流程等内容。相当于在进入常规的运维状态前，对新上线的自动化流程的一种特殊关怀。机器人技术支持如图 8-11 所示。

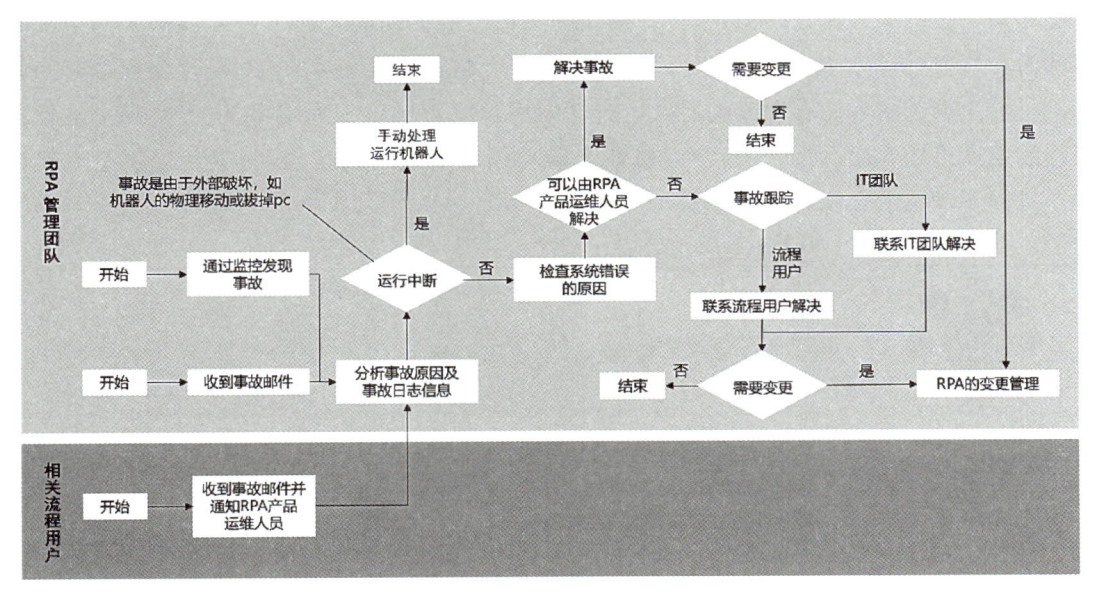

图 8-11　技术支持

二、机器人变更管理

变更管理机制是用于启动、记录、评估、批准和解决项目变更的机制，是审查、批准、测试和安装新设备、云实例或应用程序新版本的过程，如图 8-12 所示。当发现或收到任何会影响实时机器人计划变更的请求时，即需要使用正式的变更管理程序。

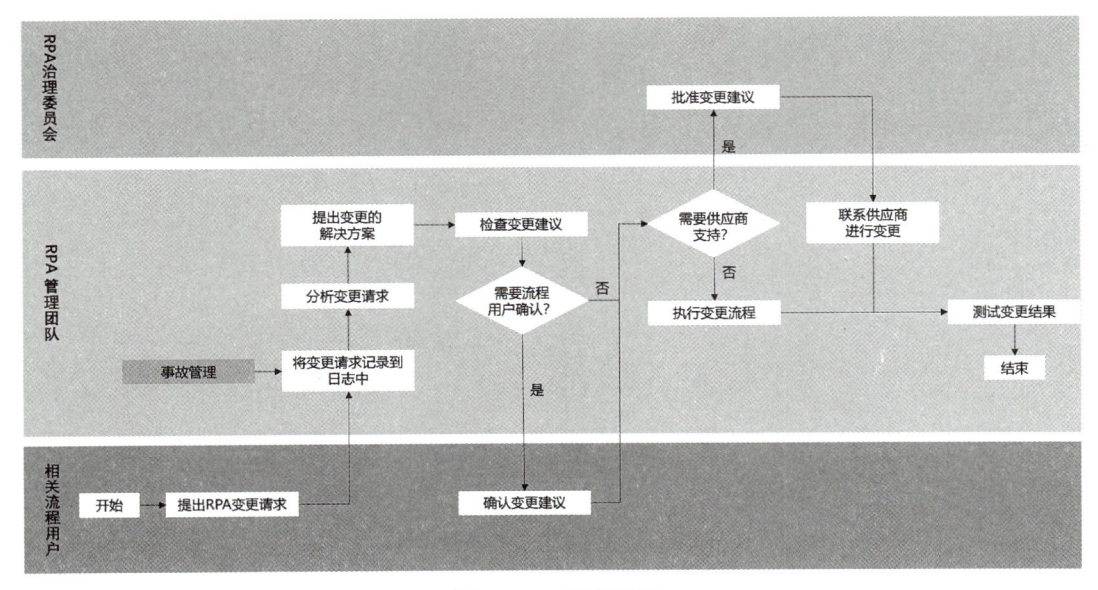

图 8-12　变更管理

三、机器人运行绩效及报告管理

相对于传统绩效特点，机器人具有极佳的降本增效的功能。通过衡量机器人的空闲时间的占比，优化机器人运转协调，可以达到让每一个机器人真正实现 24 小时全程运转的目标。机器人卓越中心能够生成机器人运行计划表与涵盖机器人利用率、生产率和平均处理时间的定期机器人运行报告，通常以机器人监控仪表盘的形式呈现，为客户提供全天候支持。机器人卓越中心监测平台界面如图 8-13 所示。

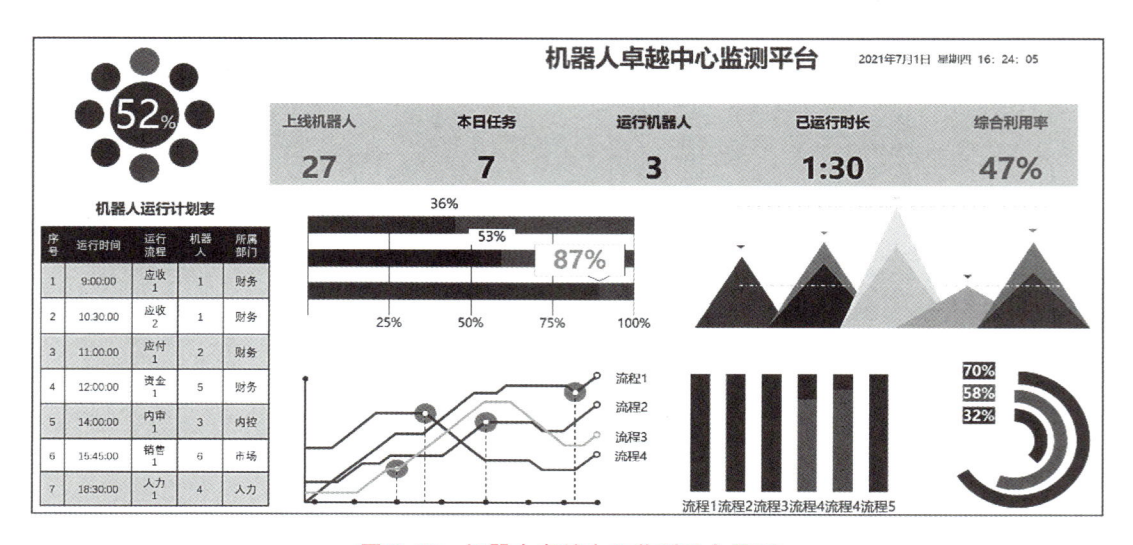

图 8-13　机器人卓越中心监测平台界面

课 后 练 习

一、单选题

1. 在 RPA 的整体部署方案中，通常不涉及的内容是（　　）。
   A. 机器人设计器　　　　　　　　　B. 机器人
   C. 机器人控制中心　　　　　　　　D. 计算机硬件
2. 为了让机器人自动化在整个企业中发挥全部潜力，应该加强机器人上线的管理机制，下列措施错误的是（　　）。
   A. 加强企业的 RPA 培训　　　　　B. 建立专门的 IT 团队
   C. 建立卓越中心以支持转型　　　　D. 将实施工作全部交付给第三方团队
3. 企业通常无需启动 RPA 的变更管理流程的情况是（　　）。
   A. RPA 的流程发生了变更　　　　　B. RPA 的业务配置发生了变更
   C. 登录 RPA 的账号和密码发生了变更　　D. 操作 RPA 的人员发生了变更

二、多选题

1. 为了让机器人自动化在整个企业中发挥全部潜力，应该加强机器人上线的管理机制，下列属于正确措施的有（　　）。
   A. 加强企业的 RPA 培训　　　　　B. 建立专门的 IT 团队
   C. 建立卓越中心以支持转型　　　　D. 将实施工作全部交付给第三方团队
2. 企业通常需要启动 RPA 的变更管理流程的情况有（　　）。
   A. RPA 的流程发生了变更　　　　　B. RPA 的业务配置发生了变更
   C. 登录 RPA 的账号和密码发生了变更　　D. 操作 RPA 的人员发生了变更

三、判断题

1. 为了减少由机器人数量增加引发的麻烦，通常在开发机器人流程之后应当对机器人"出厂配置"标准化。（　　）
2. 在应用 RPA 财务机器人过程中会受到其所处环境的影响，因此在使用 RPA 财务机器人之前需要设置好其运行的环境。（　　）

四、简述题

1. 简述机器人运维过程中需要注意的问题。

2. 简述机器人卓越中心管理模式。

思政园地

资料来源：节选自桂从路2022年05月13日发表于人民日报的文章《把数字技术广泛应用于政府管理服务》。

北京市将数字化思维融入政府治理全过程,通过大数据分析民生需求,对群众急难愁盼问题进行源头治理；浙江省深化"最多跑一次"改革,大力推动政府数字化转型；安徽省通过打造"一图一端一码",解决群众办事难、办事慢的问题……近年来,各地稳步推进数字政府建设,有力推动了政府职能转变,提升了办事效率,让数字技术更好地服务人民、造福人民。加强数字政府建设是创新政府治理理念和方式的重要举措。党的十八大以来,党中央围绕实施网络强国战略、大数据战略等做出一系列重大部署,各方面工作取得新进展。2021年5月发布的一项报告显示,在省级行政许可事项中,平均承诺时限压缩51.13%,99.55%的事项实现网上可办,89.77%的事项实现网上受理和"最多跑一次"。

"数据"多跑路,百姓就能少跑腿。加强数字政府建设,必须把满足人民对美好生活的向往作为出发点和落脚点。从广泛运用大数据、云计算、人工智能等技术织牢防护网,到智慧城市建设中通过"数据大脑"集成警务、交通、城管等各种应用场景,为群众提供订单式优质服务,一项项数字政府建设成果,给群众带来实实在在的获得感。从根本上讲,数字技术是手段而不是目的。只有坚持以人民为中心,以群众的实际需求为导向,从解决群众关切的现实问题入手,才能确保数字政府建设更加贴近实际、有效管用。

民之所望,政之所向。近年来,互联网、大数据、云计算、人工智能、区块链等技术加速创新,日益融入经济社会发展各领域全过程。乘着新一轮科技革命的"东风",数字政府建设大有可为、也必将大有作为。坚持以人民为中心,坚持正确政治方向,推动政府数字化、智能化运行,我们就一定能加快建设人民满意的服务型政府,不断增强人民群众的获得感、幸福感、安全感。

资料来源：节选自梅宏2021年05月21日发表于《人民日报》的文章《推动传统行业数字化转型》。

习近平总书记指出："信息化为中华民族带来了千载难逢的机遇","推动信息领域核心技术突破,发挥信息化对经济社会发展的引领作用"。习近平总书记的重要论述,明确了我国经济社会发展的战略方向,为实施国家大数据战略、加快建设数字中国、大力发展数字经济提供了根本遵循。

我国是制造大国和互联网大国,推动传统行业数字化转型具备丰富的应用场景、广阔的市场空间和强大的内生动力。数字经济以数字化知识和信息作为关键生产要素,以现代信息网络作为重要载体,以信息通信技术的有效运用作为效率提升和结构优化的重要推动力。面对数字经济发展的历史机遇,各个行业都需要认清时代大势,主动拥抱信息化。适应数字经济发展趋势,推动企业数字化转型,需要积极培育互联网思维和数字化思维,适应信息技术在经济社会发展过程中从"工具""助手"到"主导""引领"的功能转变。传统行业需要换位思考,从新一代信息技术的视角来审视自身,针对转型发展中的瓶颈问题,开展"自我革命";信息技术企业也要融入传统行业,学习掌握相关行业的知识,努力引领传统行业转型发展。

当前,信息技术已经融入经济社会生活的方方面面,催生出许多新产业新业态新模式,这对数字化人才培养提出诸多新要求。数字时代需要的不仅仅是技术型人才,更需要能将设计思维、业务场景、经营方法和信息技术等有机结合的复合型创新人才。培养适应信息化发展需求的人才,需要社会各界共同努力。要做好数字化人才培养的顶层设计,鼓励多元投入,营造人才成长的良好环境。高校、科研院所要坚持面向世界科技前沿、面向经济主战场、面向国家重大需求、面向人民生命健康,构建高水平复合型人才培养模式。相关行业、企业要为数字化人才建立可持续的成长机制,形成助力人才发展的环境和文化。

推进信息化建设、发展数字经济是一项系统工程,需要多方协调、统筹推进。要进一步做好发展规划,结合实际情况,制定合理的引导措施,指导相关产业、行业和企业实现数字化转型发展。企业要推动传统管理方式向数字化管理方式转换,在管理模式、组织结构、经营理念、产品研发等方面做好规划,有序、按需深化信息技术的全流程应用,实现转型效益最大化。

讨论题:推进制造业数字化转型是促进数字经济和实体经济深度融合的重点领域,你对此有什么看法?